前　言

健康评估是护理专业的一门主干课程，是学习其他临床护理课程的基础。本次教材修订认真贯彻落实党的二十大报告精神，以推动职业教育高质量发展、培养更多技能型人才为目标，体现了职业教育“做中学、学中做”的教学理念。本教材以教育部中等职业学校护理专业教学标准为依据，围绕中等职业教育护理专业人才培养目标，坚持以服务为宗旨、以岗位需求为标准、以职业能力培养为根本，突出护理专业特色，力求满足岗位需要、教学需要和社会需要。

本教材按54学时进行编写，内容包括绪论、健康史评估、常见症状评估、身体评估、心理与社会状况评估、常用实验室检查、心电图检查、影像学检查等。本教材在每一章正文内容外，设有案例、链接、医者仁心、考点、自测题等，附实训指导、主要参考文献、自测题参考答案。本教材注重学生学习、技能、应试能力的培养，为适应国家护士执业资格考试题型的变化，强化案例版创新教材的编写理念，选择临床典型案例，为开展案例教学提供支持；同时本教材配套的数字化资源通过“中科云教育”平台展现，帮助学生理解和掌握；为落实立德树人的根本任务，教材中设置医者仁心模块，通过先进人物事迹，为学生树立学习的榜样，推动课程思政走深走实。

本教材由卫生职业院校护理专业教学经验丰富的骨干教师共同完成，在编写过程中得到编者所在单位的大力支持。编者在此表示衷心的感谢！

由于编者学识水平有限，教材中可能存在不妥之处，敬请广大师生批评指正。

主　编

2023年6月

配 套 资 源

欢迎登录“中科云教育”平台，**免费**数字化课程等你来！

本教材配有图片、视频、音频、动画、题库、PPT 课件等数字化资源，持续更新，欢迎选用！

“中科云教育”平台数字化课程登录路径

电脑端

- 第一步：打开网址
- 第二步：注册、登录 http://www.coursegate.cn/short/4R0WW.action
- 第三步：点击上方导航栏“课程”，在右侧搜索栏搜索对应课程，开始学习

手机端

- 第一步：打开微信“扫一扫”，扫描下方二维码
- 第二步：注册、登录
- 第三步：用微信扫描上方二维码，进入课程，开始学习

PPT 课件：请在数字化课程各章节里下载！

"十四五"职业教育国家规划教材

供中等职业教育护理等医学相关专业使用

健康评估

（第5版）

主　编　罗卫群
副主编　刘鸿业　解志宏　刘楠楠
编　者　（按姓氏汉语拼音排序）
倖善美（广西医科大学附设玉林卫生学校）
金　娜（新疆维吾尔自治区伊宁卫生学校）
刘鸿业（山东省青岛第二卫生学校）
刘楠楠（沈阳市中医药学校）
罗卫群（梧州职业学院）
孙毅恒（抚顺市卫生学校）
魏建华（山西省晋中市卫生学校）
解志宏（大连铁路卫生学校）
张立红（朝阳市卫生学校）

科学出版社
北　京

内 容 简 介

本教材为“十四五”职业教育国家规划教材。本教材以现代护理理论为指导，根据中等职业学校护理专业培养目标与技能要求，结合最新国家护士执业资格考试大纲组织编写。本教材内容包括绪论、健康史评估、常见症状评估、身体评估、心理与社会状况评估、常用实验室检查、心电图检查、影像学检查等，设有案例、链接、医者仁心、考点、自测题等，附实训指导、主要参考文献、自测题参考答案，注重学生学习、技能、应试能力的培养。本教材紧跟现代职业教育发展的要求，突出数字化教学手段，读者可通过“中科云教育”平台获取数字化资源点的内容和免费课件，有助于学习和理解知识点。

本教材可供中等职业教育护理等医学相关专业学生使用，也可供护理工作者参考。

图书在版编目（CIP）数据

健康评估 / 罗卫群主编 . —5 版 . —北京：科学出版社，2024.1
“十四五”职业教育国家规划教材
ISBN 978-7-03-077506-1

Ⅰ. ①健…　Ⅱ. ①罗…　Ⅲ. ①健康－评估－中等专业学校－教材
Ⅳ. ① R471

中国国家版本馆 CIP 数据核字（2024）第 004370 号

责任编辑：丁海燕 / 责任校对：周思梦
责任印制：霍　兵 / 封面设计：涿州锦晖

科学出版社 出版
北京东黄城根北街16号
邮政编码:100717
http://www.sciencep.com
北京汇瑞嘉合文化发展有限公司印刷
科学出版社发行　各地新华书店经销
*
2006年2月第　一　版　开本：850×1168　1/16
2024年1月第　五　版　印张：11 3/4
2025年11月第三十五次印刷　字数：280 000

定价：69.80元

（如有印装质量问题，我社负责调换）

目　录

第1章 绪　论

健康评估是研究个体、家庭、社区对现存的或潜在的健康问题及生命过程反应的基本理论、基本技能和基本方法的一门学科，是护理学专业由基础课程过渡到临床课程的一门主要的桥梁课程，是临床各科护理学的基础。健康评估的目的在于了解个体的健康和生命过程中的经历，包括健康、疾病和康复；寻找促进健康和增进身体功能的有利因素；识别护理需要、临床问题或者护理诊断；评价治疗和护理效果。

一、健康评估的内容

（一）健康史的采集

健康史是健康资料的主要内容，采用会谈法进行收集，通过了解评估对象的健康观念、健康维护、疾病及其康复的资料，进而综合分析现存的或潜在的健康问题及其反应。健康史的内容包括基本资料、主诉、现病史、既往史、用药史、个人史、婚姻生育史、家族史等，护理评估应重视心理状况与社会状况史。

（二）常见症状评估

症状是指个体患病后对机体功能异常的主观感觉或自身体验，如疼痛、咳嗽等。症状的资料是患者健康状况的主观资料，是健康史的重要组成部分。研究症状的发生、发展、演变，以及由此而产生的心理和生理变化，对形成护理诊断、指导临床护理起重要的作用。

（三）身体评估

身体评估是获取护理诊断依据最重要的方法之一，是护士运用自己的感觉器官或借助简单的工具（如听诊器、叩诊锤、压舌板等），按照视、触、叩、听、嗅诊等方法对患者进行细致的检查和系统的评估，以获取患者的客观资料。身体评估实际上是体征评估。体征是指评估者在对被评估者进行身体检查时发现的机体异常表现（如肺部啰音、心脏杂音、肝脏肿大等）。

（四）心理与社会状况评估

心理状况评估主要阐述了心理评估的目的、方法及内容。社会状况评估主要阐述了社会状况评估的目的、方法及内容。由于心理与社会状况评估主观因素较多，因此在收集、分析和判断资料时相对身体评估较为困难，其评估结果不可简单地用正常或异常来划分。

（五）实验室检查

实验室检查是运用某种仪器或设备对患者的血液、体液、分泌液及排泄物等进行检查，以获取病原微生物、病理变化及脏器功能状态等资料。实验室检查主要阐述常用实验室检查项目的标本采集方法、参考值及临床意义，以帮助护士观察和判断病情变化，为形成正确的护理诊断提供依据。

（六）心电图检查

心电图检查主要阐述了心电图的基本知识、导联连接方法、正常心电图波形特点及测量方法，常见异常心电图的特点及临床意义。通过心电图检查的学习，护士能学会心电图机的操作技能，熟悉正常心电图与常见异常心电图图形，明确其意义。对心电图检查的结果需结合临床资料综合分析。

（七）影像学检查

影像学检查包括放射性检查、超声检查等内容，是健康评估的客观资料之一。护士应该了解影像学检查的基本理论、正常图像、常见异常图像的特征及其临床意义。熟悉患者在影像学检查前的准备及检查后的护理。

（八）护理诊断及护理病历

护士通过所采集的健康资料，寻找患者所存在的护理问题，形成了护理诊断。护理诊断的确立一般需要经过采集资料、整理资料、分析资料等步骤。书写护理病历是护士对所收集到的患者资料，通过整理分析，按照规范化格式书写的记录，是从事护理工作的基本技能（这部分内容在护理学基础课程中详尽讲解，本书不做介绍）。

二、健康评估的学习方法与要求

健康评估是一门实践性很强的学科，教学方法与基础课程有很大差异，除课堂学习外，还强调实践技能的训练，学习方法与要求如下。

1. 发扬敬佑生命、救死扶伤、甘于奉献、大爱无疆的医者精神，树立以患者为中心的护理理念，明确本课程的学习目的，端正学习态度，关爱患者，建立良好的护患关系。
2. 能够独立进行健康史的采集，掌握常见的异常体征及临床意义。
3. 能规范性地进行系统、全面、重点、有序的身体评估。
4. 熟悉心理与社会状况评估的方法、内容和注意事项。
5. 掌握常用实验室检查标本采集方法，熟悉实验室检查结果及临床意义。
6. 学会心电图的操作方法，能初步识别正常心电图及常见异常的心电图。
7. 熟悉影像学检查时患者检查前的准备、检查结果的临床意义。

（罗卫群）

第2章
健康史评估

第1节 健康史评估内容

案例 2-1

患者，男，69岁。与家人发生争执时突感头晕、头痛，跌倒在地，呼之不应，由家人急送医院。患者有高血压病史，长期服用降压药物，平时血压控制在（120～135）/（70～85）mmHg。

问题：1. 该患者本次就诊的最主要原因是什么？

2. 该病例包括健康史的哪几部分？

健康史是关于评估对象目前、过去健康状况及其影响因素的主观资料，是建立初步护理诊断的基础之一，也是护理诊断过程的第一步。

（一）一般资料

一般资料包括患者姓名、性别、年龄、民族、籍贯、职业、婚姻状况、文化程度、宗教信仰、工作单位、家庭地址、联系人及电话、医疗费用负担形式（自费或医保报销）、入院时间、入院资料的可靠性及收集资料的时间。若资料来源不是患者本人，则应注明代述者与患者的关系。

（二）主诉

主诉是评估对象感受最主要、最明显的症状或体征及其性质和持续时间，即患者本次就诊的主要原因。主诉应简明扼要并高度概括，应用一两句话加以概括，一般不超过20个字，或不超过3个主要症状，并同时注明主诉自发生到就诊的时间。

（三）现病史

现病史是有关患者自患病以来健康问题的发生、发展、演变和诊疗、护理全过程的描述，是健康史的主体部分。其内容如下。

1. 起病情况与患病时间　起病情况包括在何种情况下起病以及起病的缓急。患病时间是指自起病至就诊或入院的时间。缓慢起病者，患病时间可按数年、数月或数日计算；急骤起病者，患病时间可按小时、分钟计算；起病时间难以确定者，需仔细询问、分析后再做判断。

2. 主要症状的特点　包括主要症状出现的部位、性质、持续时间、程度、有无缓解或加重的因素，有无伴随症状等。了解这些特点可为寻找病因提供重要依据，同时也是确定护理诊断及制订相应护理措施的重要依据。

3. 病因与诱因　主要是指与本次发病有关的病因（外伤、中毒、感染等）和诱因（气候变化、环境改变、情绪波动、饮食起居失调等）。很多情况下，患者或知情者很难判断，更多的是需要医护人员依据经验进行详细追问。

4. 病情的发展和演变　指患病过程中主要症状的变化及有无新的症状等。

5. 伴随症状　指在主要症状的基础上同时或随后出现的其他症状，包括具有鉴别诊断意义的阳性（或阴性）症状（或体征），可为确定病因提供重要线索，或提示有无发生并发症。

6. 诊疗和护理经过　包括疾病发生后患者所采取的措施、曾接受的诊疗及护理、所采取措施的效果等。这些内容不仅反映了患者对疾病的态度、重视程度以及应对方式，同时也为判断病因及选择护理措施提供了参考依据。

7. 病程中一般状况　患病后患者的精神状态、体力、食欲及食量的改变，睡眠及大小便等情况。

（四）既往史

既往史是评估对象既往的健康状况及患病的经历，特别是与现病史有密切关系的疾病。收集既往史的主要目的在于了解患者过去所存在的健康问题、求医经验及其对自身健康的态度等。包括以下内容。

1. 既往健康状况　是对评估对象过去健康状况的评价。

2. 患病史　患病的名称、时间及治疗情况，包括曾经患过的疾病如各种传染病、地方病、高血压、糖尿病等，特别是与现病史有密切关系的疾病。

3. 过敏史　包括食物、药物、环境因素中已知的过敏物质。

4. 预防接种史　包括预防接种的时间及类型。

（五）用药史

用药史是指患者所用过的药物，特殊药物如激素、抗结核药物、抗生素等应记录其用法、剂量和时间，询问当前用药情况，包括药物名称、时间、剂型、用量、用法、效果及不良反应等。

（六）个人史

个人史是反映患者健康状况的重要指标之一。其内容包括以下几种。

1. 出生及成长情况　包括出生地、居住地、有无疫区和地方病流行区居住史、成长过程中有无特殊问题等。

2. 生活习惯及行为方式　包括受教育情况、经济和社交状况、生活习惯及嗜好、活动及休息情况等，烟酒嗜好及摄入量，有无吸毒史及毒物种类，有无不洁性生活史，是否患过性病等。

3. 职业及工作条件　包括工种、劳动环境、对工业毒物的接触情况及时间。

（七）婚姻史

询问是否结婚，结婚年龄，配偶健康状况，性生活情况等。如丧偶，应询问其死亡年龄、原因和时间。

（八）月经史和生育史

1. 月经史　青春期后的女性要询问月经情况，如初潮年龄、月经周期、行经天数，经血量和颜色，经期状况，有无痛经与白带多少；绝经期女性询问，末次月经日期、闭经日期、绝经年龄等，月经史记录格式如下：

$$\text{初潮年龄}\frac{\text{行经期（天）}}{\text{月经周期（天）}}\text{末次月经时间（LMP）或绝经年龄}$$

2. 生育史　包括妊娠及生育次数，有无人工或自然流产，有无早产、手术分娩或死胎等。

（九）家族史

家族史包括直系亲属（如父母、兄弟、姐妹及子女）的健康状况及患病情况，特别应询问有无遗传性、家族性、传染性疾病或同样疾病病史，以及直系亲属死亡年龄及死因等。

第 2 节　健康史评估方法及注意事项

一、健康史评估方法

（一）交谈

健康史评估最基本的方法是交谈。交谈是护士通过与评估对象和（或）其他相关人员进行有目的、有计划、系统的谈话来获得评估对象健康资料的过程。

1. 正式交谈　是指事先通知评估对象，有目的、有计划地交谈。正式交谈过程一般分为 4 个阶段。

（1）准备阶段　在正式交谈开始前，评估者应参阅必要的资料（如评估对象门诊、急诊病历等），了解其基本情况和相关医学知识，预测交谈中可能出现的问题及相应的措施。根据具体情况选择适当的时间，一般不宜在用餐时交谈，必要时与评估对象共同决定。危重者需在病情稍稳定后进行。

（2）开始阶段　健康史的采集也是建立护患关系的开始，为了创造融洽、平等的气氛，评估者应根据评估对象的年龄、性别、职业、文化背景等有礼貌地称呼对方并进行自我介绍，避免以床号称呼评估对象。说明本次交谈的目的和所需要的时间。

（3）深入阶段　一般从主诉开始，逐步深入进行有目的、有层次、有顺序的询问。封闭提问常在确定某些细节时使用或用于沟通有困难的人。护士提问后，应专注、耐心地倾听患者叙述，启发评估对象述说，确保交谈顺利进行。

（4）结束阶段　当已取得必要的资料，结束谈话前，评估者应简要复述本次交谈的重点内容，对评估对象提出的疑虑，应做出必要的解释。

2. 非正式交谈　是指评估者与评估对象之间的随意交谈，如评估者在各种护理活动中，经评估者与评估对象进行的沟通，从中获得评估对象病情变化、心理反应等信息。

（二）观察

观察是人们对事物感性认识的一种有意识、有目的、有计划、比较仔细持久的知觉活动。在住院过程中，评估者应随时进行连续的动态观察，收集支持或否定护理诊断的信息和实施护理措施后的信息反馈等，以便为修订护理计划提供依据。

二、健康史评估注意事项

1.做好解释说明及自我介绍　一般从礼节性交谈开始,然后说明自己的职责及问诊的目的。

2.应循序渐进，逐渐展开　一般从主诉的询问开始，然后再通过一系列问题逐步深入了解其本次患病的可能原因、有关症状的特点、处理经过等，完成现病史的问诊，再逐一完成其他内容的问诊。

3.采取接受和尊重的态度　评估者应以和蔼的态度、良好的语言修养取得患者的信任。交谈时，若涉及隐私问题应采用含蓄的方式沟通注意保护隐私，杜绝质问。当评估对象表现出身体不适或情绪反应时，要及时调整交谈时间及方式。

4.善于倾听和呼应，注意非语言沟通技巧的应用　鼓励评估对象提问，仔细认真倾听，恰当地运用一些理解、鼓励语言，如“可以理解”“那你一定很不容易”，并注意运用肢体语言来呼应，让评估对象从中获得鼓舞并且积极回答。

5.避免使用暗示性提问或逼问　暗示性提问是一种能为评估对象提供带倾向性答案的提问方式，即问题中暗示了期望的答案，当评估对象回答的问题与护士的想法有距离时，护士不应暗示和逼问，以免评估对象为满足护士而随声附和，导致评估结果错误。因此，交谈时要避免暗示性提问或逼问。

6.避免使用医学术语　提问的语言要简单明了，通俗易懂，避免使用医学术语，否则容易造成评估对象误解，甚至交流的中断。

7.及时核实信息　在交谈过程中，对疑惑或含糊不清的资料应及时进行核实，确保收集到的健康史的准确性。核实资料的方法有复述、反问、澄清、质疑等，评估者应根据情况灵活运用。

（1）复述　以不同的表述方式重复评估对象所说的内容。

（2）反问　以询问的口气重复评估对象所说的话，不仅可避免加入自己的观点，还可鼓励评估对象提供更多的信息。

（3）澄清　要求评估对象对模棱两可或模糊不清的内容做进一步的解释说明。

（4）质疑　用于评估对象所说的与问诊者所观察到或其前后所说的内容不一致时。

（5）解析　对评估对象所提供的信息进行分析和推论，并与评估对象交流。

8.注意评估对象的特殊性

（1）病情危重评估对象　若病情危重、病痛或治疗等导致语言表达受限时，可适当应用非语言表达方式，在做简单的询问后，应立即抢救，详细的健康史应待评估对象病情稳定后再做补充或由其他知情者提供。

（2）焦虑与抑郁评估对象　评估对象在患病后可因疼痛、角色改变、对疾病或诊疗过程的不恰当理解等困扰而产生焦虑情绪。问诊过程中，应注意评估对象有无焦虑情绪。对于焦虑者应耐心倾听并鼓励其讲出自己的感受，注意其语言和非语言行为所表现出的各种异常线索，以确定问题性质。应鼓励评估对象说出其感受，给予宽慰和保证。

（3）愤怒与敌意评估对象　评估对象表现出愤怒或不满或怀有敌意时，评估者一定不能发怒，也勿耿耿于怀，应采取坦然、理解、不卑不亢的态度，尽量根据评估对象发怒的原因予以适当的解释，切勿使其迁怒他人或医院其他部门。

（4）老年评估对象　因老年人视力、听力、记忆力减退，反应缓慢或思维障碍，交谈速度要慢，做适当的重复，必要时由家属和朋友补充资料。

（5）文化程度低评估对象　文化程度低评估对象理解力及医学知识贫乏可能影响问题的回答及依从性，此类评估对象对症状耐受力较强，通常不易主动陈述，交谈时，可运用通俗易懂的语言，减慢提问的速度，注意必要的重复及核实。

（6）精神疾病评估对象　大多对自己的疾病缺乏自知力，有些甚至不认为自己有精神疾病，采集病史时最重要的是取得患者信任。除评估对象本人提供病史外，也可由其他知情者提供。

自 测 题

A1 型题

1. 患者最重要的主观资料是
   A. 症状　　B. 身体评估
   C. 健康评估记录　　D. 超声检查
   E. 实验室检查
2. 主诉不正确的是
   A. 反复左上腹钝痛 1 年
   B. 发现锁骨上肿块 3 个月
   C. 进行性吞咽困难 2 个月
   D. 劳累后心悸 2 年加重伴下肢水肿
   E. 不规则发热 1 个月
3. 问诊技巧不正确的是
   A. 避免重复提问
   B. 提问时注意条理性
   C. 开始提出一般性问题
   D. 首次问诊前应做自我介绍
   E. 若患者回答模糊不清时，可对其稍加诱导及提示

A2 型题

4. 患者，男，76 岁。患慢性支气管炎 24 年，护士收集的资料中属于主观资料的是
   A. 体温 38.7℃
   B. 肺部听诊可闻及干湿啰音
   C. 呼吸运动减弱
   D. 咳嗽、咳痰
   E. 呼吸音粗糙
5. 为了保证交谈结果有效，交谈过程中，护理人员不应该采取的方式是
   A. 澄清相关内容
   B. 复述患者的内容
   C. 对患者相关问题进行解析
   D. 对患者叙述的内容马上表示怀疑
   E. 可以恰当的方式打断患者的叙述
6. 患者，女，20 岁。因咳嗽咳痰注射青霉素治疗后，出现头晕、眼花、抽搐、面色苍白、呼吸急促、神志模糊，此时护士应立即
   A. 详细询问护理病史
   B. 全面进行护理体检
   C. 报告医师，配合抢救
   D. 重点询问、对症护理
   E. 做好各种标本采集准备
7. 患者，男，38 岁。因腹痛 2 天、腹泻半天入院。该患者的主诉应描述为
   A. 腹痛 2 天，腹泻半天
   B. 腹痛、腹泻
   C. 腹痛伴随腹泻

D. 腹泻半天，腹痛 2 天

E. 腹泻及腹痛

A3 型题

（8、9 题共用题干）

患者，女，25 岁。淋雨后打喷嚏、咳嗽、鼻塞、流涕，开始为清水样，3 天后变稠，伴有咽痛。护理体检：扁桃体Ⅱ度肿大，呼吸音粗。

8. 进行病史采集时，最适合的交谈技巧是

A. 认真倾听　　B. 仔细核实

C. 及时鼓励　　D. 随意提出新话题

E. 开放式提问

9. 该患者的客观资料是

A. 咽痛　　B. 咳嗽

C. 打喷嚏　　D. 扁桃体肿大

E. 鼻塞

（金　娜）

第 3 章
常见症状评估

症状是指患者主观感受到的不适或某些客观病态改变，如头痛、恶心、咳嗽等。经过身体状况评估发现的异常表现称为体征，如肝脏大、脾脏大等。广义的症状包括了体征。

第 1 节　发　　热

案例 3-1

患者，男，31 岁。急性化脓性阑尾炎手术后第 5 天。今晨患者下腹部疼痛，护士查体发现患者体温 38.9℃。

问题：患者体温升高的原因是什么？

正常人的体温在体温调节中枢（下丘脑）的协调下保持相对恒定。正常人腋测法体温一般为 36 ～ 37℃；体温因个体差异和内外环境略有波动，一日内波动范围不超过 1℃；体温超过正常范围称为发热。

一、病因及发生机制

（一）病因

1. 感染性发热　最为多见，各种病原微生物如细菌、病毒、支原体、螺旋体、真菌等引起的感染，均可引起发热。

2. 非感染性发热　见于①无菌性坏死物质的吸收，如内出血或大手术、大面积烧伤、急性心肌梗死等。②抗原 - 抗体反应，如血清病、药物热、风湿热等。③内分泌与代谢疾病，如甲状腺功能亢进、严重脱水等。④体温调节中枢功能障碍，如中暑、脑出血、颅脑外伤等。⑤自主神经功能紊乱，属于功能性发热，多为低热，如剧烈运动后发热、月经前的发热等。

考点 发热的主要病因

（二）发生机制

致热原是导致发热的最主要因素，按作用机制可分为内源性致热原和外源性致热原（表 3-1）。内源性致热原直接通过血脑屏障，作用于体温调节中枢使产热大于散热，调定点上移，体温升高引起发热。外源性致热原不能通过血脑屏障，而是通过激活血液中的白细胞，使其形成并释放内源性致热原导致发热。

表 3-1　内源性致热原和外源性致热原的鉴别

鉴别点	内源性致热原	外源性致热原
发热激活物	白细胞介素，肿瘤坏死因子和干扰素等	细菌、病毒、真菌、螺旋体、疟原虫及其产物；抗原抗体复合物；某些类固醇物质；体内组织的大量破坏
能否通过血脑屏障	直接通过血脑屏障	不能通过血脑屏障
能否直接作用于体温调节中枢	能直接作用于体温调节中枢	不能直接作用于体温调节中枢

二、评估要点

（一）发热的分度

以口腔温度为标准，按发热的高低可分为：低热，温度为 37.3 ～ 38.0℃；中等度热，温度为 38.1 ～ 39.0℃；高热，温度为 39.1 ～ 41.0℃；超高热，温度在 41℃以上。

（二）发热的分期

1. 体温上升期　主要表现为皮肤苍白，全身疲乏无力，畏寒，有时伴寒战，肌肉酸痛等。此期产热大于散热。

2. 高热期　主要表现为皮肤潮红并有灼热感，呼吸加快变深，心率增快。此期产热与散热保持相对平衡。

3. 体温下降期　主要表现为出汗多，皮肤潮湿，液体摄入量不足可引起脱水。此期散热大于产热，体温降至正常水平。

（三）热型及临床意义

将发热患者在不同时间测得的体温数值描记在体温单上，各点连接起来形成体温曲线，该曲线的不同形态称热型。

1. 稽留热　体温持续在 39 ～ 40℃及以上的高水平数天或数周，24 小时内波动范围不超过 1℃（图 3-1）。常见于大叶性肺炎、伤寒等。

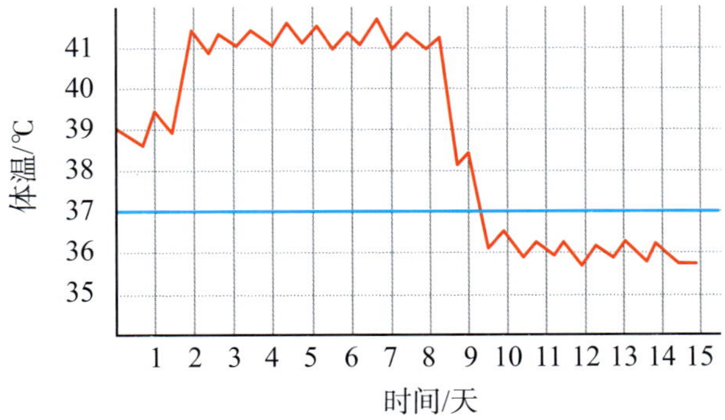

图 3-1　稽留热热型图

2. 弛张热　体温常在 39℃以上，24 小时内波动范围超过 2℃（图 3-2），体温最低时仍高于正常水平。常见于风湿热、败血症、重症肺结核等。

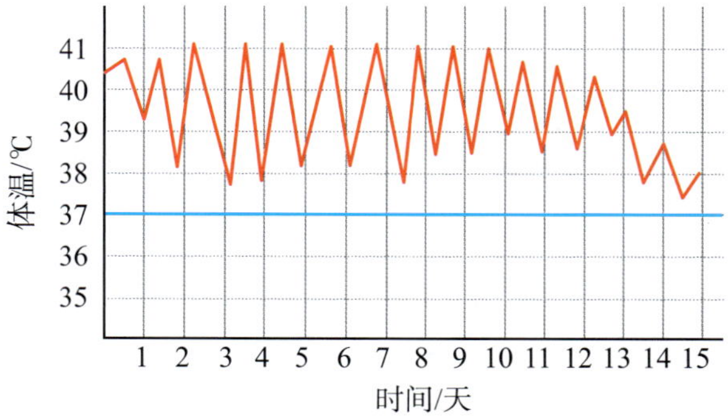

图 3-2　弛张热热型图

3. 间歇热　体温骤升达高峰后持续数小时，又骤降至正常水平，经过数小时或数天后又突然升高，如此无热期与高热期交替出现（图 3-3）。常见于疟疾、急性肾盂肾炎等。

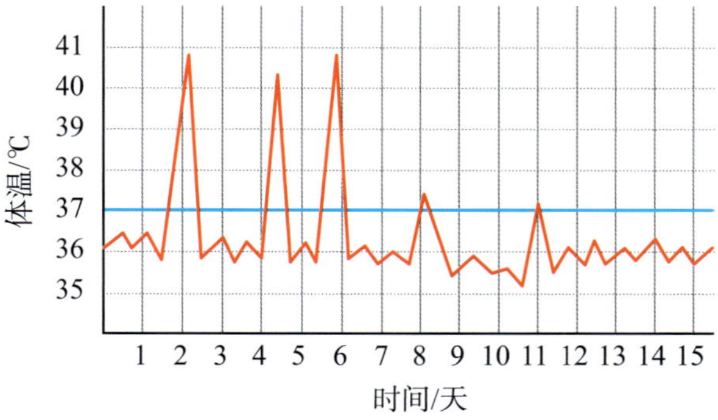

图 3-3　间歇热热型图

4. 不规则热　发热的体温曲线无一定的规律（图 3-4），可见于支气管肺炎等。

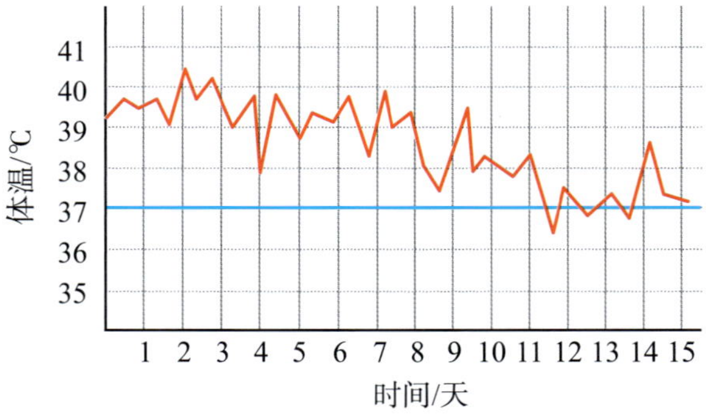

图 3-4　不规则热热型图

除以上热型外，还有回归热、波状热。不同的发热疾病具有相应的热型，根据热型的特点可帮助发热疾病的诊断。

考点　发热的热型

（四）伴随症状

发热伴咳嗽、咳痰见于肺炎、胸膜炎、肺脓肿等；发热伴腰痛、尿急、尿痛见于尿路感染、肾结核等；发热伴皮肤黏膜出血见于急性白血病、急性再生障碍性贫血等。

（五）身心反应

高热可致谵妄、幻觉等意识改变，小儿高热易出现惊厥；发热还可伴有食欲下降、恶心、呕吐；持续发热可使体重下降；可有焦虑、恐惧等心理状况。

（六）诊疗与护理经过

诊疗与护理经过的评估内容包括有无采取物理降温措施，采用的方法及疗效，是否用药，药物名称、剂量及疗效。尤其是使用抗生素、肾上腺糖皮质激素等治疗时，应进行用药后的效果及不良反应的评估。

三、主要护理诊断 / 问题

1. 体温过高　与病原体感染及体温调节中枢功能障碍等有关。
2. 体液不足　与出汗过多和（或）液体摄入不足有关。
3. 营养失调：低于机体需要量　与长期发热代谢率增高或营养摄入不足有关。
4. 潜在并发症：惊厥、意识障碍等。

第 2 节　疼　　痛

案例 3-2

患者，男，33 岁。3 小时前无明显诱因突发脐周绞痛，疼痛较剧烈，伴恶心、呕吐 3 次，呕吐物为胃内容物，无呕血、黑便，病情逐渐加重，继而出现右下腹剧烈疼痛，伴发热，体温 39.2℃。查体：腹部平坦，未见明显胃肠型及蠕动波，腹肌紧张，呈板状腹，右下腹麦氏点压痛（+），反跳痛（+）。腹部彩超：可见右下腹阑尾解剖区一条索状弱回声，长约 7.0cm，最大厚约 0.8cm，少许积液。

问题：该患者的主诉是什么？

疼痛通常是由于机体受到伤害刺激所引起的痛觉反应，对机体具有保护作用。疼痛按部位可分为头痛、胸痛、腹痛等。发生于额、顶、颞及枕部的疼痛称为头痛；发生于胸廓与胸腔部位的疼痛，以及源于胸部脏器病变引起的疼痛称为胸痛；腹部脏器病变、腹腔外疾病或全身性疾病引起的，发生于腹部的疼痛称为腹痛。

一、病因及发生机制

（一）病因

1. 头痛常见病因

（1）颅内疾病　颅内感染、脑血管病变、颅内占位性病变等。

（2）颅外疾病　颅骨疾病；颈椎病；五官病变引起的头痛；神经痛。

（3）全身性疾病　急性感染，心血管疾病，急性中毒等。

2. 胸痛常见病因

（1）胸壁疾病　带状疱疹、肋骨骨折等。

（2）呼吸系统疾病　自发性气胸、肺炎、胸膜炎等。

（3）循环系统疾病　心绞痛、急性心肌梗死等。

（4）纵隔、食管疾病　纵隔肿瘤、纵隔炎、反流性食管炎、食管癌等。

3. 腹痛常见病因

（1）急性腹痛　常见病因有：①腹腔脏器急性炎症；②腹内空腔脏器阻塞或扩张；③腹内脏器扭转或破裂；④腹膜炎症；⑤腹壁疾病；⑥胸部疾病所致的腹部牵涉疼痛；⑦全身性疾病。

（2）慢性腹痛　常见病因有：①腹腔脏器慢性炎症；②空腔脏器的张力变化；③胃、十二指肠溃疡；④脏器包膜的牵张；⑤腹内肿瘤压迫及浸润；⑥胃肠神经功能紊乱；⑦中毒与代谢障碍。

（二）发生机制

各种物理、化学刺激作用于皮肤和其他组织内的游离神经末梢后，经冲动传导系统传至大脑皮质，引起疼痛。

二、评估要点

（一）头痛

1. 疼痛部位　全身性或颅内感染性疾病所致的头痛多为全头部痛；颅内病变的头痛常为深在性且弥散。偏头痛多在一侧；高血压引起的头痛多在额部或整个头部；蛛网膜下腔出血除头痛外尚有颈痛。眼源性、鼻源性或牙源性头痛多浅在而局限。

2. 疼痛的程度与性质　三叉神经痛、偏头痛及脑膜刺激的疼痛最为剧烈。高血压性、血管性及发热性疾病所致的头痛多为波动性。神经痛多呈电击样痛或刺痛。紧张性头痛多为重压感。

3. 疼痛的诱发因素　咳嗽、摇头、俯身可使颅内高压性头痛、血管性头痛等加剧。

（二）胸痛

1. 疼痛部位　带状疱疹疼痛常沿一侧肋间神经分布，不超过体表中线；心绞痛及心肌梗死的胸痛多在胸骨后方和心前区或剑突下，可向左肩和左前臂内侧放射，甚至达环指与小指。

2. 疼痛的程度与性质　干性胸膜炎的胸痛常呈隐痛、钝痛和刺痛，心绞痛和心肌梗死的胸痛呈压榨性；夹层动脉瘤常突然发生胸背部撕裂样剧痛或钻痛伴窒息感、濒死感；带状疱疹呈刀割样或灼热样剧痛。

3. 疼痛的持续时间　心绞痛发作时间短暂（持续 3 ～ 5 分钟），心肌梗死疼痛持续时间长（数小时或更长）且不易缓解。

4. 疼痛的诱发与缓解因素　胸膜炎的胸痛可因咳嗽或用力呼吸加剧；心绞痛可在劳累或精神紧张时诱发，休息后或含服硝酸甘油后 1 ～ 2 分钟缓解，但对心肌梗死所致疼痛则无效。

考点　胸痛的部位、性质、诱因与缓解因素

（三）腹痛

1. 疼痛部位　一般腹痛部位多为病变所在部位，如胆石症、胆囊炎等所致的疼痛多在右上腹部；胃、十二指肠所致疼痛多在中上腹部；急性胰腺炎所致疼痛位于上腹部，可向腰背部呈带状放射。急性阑尾炎所致疼痛在麦氏点（McBurney point）；小肠疾病所致疼痛多在脐部或脐周；结肠疾病所致疼痛多在下腹部或左下腹部等。

2. 疼痛性质与程度　突发中上腹剧烈刀割样痛、烧灼样痛，多为胃、十二指肠溃疡穿孔；上腹部持续性剧痛或阵发性加剧应考虑急性胰腺炎；胆石症或泌尿系统结石常为阵发性绞痛，疼痛剧烈；胆道蛔虫病的典型表现为阵发性剑突下钻顶样疼痛；腹痛、腹肌紧张或板样强直、反跳痛，提示急性弥漫性腹膜炎。

3. 疼痛出现的时间及影响因素　周期性、节律性疼痛见于胃、十二指肠溃疡，暴饮暴食后疼痛见于胆囊、胰腺的疾病，与进食有关的疼痛可能与胃部肿瘤或消化不良有关；子宫内膜异位症患者腹痛与月经周期相关。

考点 腹痛的部位、性质和影响因素

（四）疼痛的伴随症状

头痛伴剧烈呕吐见于颅内高压；头痛伴眩晕见于椎 - 基底动脉供血不足、小脑疾病。胸痛伴有咳嗽、咳痰、发热常见于肺部疾病；胸痛伴有咯血主要是支气管肺癌、肺栓塞。腹痛伴呕吐、反酸提示胃肠病变；腹痛伴黄疸提示肝、胆、胰疾病。

（五）疼痛的身心反应

疼痛可使患者出现：①痛苦面容，呼吸、心率加快，血压升高等；②胃肠功能紊乱；③睡眠障碍；④呻吟、抑郁、焦虑等情绪反应。

（六）诊疗与护理经过

诊疗与护理经过的评估内容包括有无采取止痛措施，所用方法及疗效，是否用药，药物名称、剂量及疗效。

三、主要护理诊断 / 问题

1. 急性疼痛、慢性疼痛　与各种伤害性刺激作用于机体引起的不适有关。
2. 焦虑　与疼痛经常发作有关。
3. 睡眠型态紊乱　与疼痛有关。
4. 恐惧　与剧烈疼痛有关。

第 3 节　咳嗽与咳痰

案例 3-3

患者，男，23 岁。淋雨后高热、咳嗽、咳痰 2 天入院。痰液呈铁锈色，黏稠不易咳出，体温 39.5℃。

问题：护士应该从哪些方面对该患者的咳嗽、咳痰进行评估？

咳嗽是呼吸道受刺激后引发的紧跟在短暂吸气后的一种保护性反射动作；频繁的剧烈咳嗽会损伤机体。咳痰是借助咳嗽将呼吸道内过多分泌物排出口腔外的现象。

一、病因及发生机制

（一）病因

1. 呼吸系统疾病　包括呼吸道感染、肿瘤、理化因素刺激、变态反应等，是引起咳嗽、

咳痰的最常见病因。

2. 胸膜疾病　各种胸膜炎、自发性气胸等。

3. 循环系统疾病　左心衰竭引起肺淤血或肺水肿，或体循环静脉栓子脱落引起肺栓塞等。

4. 其他　脑炎、脑膜炎、使用血管紧张素转化酶抑制剂、胃食管反流病、癔症等。

（二）发生机制

1. 咳嗽　是由于延髓咳嗽中枢受到刺激所引起的。咳嗽动作的全过程是先短促吸气，声门关闭，膈肌下降，随即呼吸肌收缩，使肺内压迅速升高，最后高压气流喷射而出，冲击狭窄的声门裂隙而发生咳嗽动作。

2. 咳痰　正常的呼吸道黏膜分泌少量黏液，使呼吸道保持湿润。当呼吸道受到炎症、过敏或理化因素刺激时，黏膜充血、水肿，黏液分泌物增多。这些分泌物与吸入的尘埃和组织坏死物等混合成痰液。借助支气管黏膜上皮细胞的纤毛运动、支气管平滑肌收缩及咳嗽的冲力排出体外。

二、评估要点

1. 咳嗽的性质　咳嗽分为干性咳嗽和湿性咳嗽。①干性咳嗽：咳嗽无痰或痰量甚少，多为刺激性咳嗽，如急性咽喉炎、胸膜炎、急性支气管炎初期等；②湿性咳嗽：咳嗽伴排痰，如慢性支气管炎、肺炎、支气管扩张等。

2. 咳嗽的时间与音色　突然发生的咳嗽见于呼吸道异物、吸入刺激性气体等；长期慢性咳嗽见于慢性支气管炎、支气管扩张等；夜间阵发性咳嗽见于左心衰竭。咳嗽时声音嘶哑见于喉炎、喉癌等；犬吠样咳嗽见于会厌、喉头疾患等；金属音咳嗽见于支气管肺癌等。

3. 痰的颜色、量、性状、气味　痰的性质可分为黏液性、浆液性、脓性和血性（图 3-5）。按颜色评估：白色黏液痰见于慢性咽炎、急性支气管炎等；黄色或黄绿色痰见于化脓性感染；铁锈色痰见于大叶性肺炎；棕红色胶冻性痰见于肺炎克雷伯菌肺炎；粉红色泡沫样痰见于急性肺水肿。痰液静置后出现分层现象见于支气管扩张症或肺脓肿。

4. 伴随症状　常伴有发热、胸痛、呼吸困难、咯血等。

5. 身心反应　长期的咳嗽、咳痰可出现头痛、失眠、食欲下降等；剧烈咳嗽可导致自发性气胸、咯血等。

6. 诊疗与护理经过　是否服用过祛痰止咳药，药物的疗效、剂量、种类及效果；是否采取促进排痰的护理措施。

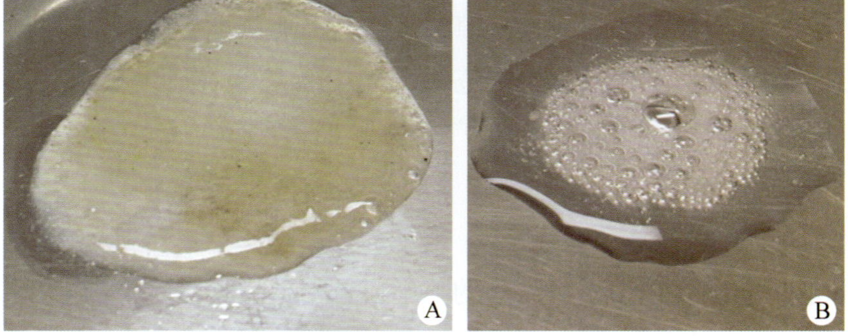

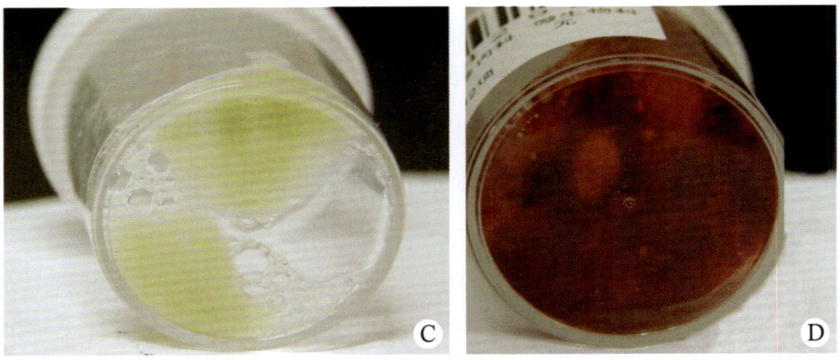

图 3-5 痰液性状评估

A. 黏液性痰；B. 浆液性痰；C. 脓性痰；D. 血性痰

考点 咳嗽的性质、时间；痰的颜色与疾病

三、主要护理诊断 / 问题

1. 清理呼吸道无效 与痰液黏稠有关；与胸腹部手术后引起的无效咳嗽有关。
2. 活动耐力下降 与长期频繁咳嗽有关。
3. 睡眠型态紊乱 与夜间咳嗽频繁有关。
4. 潜在并发症：自发性气胸。

考点 剧烈咳嗽的潜在并发症

第 4 节 咯 血

案例 3-4

患者，男，28 岁。患支气管扩张症 7 年，反复咯血，就诊时又因剧烈咳嗽而致咯血，一次咯血量约 350ml，患者突然出现咯血中止，表情恐怖，张口瞠目，两手乱抓。

问题：请判断该患者咯血的程度以及出现了何种紧急状况？

咯血是指喉及喉部以下呼吸道任何部位的出血经口排出，表现为痰中带血或大咯血。

一、病因及发生机制

（一）病因

1. 支气管疾病 常见于支气管肺癌、支气管扩张症、慢性支气管炎、支气管内膜结核等。

2. 肺部疾病 常见于肺结核、肺脓肿、肺炎等，其中肺结核是最常见的病因。

3. 循环系统疾病 常见的是二尖瓣狭窄，其次为高血压性心脏病、肺梗死等。

4. 其他 见于血液病，系统性红斑狼疮等。

咯血的病因很多，以肺结核、支气管扩张症、支气管肺癌、二尖瓣狭窄为临床上最常见的病因。

（二）发生机制

支气管和肺部疾病主要是由于病灶处的毛细血管渗透性增高，血液渗出，或黏膜下小血管破裂而引起咯血；循环系统疾病是由于肺淤血致肺泡壁或支气管内膜毛细血管破裂而引起咯血。

二、评估要点

1. 咯血的量 可分为痰中带血、少量咯血（每日咯血量少于 100ml）、中等量咯血（每日咯血量在 100 ～ 500ml）、大咯血（每日咯血量在 500ml 以上或一次咯血 300 ～ 500ml）。

考点 咯血的量

2. 大咯血的并发症 ①窒息：为咯血死亡的重要原因。表现为大咯血过程中，患者出现张口瞠目、大汗淋漓、呼吸困难等。②失血性休克：咯血后出现脉搏增快、血压下降、四肢湿冷、少尿、烦躁不安等。③肺不张：咯血后出现胸闷、发绀、呼吸困难、呼吸音减弱或消失。④继发感染：咯血后出现发热持续不退等。

考点 大咯血的并发症

3. 咯血的鉴别 须与口腔、咽部、鼻腔出血鉴别，口腔与咽部出血易观察到局部出血灶。鼻腔出血多从前鼻孔流出，常在鼻中隔前下方发现出血灶。有时鼻腔后部出血量较多，可被误诊为咯血，用鼻咽镜检查可确诊。大量咯血还须与呕血相鉴别。咯血与呕血的鉴别见表 3-2。

表 3-2 咯血与呕血的鉴别

鉴别点	咯血	呕血
病因	肺结核、支气管扩张症、支气管肺癌、二尖瓣狭窄等	消化性溃疡、肝硬化、急性胃黏膜病变、胃癌等
先兆症状	咽部发痒、胸闷、咳嗽等	上腹部不适、恶心、呕吐等
出血方式	咯出	呕出
出血颜色	鲜红	棕色、暗红色、偶为鲜红色
血中混合物	泡沫、痰液	食物残渣、胃液
酸碱反应	碱性	酸性
黑粪	无（咽下血液时可有）	有，呕血停止后仍可持续数日
出血后痰的性状	痰中带血	无痰

4. 伴随症状 咯血伴发热见于肺结核、肺炎等；伴胸痛见于大叶性肺炎、肺结核等；伴脓痰可见于肺脓肿、支气管扩张症等；伴呛咳见于支气管肺癌等；伴有皮肤黏膜出血见于血液病等。

5. 咯血的身心反应 咯血的患者可出现窒息、休克等并发症的表现；还可有焦虑、恐惧等负性情绪的出现。

三、主要护理诊断 / 问题

1. 有窒息的危险 与大量咯血有关，或与意识障碍有关。

2. 有感染的危险　与血液潴留于支气管有关。

3. 恐惧　与大量咯血有关。

4. 潜在并发症：窒息、失血性休克等。

第5节　呼吸困难

案例 3-5

患者，男，75岁，慢性肺源性心脏病，近半个月来咳嗽、咳痰，今晨呼吸困难加重，神志恍惚，烦躁不安。查体：体温36.8℃，脉搏110次/分，血压135/85mmHg，口唇发绀，两肺底闻及湿啰音。

问题：1. 患者呼吸困难属于哪一种类型？

2. 主要的护理诊断/问题有哪些？

呼吸困难是指患者主观感觉空气不足、呼吸费力；客观上有呼吸频率、节律和深度的改变。

一、病因及发生机制

（一）病因

1. 呼吸系统疾病　常见于气道阻塞、肺部疾病、胸廓及胸膜腔疾病等。

2. 循环系统疾病　常见于各种原因所致的心力衰竭等。

3. 中毒　如糖尿病酮症酸中毒等。

4. 血液系统疾病　如异常血红蛋白血症等。

5. 神经精神因素　如颅脑外伤等。

（二）发生机制

1. 肺源性呼吸困难　呼吸系统疾病引起的通气和（或）换气功能障碍，血中缺氧和（或）二氧化碳浓度增高，刺激呼吸中枢引起呼吸困难。

2. 心源性呼吸困难　左心衰竭引起的呼吸困难，主要原因是肺循环淤血；右心衰竭引起的呼吸困难，主要原因是体循环淤血。

3. 中毒性呼吸困难　糖尿病酮症酸中毒是血中酸性代谢产物增多，刺激颈动脉窦、主动脉体化学感受器或直接兴奋刺激呼吸中枢所致；药物如吗啡类可抑制呼吸中枢引起呼吸困难。

4. 血源性呼吸困难　多由血红蛋白携氧量减少，血氧含量降低所致。

5. 神经精神性呼吸困难　由呼吸中枢血流减少、直接受压力刺激或心理因素影响所致。

二、评估要点

（一）肺源性呼吸困难

1. 吸气性呼吸困难　特点为吸气费力，时间延长；严重的吸气性呼吸困难在吸气时出现胸骨上窝、锁骨上窝、肋间隙明显凹陷，称为三凹征（图 3-6），可伴有高调吸气性哮鸣音，见于喉头水肿、气管内异物。

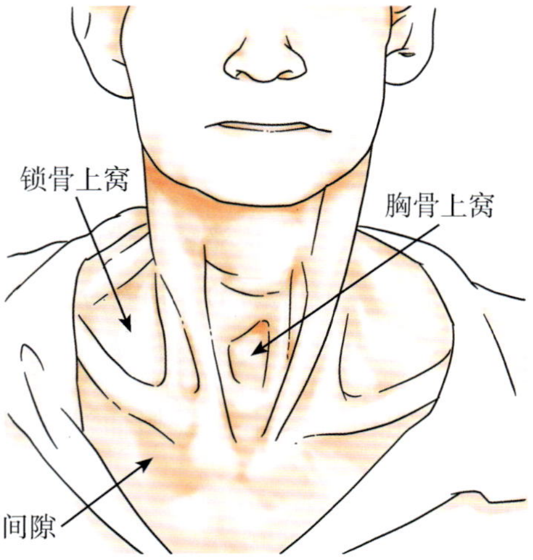

图 3-6　三凹征

2. 呼气性呼吸困难　患者呼气费力，缓慢而延长，可伴有哮鸣音。见于慢性阻塞性肺疾病等。

3. 混合性呼吸困难　患者呼气与吸气均感费力，呼吸浅快。见于大面积肺炎等。

考点　三凹征的定义、呼气性呼吸困难常见疾病

（二）心源性呼吸困难

各种心脏疾病发生左心功能不全时，引起呼吸时空气不足，呼吸费力。临床表现为端坐呼吸，呼吸频率、节律和深度的异常等。

（三）中毒性呼吸困难

糖尿病酮症酸中毒时，呼吸深大而规则，称酸中毒大呼吸（Kussmaul 呼吸）；吗啡、巴比妥类药物中毒时，抑制呼吸中枢，呼吸迟缓。

（四）血源性呼吸困难

重度贫血、高铁血红蛋白血症、硫化血红蛋白血症使血红蛋白携氧量减少，血氧含量下降，致呼吸急促、心率加快。在大出血或休克时，因缺血及血压下降，刺激呼吸中枢引起呼吸困难，使呼吸增快。

（五）神经精神性呼吸困难

重症颅脑疾病（脑出血、颅内压增高等）时呼吸深而慢，并可出现呼吸节律的改变如比奥呼吸。癔症患者呼吸困难发作，其特点是呼吸快而浅，叹息样呼吸。

链接

呼吸困难的程度判断

临床上常以能否完成日常生活活动判断呼吸困难的程度：①轻度，可在平地行走，登高及上楼时气急，中度或重度体力活动后会出现呼吸困难；②中度，平地慢走中途需要休息，轻体力劳动就会出现呼吸困难，日常生活活动需要他人帮助；③重度，洗脸、穿衣，甚至休息时也感到呼吸困难，日常生活活动完全依赖他人帮助。

三、主要护理诊断 / 问题

1. 低效性呼吸型态　与上呼吸道梗阻有关；与心肺功能不全有关。

2. 活动耐力下降　与呼吸困难所致能量消耗增加和缺氧有关。

3. 气体交换受损　与心肺功能不全引起有效肺组织减少、肺弹性减退有关。

4. 恐惧　与严重呼吸困难引起心理变化有关。

第6节 发　绀

案例 3-6

患者，男，63 岁。患者扶着家人步入医院，接诊护士见其面色发绀，口唇呈青紫色，呼吸困难，发绀部位皮肤温暖；询问病史，既往有慢性阻塞性肺疾病病史。

问题：1. 患者发绀的原因及分类是什么？

2. 该患者的主要护理诊断 / 问题是什么？

发绀也称紫绀，是指血液中还原型血红蛋白增多，使皮肤、黏膜呈青紫色的一种表现。

一、病因及发生机制

（一）病因

1. 血液中还原型血红蛋白增多

（1）中心性发绀　由心、肺疾病引起动脉血氧饱和度降低所致。特点是全身性，除四肢和颜面部外，也可累及黏膜（舌、口腔黏膜）和躯干皮肤，发绀部位皮肤温暖。

（2）周围性发绀　由于周围循环血流障碍所致。特点是肢体下垂部分及周围部位（如肢端、耳垂与鼻尖）皮肤冰冷，经按摩或加温发绀可消失，此点可与中心性发绀鉴别。

（3）混合性发绀　中心性与周围性发绀并存，常见于左心、右心和全心衰竭等。

考点 中心性发绀与周围性发绀的区别

2. 血液中含有异常血红蛋白衍生物

（1）高铁血红蛋白血症　以药物或化学品中毒者多见，如亚硝酸盐等。特点是发绀出现急骤，抽出的静脉血呈深棕色。

（2）硫化血红蛋白血症　服用某些含硫药物或化学物质后，使血液中硫化血红蛋白达5g/L 及以上时，出现发绀。特点是持续时间长，可达数月或更长时间，血液呈蓝褐色。

（3）先天性高铁血红蛋白血症　自幼有发绀表现，但无心、肺疾病及引起异常血红蛋白的其他原因，有家族史，身体一般状态较好。

（二）发生机制

发绀是由于血液中还原型血红蛋白的绝对量增加，当毛细血管内血液的还原型血红蛋白量超过 50g/L 时，皮肤、黏膜可出现发绀。

二、评估要点

1. 发绀发生的情况　发绀出现的年龄及持续时间，是否出生及年幼时期就出现发绀，有无家族史，有无心肺疾病及其他与发绀有关的疾病病史，有无相关药物、化学物质摄入史等。

2. 发绀的类型　观察发绀的部位、皮肤温度、按摩或加温后发绀能否消失，发绀患者血液的颜色、经治疗处理后的反应等。

3. 判断发绀的严重程度　发绀的程度与皮肤及着色情况有关，皮肤较薄、色素较少的部位，发绀容易显露。心肺疾病者发绀严重，常伴呼吸困难。有明显发绀而无呼吸困难者，提示有异常血红蛋白血症。

4. 伴随症状 伴呼吸困难，见于重症心、肺疾病；伴杵状指（趾），见于发绀型先天性心脏病；伴意识障碍或衰竭，见于某些药物或化学物质急性中毒、休克或急性心力衰竭。

5. 发绀的身心反应 观察体温、脉搏、血压及意识状态的变化；注意呼吸频率、节律、呼吸音、呼吸型态、胸廓形状的改变；有无紧张、恐惧和忧郁等心理反应。

三、主要护理诊断 / 问题

1. 活动耐力下降 与心肺功能不全导致缺氧有关。
2. 气体交换受损 与心肺功能不全导致肺淤血有关。
3. 低效性呼吸型态 与肺泡通气、换气功能障碍有关。
4. 焦虑或恐惧 与缺氧所致呼吸困难有关。
5. 潜在并发症：意识障碍等。

第 7 节 水 肿

案例 3-7

患者，男，19 岁，咽痛 3 周，颜面部及双下肢水肿 2 天。3 周前因咽痛伴有发热到当地医院治疗，诊断为急性扁桃体炎，给予青霉素等药物治疗，咽痛缓解。2 天前晨起发现颜面部水肿，感双下肢发胀，尿量比平时减少。查体：体温 37.1℃，脉搏 74 次 / 分，呼吸 17 次 / 分，血压 120/80mmHg，颜面部及双下肢水肿，心肺无异常。尿液检查：蛋白（++）。

问题：1. 对该患者如何进行护理评估？

2. 该患者主要的护理诊断 / 问题有哪些？

水肿是指人体组织间隙有过多液体积聚造成组织肿胀。

一、病因及发生机制

（一）病因

1. 全身性水肿 心源性水肿、肾源性水肿、肝源性水肿、营养不良性水肿等。
2. 局部性水肿 局部炎症性水肿、静脉阻塞性水肿、淋巴性水肿等。

（二）发生机制

任何原因导致的球 - 管失衡均可使肾脏排水、排钠减少，从而导致水、钠潴留引起水肿。

二、评估要点

（一）临床特点

1. 全身性水肿

（1）心源性水肿 常见于右心衰竭。水肿首先发生在身体下垂部位，休息后减轻或消失。坐位或立位时水肿出现于踝部。长期卧床者水肿首先出现于腰骶部及外阴部。严重时可出现胸腔积液、腹腔积液、心包积液等。

（2）肾源性水肿　水肿首先出现在眼睑、颜面部等疏松组织，以后逐渐发展至全身。

心源性水肿与肾源性水肿的鉴别见表3-3。

表3-3　心源性水肿与肾源性水肿的鉴别

鉴别点	心源性水肿	肾源性水肿
开始部位	低垂部位	眼睑、颜面
发展速度	发展较缓慢	发展较迅速
水肿性质	较坚实，移动性小	软而移动性大
伴随症状	伴有心脏杂音、心脏增大、肝大、静脉压升高等	伴有高血压、蛋白尿、血尿、眼底改变等

（3）肝源性水肿　常见于肝硬化失代偿期，水肿发生缓慢，常以腹腔积液为主要表现，也可先出现于脚踝部位，逐渐向上蔓延，头面部和上肢多无水肿。

（4）营养不良性水肿　常见于慢性消耗性疾病、长期营养缺乏等。水肿发生前常有消瘦、贫血等，水肿常从下肢开始，逐渐蔓延全身。

（5）特发性水肿　常见于妇女，主要表现在身体下垂部位，于直立时或劳累后出现，休息后减轻或消失。

（6）黏液性水肿　为非凹陷性水肿，组织液中黏蛋白含量较多所致，以口唇、眼睑及下肢胫前水肿较明显。

考点 全身性水肿的临床特点

2. 局部性水肿

（1）静脉阻塞性水肿　如上腔静脉受阻时，水肿出现在头颈部、两上肢及上胸部，常伴有颈静脉怒张，胸壁浅静脉曲张及纵隔刺激症状，称上腔静脉阻塞综合征；如下腔静脉受阻时，水肿则以下肢、外阴明显，常伴有腹壁及下肢静脉曲张或腹腔积液，可有肝、脾肿大等，称下腔静脉阻塞综合征。

（2）炎症性水肿　如疖、痈、蜂窝织炎，患处常伴有红、肿、热、痛、功能障碍等急性炎症表现。

（3）淋巴性水肿　如丝虫病可表现为象皮肿，皮肤粗糙与增厚，皮下组织增厚等。

（4）血管神经性水肿　特点是突然发生、无痛、硬而有弹性，多见于面部、舌、唇部，如声带水肿可引起呼吸道阻塞危及生命。

考点 局部性水肿的临床特点

（二）病史

应询问心脏、肝脏、肾脏、内分泌及过敏性疾病等病史；询问营养与进食情况；询问女性患者的月经史；询问水肿的诱发因素；询问水肿减轻与加重影响因素；询问水肿与体位、药物、饮食、妊娠、尿量的关系等。

（三）出入液体量

估计每日钠盐与水的摄入，记录24小时出入量，注意出入量是否平衡，对尿量明显增多或减少者要观察有无心肾功能不全、水电解质平衡紊乱等。

（四）水肿发生的时间、部位和程度

水肿首先出现的部位，水肿明显部位及蔓延情况；全身性还是局部性水肿；是否对称；是凹陷性还是非凹陷性水肿；水肿程度是轻度、中度或重度。

（五）伴随症状

水肿伴肝大多见于心源性、营养不良性水肿；伴有颈静脉怒张、肝静脉回流征阳性，则为心源性水肿；伴蛋白尿，见于肾炎、肾淤血等；大量蛋白尿见于肾病综合征；水肿伴黄疸、蜘蛛痣、肝脾大见于肝源性水肿；水肿伴呼吸困难、发绀见于心脏病、静脉阻塞性水肿等。

（六）水肿的身心反应

评估体重、胸围、脉搏、呼吸、血压等情况；注意水肿部位皮肤、黏膜的弹性、光泽、温度等；观察长期卧床或严重水肿者的皮肤有无水疱、渗液、破溃或继发感染；有无胸腔积液、腹腔积液征；有无因水肿引起形象改变、活动障碍等而产生烦躁不安、焦虑等心理反应。

三、主要护理诊断 / 问题

1. 体液过多　与右心衰竭致体循环淤血有关或与肾脏疾病所致水、钠潴留有关。
2. 皮肤完整性受损 / 有皮肤完整性受损的危险　与水肿所致组织细胞营养不良有关。
3. 活动耐力下降　与胸腔积液、腹腔积液所致呼吸困难有关。
4. 潜在并发症：急性肺水肿。

第 8 节　呕　　血

案例 3-8

患者，男，38 岁。3 年来上腹部周期性、节律性疼痛，进食后加重，伴反酸、嗳气。昨晚突然疼痛加重，伴呕血，量约 500ml，今晨伴有黑便，来院就诊。

问题：1. 该患者引起呕血的最可能的病因是什么？

2. 在护理评估过程中，除了估计出血量，还需密切观察哪些情况？

呕血指上消化道（十二指肠悬韧带以上的消化器官，包括食管、胃、十二指肠、肝、胆、胰等）出血，血液经胃从口腔呕出，常伴有黑便。

一、病　　因

（一）上消化道疾病

1. 食管疾病　如食管静脉曲张破裂、食管炎、食管异物、食管癌、食管贲门黏膜撕裂综合征、食管裂孔疝等。

2. 胃及十二指肠疾病　如消化性溃疡、急性胃炎、胃癌、应激性溃疡等。

3. 肝、胆、胰腺疾病　如肝硬化所致的食管 - 胃底静脉曲张破裂出血、胆结石、胆道蛔虫病、胆囊癌、胆管癌、胰腺癌等。

（二）全身性疾病

1. 血液及造血系统疾病 如再生障碍性贫血、血小板减少性紫癜、白血病、血友病、弥散性血管内凝血等。

2. 其他 如流行性出血热、钩端螺旋体病、系统性红斑狼疮、尿毒症及败血症等。

以上病因中，以消化性溃疡引起的出血最为常见，其次是食管 - 胃底静脉曲张破裂、急性胃黏膜病变。

二、评估要点

（一）临床特点

1. 呕血与黑便 呕血前常有上腹不适和恶心，随后呕出血性胃内容物。出血量大、胃内停留时间短，可呈鲜红色或混有凝血块，或为暗红色；若出血量少或胃内停留时间长，呕吐物可呈咖啡渣样或棕褐色。呕血同时由于部分血液经肠道排出体外，即可形成黑便。

2. 失血的表现 上消化道出血量低于血容量的 10% 时，没有失血的症状；出血量为血容量的 10% ～ 15% 时，可出现头晕、畏寒，多无明显的血压、脉搏等变化；出血量达血容量的 20% 以上时，有急性失血表现如头晕、乏力、心悸、冷汗、四肢厥冷、脉搏增快等；出血量达血容量的 30% 以上时，出现脉搏细数、血压下降、尿量减少、呼吸急促及休克等急性失血性周围循环衰竭的表现。

3. 血液学改变 早期不明显，由于组织液渗出及输液等情况，血液被稀释，血红蛋白和红细胞数量可降低，出现贫血表现，止血后可逐步恢复正常。

4. 其他表现 大量呕血可出现发热（但一般不超过 38.5℃，持续 3 ～ 5 天）、氮质血症等表现。

考点 呕血的临床特点

（二）病情观察

1. 确定是否为呕血 注意与咯血鉴别；黑便应与食用动物血、肝脏，服用铁剂、铋剂或某些中药等所致的粪便发黑进行鉴别，药物所致黑便，黑而无光泽，潜血试验阴性。

2. 出血量的判断 上消化道出血时，若每日出血量达 5ml 以上，粪便潜血试验可呈阳性；每日出血量超过 60ml 时，出现黑便；若胃内积血超过 250ml 时，可引起呕血。应询问和观察呕血次数、持续时间、颜色、量及性状等，结合失血的全身表现，准确估计出血量。

3. 出血部位 幽门以上部位出血多有呕血和黑便，但出血少或出血速度缓慢可仅有黑便；幽门以下部位出血常以黑便为主，但出血量大、出血速度快时可同时出现呕血和黑便。

4. 出血是否停止 可通过呕血和黑便的次数与量是否减少或停止，临床表现是否好转或消失，实验室检查是否逐渐恢复等来进行综合判断。

考点 呕血的病情观察

（三）伴随症状

了解伴随症状对估计失血量及确定病因有很大帮助，询问有无呕血的相关病史及伴随症状，明确出血的病因及诱因。如伴慢性反复发作的上腹痛多提示消化性溃疡；伴慢性上腹痛无明显规律、厌食、消瘦或贫血提示胃癌；伴有肝病症状者提示肝硬化门静脉高压；伴皮肤黏膜出血常与血液疾病有关等。

（四）呕血的身心反应

定时检测血压、脉搏、尿量的变化。观察患者有无紧张、焦虑、恐惧或抑郁等心理反应。

（五）诊疗与护理经过

询问呕血以来，有无相关检查及治疗，询问检查结果、治疗的方案、疗效及不良反应等。

三、主要护理诊断/问题

1. 外周组织灌注无效　与消化道出血所致血容量不足有关。
2. 活动耐力下降　与上消化道出血所致贫血或血容量不足有关。
3. 恐惧　与急性上消化道大量出血有关。
4. 知识缺乏：缺乏有关出血病因及防治的知识。
5. 潜在并发症：休克。

第9节　便　　血

案例 3-9

患者，男，56岁，近2个月来经常排大便后滴少量鲜血，用力排大便后有肿块从肛门脱出，不能自行回纳，需用手托回。

问题：1. 对于便血患者，作为一名护士如何根据出血的颜色和性状判断出血的部位？
2. 此患者的评估要点是什么？

便血是指消化道出血，血液经肛门排出体外。便血多见于下消化道出血，即十二指肠悬韧带以下的空肠、回肠、结肠、直肠和肛门等部位的出血。便血颜色可因出血部位和速度不同呈鲜红、暗红或黑便，少量出血不会造成粪便颜色改变，需经隐血试验才能确定。

一、病　　因

便血除见于上消化道出血疾病、全身性疾病外，还见于下消化道出血的疾病。①小肠疾病：如肠结核、肠伤寒、急性出血性坏死性肠炎、肠套叠、小肠肿瘤、空肠憩室炎或溃疡等。②结肠疾病：如急性细菌性痢疾、溃疡性结肠炎、阿米巴痢疾、血吸虫病、结肠息肉、结肠癌等。③直肠肛管疾病：如痔、肛裂、肛瘘、直肠癌、直肠息肉及直肠肛管损伤等。

此外，食用动物血、肝，服用铁剂、铋剂、炭粉或中药所致的粪便变黑，需与消化道出血所致黑便鉴别。

二、评估要点

（一）临床特点

1. 便血的特点　便血的颜色可因出血部位的不同，出血量的多少，出血的速度及血液在肠腔内停留时间的长短而异。出血部位越低，出血量越大，出血速度越快，则便血颜色越鲜红；反之，则便血颜色呈暗红或黑色。便血时，粪便可全为血液或血液与粪便混合。若血色鲜红黏附于粪便表面或排便后有鲜血滴出或喷射出，提示为肛门或直肠病变，如痔、肛裂或直肠肿瘤等。上消化道或小肠出血，如血液在肠道停留时间较长，则血红蛋白与硫化物结合而形成硫化亚铁，使粪便呈黑色，因粪便附有黏液而发亮，类似柏油，又称柏油样便。阿米巴痢疾的粪便多为暗红色果酱样便。急性细菌性痢疾和溃疡性结肠炎多呈黏液脓血便。急性出血性坏死性肠炎可排出洗肉水样便且有腥臭味。

消化道每日5ml以下的少量出血，无肉眼可见的粪便颜色改变称为隐血便，隐血便需要隐血试验才能确定。

考点 便血的临床特点

2. 全身表现　短时间内大量出血，可有急性失血性贫血及周围循环衰竭的表现，但临床较少见。出血速度缓慢、出血量较少时，表现为持续性或间断性肉眼可见的少量血便或无肉眼所见的粪便颜色改变，仅表现为粪便隐血试验阳性，一般无明显的全身症状；长期慢性失血可出现乏力、头晕、活动后心悸、气促等贫血症状，患者常因此而就诊。

（二）病情观察

1. 确定是否为便血　注意排除食物、药物的影响，同时注意大便的颜色、光泽，必要时做粪便隐血试验进行鉴别。

2. 注意便血方式及估计出血量　如血液出现在排便前还是排便后，血液是滴下、喷出还是与粪便混在一起，应询问和观察便血次数、颜色、量及性状等，结合失血的全身表现准确估计出血量。

考点 便血的病情观察

（三）病因与诱因

仔细观察血便颜色、性状及气味等，结合与便血相关的病史、伴随症状和体征等有助于寻找出血病因。询问患者有无进食刺激性食物、饮食不规律、过度劳累、精神刺激等诱因。

（四）伴随症状

便血伴周期性、节律性上腹痛见于消化性溃疡；便血伴右上腹绞痛并有黄疸，多提示肝胆疾病；便血伴有里急后重者提示肛门、直肠疾病，见于细菌性痢疾及直肠癌等；便血伴发热者见于感染性疾病，如细菌性痢疾、肠伤寒、流行性出血热等；便血伴腹部肿块者，应考虑肠道肿瘤、肠结核等；便血伴皮肤黏膜出血者，可能为血液疾病。

（五）便血的身心反应

应评估便血的全身反应和程度，如有无头晕、心悸、出汗、尿量减少、四肢厥冷、血压下降、脉搏细数等。大量便血或长期便血不能确诊，反复便血不愈或愈后不佳者，应评估患者有无焦虑、恐惧、悲观等心理反应。

三、主要护理诊断/问题

1. 活动耐力下降　与便血所致贫血有关。

2. 外周组织灌注无效　与大量便血所致血容量不足有关。

3. 恐惧 / 焦虑　与长期便血未能确诊有关。

4. 有皮肤完整性受损的危险　与排泄物刺激肛周皮肤有关。

5. 潜在并发症：休克。

第 10 节　黄　　疸

案例 3-10

患者，男，20 岁。近 10 天来发热、头痛、疲乏、恶心、纳差。尿色加深如浓茶。查体：体温 37.5℃，皮肤、巩膜微黄。肝于右肋下 2cm 可触及、质软、有触痛。肝功能检查：丙氨酸转氨酶（ALT）200U/L。

问题：1. 引起此患者黄疸的病因是什么？

2. 此患者黄疸有什么特点？

黄疸是由于血清中胆红素升高致使皮肤、黏膜和巩膜发黄的症状和体征。正常血清中总胆红素为 3.4 ～ 17.1μmol/L，当血清中总胆红素为 17.1 ～ 34.2μmol/L 时，临床不易察觉，称为隐性黄疸；超过 34.2μmol/L 时出现黄疸，称为显性黄疸（图 3-7）。

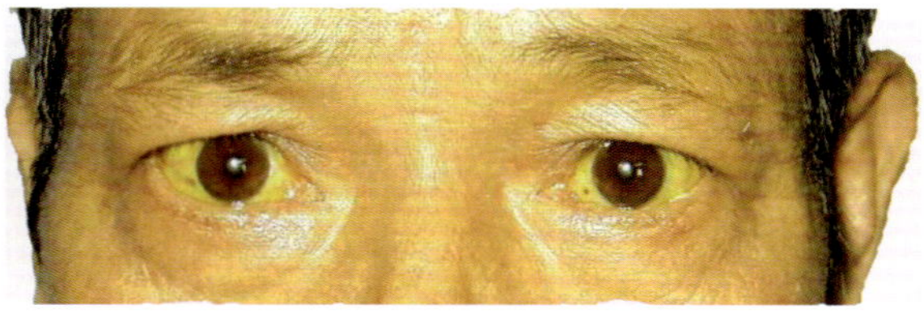

图 3-7　黄疸

一、胆红素的正常代谢

体内的胆红素主要来源于血红蛋白。血液循环中衰老的红细胞经单核吞噬细胞系统破坏和分解，生成游离胆红素或非结合胆红素。非结合胆红素被肝细胞摄取与葡糖醛酸结合，转化成结合胆红素，随胆汁而排入肠道，由肠道细菌的脱氢作用还原为尿胆原，尿胆原大部分氧化为尿胆素从粪便排出称粪胆素，成为粪便中的主要色素。小部分尿胆原在肠道内重吸收，经肝门静脉回到肝内，其中大部分再转变为结合胆红素，又随胆汁排入肠内形成“胆红素的肠肝循环”。被吸收回肝的小部分尿胆原经体循环由肾排出体外（图 3-8）。

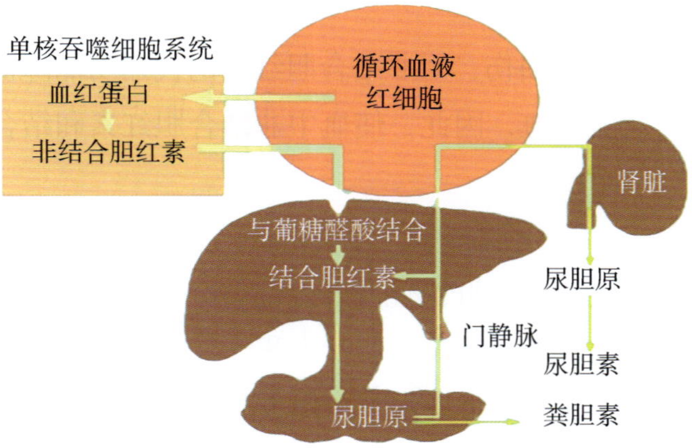

图 3-8　胆红素正常代谢

二、病因与发生机制

黄疸的分类方法很多，临床上常按黄疸发生机制分为溶血性黄疸、肝细胞性黄疸、胆汁淤积性黄疸和先天性黄疸 4 种类型，其中以前 3 种较多见。

（一）溶血性黄疸

1. 病因　凡能引起溶血的疾病都可引起溶血性黄疸。①先天性溶血性贫血，如海洋性贫血、遗传性球形红细胞增多症；②后天获得性溶血性贫血，如自身免疫性溶血性贫血、新生儿溶血、不同血型输血后的溶血以及蚕豆病、伯氨喹中毒、蛇毒中毒、毒蕈中毒、阵发性睡眠性血红蛋白尿等。

2. 发生机制　大量红细胞被破坏，形成大量的非结合胆红素，超过肝细胞的摄取、结合与排泌能力；同时由于溶血性造成的贫血、缺氧、红细胞破坏使肝细胞对胆红素代谢的能力下降，使非结合胆红素增高，超过正常的水平出现黄疸（图 3-9）。

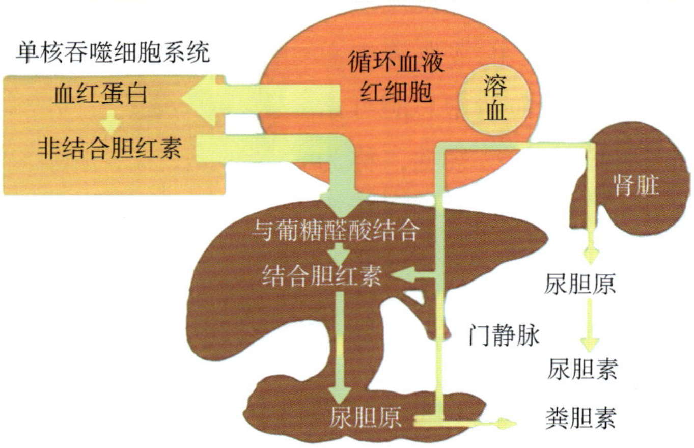

图 3-9　溶血性黄疸发生机制

（二）肝细胞性黄疸

1. 病因　见于各种使肝细胞广泛损害的疾病，如病毒性肝炎、中毒性肝炎、肝硬化、肝癌、钩端螺旋体病等。

2. 发生机制　因肝细胞广泛损伤，对非结合胆红素的代谢功能降低，已合成的结合胆红素经病变的肝细胞溢出、反流入血，因此，使血中非结合胆红素和结合胆红素均增高而出现黄疸（图 3-10）。

（三）胆汁淤积性黄疸

1. 病因　根据阻塞的部位可分为肝内性及肝外性。肝内性见于肝内泥沙样结石、癌栓、寄生虫病、毛细胆管型病毒性肝炎、药物性胆汁淤积（如氯丙嗪等）、原发性胆汁性肝硬化等；肝外性见于胆总管结石、狭窄、炎性水肿、蛔虫病及肿瘤等。

2. 发生机制　肝内或肝外胆管阻塞，胆汁淤积，胆管内压力增高，小胆管和毛细胆管破裂，结合胆红素反流入血，使血中结合胆红素增高而出现黄疸（图 3-11）。

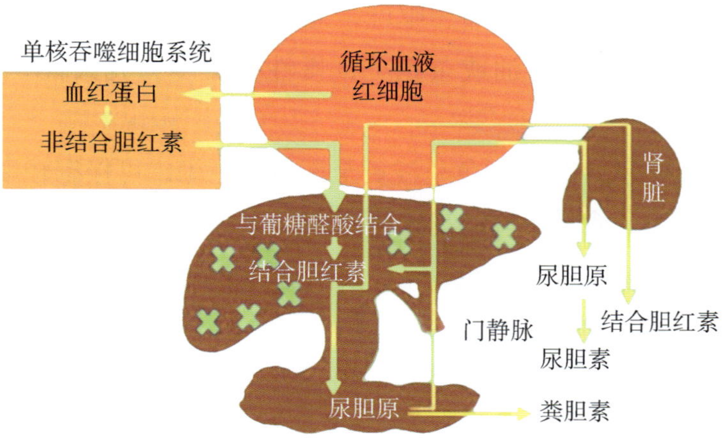

图 3-10　肝细胞性黄疸发生机制

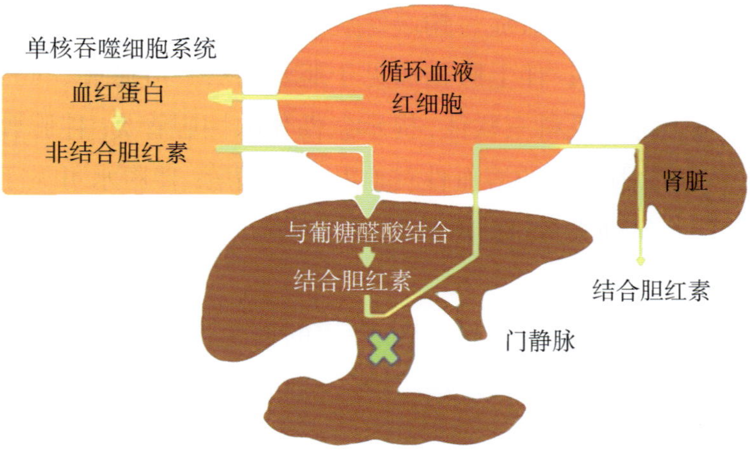

图 3-11　胆汁淤积性黄疸发生机制

（四）先天性黄疸

先天性黄疸是由于肝细胞对胆红素的摄取、结合和排泄有缺陷所致的黄疸，本组疾病临床上少见。

三、评估要点

（一）病因与诱因

急起或缓起，有否群集发病，有无外出旅游史、药物使用史，有否长期酗酒或肝病史；有无与肝炎患者密切接触史或近期内血制品输注史；黄疸的发生与饮食有无关系，如蚕豆病者食用蚕豆后诱发急性溶血；家族中有无遗传病病史等。

（二）确定是否为黄疸

黄疸应与皮肤苍黄、球结膜下脂肪及高胡萝卜素血症等相鉴别。进食过多的胡萝卜、南瓜等可致血中胡萝卜素增加而引起皮肤黄染，但以手掌、足底、前额及鼻部等处明显，一般不发生巩膜及口腔黏膜黄染；球结膜下脂肪见于中年以后，在内眦部出现黄色斑块，呈不均匀分布。

（三）临床特点

1. 溶血性黄疸　一般黄疸为轻度，呈浅柠檬色，无皮肤瘙痒，主要为原发病的表现。

如急性溶血时伴有寒战、发热、头痛、呕吐、腰痛，严重者出现急性肾衰竭，有不同程度的贫血和血红蛋白尿（尿呈酱油或茶色）；慢性溶血多为先天性，可有贫血和脾大的表现。

2. 肝细胞性黄疸　皮肤、黏膜颜色呈浅黄至深黄色不等，可伴有轻度皮肤瘙痒，主要为肝原发病的表现，如乏力、食欲下降、出血倾向等。

3. 胆汁淤积性黄疸　皮肤呈暗黄色，完全梗阻者可呈黄绿色，常有皮肤瘙痒、心动过缓、尿色深、粪便颜色变浅或呈白陶土色。

4. 先天性黄疸　临床少见，见于新生儿，预后极差。

考点 黄疸的临床特点

（四）伴随症状

黄疸伴发热见于肝脓肿、败血症、钩端螺旋体病、急性胆管炎等，病毒性肝炎或急性溶血可先有发热而后出现黄疸；伴上腹剧痛见于胆管结石、肝脓肿、胆管蛔虫病等，右上腹剧痛、寒战高热和黄疸称为夏科三联征，提示急性化脓性胆管炎；伴脾肿大可见于肝硬化、病毒性肝炎、疟疾、各种原因引起的溶血性贫血及淋巴瘤等；伴腹水可见于肝硬化失代偿期、肝癌、重症肝炎等；伴胆囊肿大者，提示胆总管有梗阻，见于胰头癌、壶腹癌、胆总管癌等。

（五）黄疸的身心反应

应评估其消化道症状、出血倾向、皮肤瘙痒等的程度及对休息和睡眠的影响。严重黄疸者要密切观察患者的意识状态和尿液改变，及早发现肝昏迷。评估患者有无焦虑、紧张、恐惧、自卑等心理反应。

四、主要护理诊断 / 问题

1. 舒适度减弱　与胆汁胆盐沉积导致的皮肤瘙痒有关。
2. 体象紊乱　与黄疸所致外形改变有关。
3. 有皮肤完整性受损的危险　与皮肤瘙痒有关。
4. 焦虑　与皮肤瘙痒、黄染有关。

第 11 节　意识障碍

案例 3-11

患者，男，68 岁。1 小时前因与人争吵后突感头痛，随即倒地，呼之不应，既往有高血压病史十多年。查体：体温 36.8℃，脉搏 72 次 / 分，呼吸 20 次 / 分，血压 180/120mmHg，意识不清、颈软无抵抗，生理反射存在，病理反射未引出，即来院就诊。

问题：1. 对此患者如何进行护理评估？
2. 列出该患者主要护理诊断 / 问题。

意识障碍指人对周围环境、自身状态的识别和觉察能力出现障碍。多由于高级神经中枢功能活动受损所引起，可表现为嗜睡、意识模糊、昏睡、昏迷。

一、病因和发生机制

（一）病因

1. 重症急性感染　如败血症、中毒性菌痢、肺炎、伤寒、颅脑感染性疾病等。

2. 颅脑非感染性疾病

（1）脑血管疾病　脑出血、蛛网膜下腔出血、脑栓塞、脑血栓形成、高血压脑病等。

（2）颅内占位性疾变　颅内肿瘤、脑脓肿、脑肉芽肿等。

（3）颅脑损伤　脑震荡、脑挫裂伤、外伤性颅内血肿、颅骨骨折等。

（4）癫痫。

3. 内分泌与代谢性障碍性疾病　如肝性脑病、肺性脑病、尿毒症、甲状腺危象、糖尿病酮症酸中毒、妊娠高血压综合征、甲状腺功能减退症、低血糖等。

4. 中毒　如镇静催眠药、酒精、一氧化碳、有机磷农药、阿片类药物等中毒。

5. 心血管疾病　心律失常引起阿 - 斯综合征、重度休克等。

6. 其他　如中暑、触电、溺水、高山病等；水、电解质平衡紊乱，如高氯性酸中毒、低氯性碱中毒、稀释性低钠血症等。

（二）发生机制

意识有意识内容以及意识开关系统两个组成部分。意识内容即大脑皮质功能活动，包括记忆、思维、定向力和情感，还有通过视、听、语言和复杂运动等与外界保持密切联系的能力。急性广泛性大脑损害或丘脑或中脑受压时，则可引起不同程度意识障碍。意识的开关系统包括特异性上行投射系统（经典的感觉传导路径）和非特异性上行投射系统（脑干网状结构）。意识的开关系统可激活大脑皮质并使之维持一定水平的兴奋性，使机体处于觉醒状态，从而在此基础上产生意识内容。开关系统不同部位与不同程度的损害，可发生不同程度的意识障碍。

二、评估要点

（一）临床特点

1. 嗜睡　是一种病理性倦睡，是最轻的意识障碍。患者处于持续的睡眠状态，可被唤醒，醒后能正常回答问题和做出各种反应，但当刺激去除后很快再入睡。

2. 意识模糊　是意识水平轻度下降，较嗜睡为深的意识障碍。患者能保持简单的精神活动，但对时间、地点、人物的定向能力发生障碍。

3. 昏睡　是接近于人事不省的意识状态。患者处于熟睡状态，不易唤醒。虽在强烈刺激下（如压迫眶上神经、摇动身体、大声呼唤等）可被唤醒，但很快又再入睡，醒时答话含糊或答非所问。

4. 昏迷　表现为意识持续的中断或完全丧失，是严重的意识障碍。按其程度可分为 3 个阶段。

（1）轻度昏迷　意识大部分丧失，无自主运动，对声、光刺激无反应，对疼痛刺激尚可出现痛苦表情或肢体退缩等防御反应，角膜反射、瞳孔对光反射、眼球运动和吞咽反射等可存在，血压、呼吸、脉搏等无明显变化。

（2）中度昏迷　对周围事物及各种刺激均无反应，对剧烈的刺激可有防御反射。角膜反射减弱，瞳孔对光反射迟钝，眼球无转动，血压、呼吸、脉搏可有变化。

（3）深度昏迷　全身肌肉松弛，对各种刺激全无反应，深、浅反射均消失，生命体征变化明显，可出现血压明显下降、呼吸不规则等。

5. 谵妄　是一种以兴奋性增高为主的高级神经中枢急性功能失调状态。表现为意识模糊、定向力丧失，出现幻觉、错觉、躁动不安、言语杂乱。可发生在急性感染的高热期，也可见于某些药物中毒、代谢障碍（如肝性脑病）、循环障碍或中枢神经疾患等。

考点 意识障碍的临床特点

（二）发病情况

询问发病前后情况、诱因等；了解有无发热、呕吐、腹泻、感觉与运动障碍症状；了解本次发病的病程及程度；询问有无急性感染、高血压、动脉粥样硬化、脑血管疾病、糖尿病、肝肾疾病、癫痫、颅脑损伤等病史；有无服毒及毒物接触等病史。

（三）判断意识障碍程度

正常判断意识障碍程度，可采用交谈、痛觉试验、神经反射等方法来进行。也可按格拉斯哥昏迷量表（Glasgow coma scale，GCS）对意识障碍的程度进行评估（表 3-4），GCS 总分为 3 ～ 15 分；正常为 15 分；总分低于 7 分为浅昏迷，3 分为深昏迷。

表 3-4　GCS

评分项目	反应	计分
睁眼反射	正常睁眼	4
	对声音刺激有睁眼反射	3
	对疼痛刺激有睁眼反射	2
	对任何刺激无睁眼反射	1
最佳运动反应	可按指令做动作	6
	对疼痛刺激能定位	5
	对疼痛刺激有肢体退缩反应	4
	疼痛刺激时肢体过屈（去皮质强直）	3
	疼痛刺激时肢体过伸（去大脑强直）	2
	对疼痛刺激无反应	1
最佳语言反应	能准确回答时间、地点、人物等定向问题	5
	能说话，不能准确回答时间、地点、人物等定向问题	4
	语言不当，但字义可辨	3
	语言模糊不清，字义难辨	2
	对任何刺激无语言反应	1

考点 意识障碍程度的判断

（四）伴随症状

意识障碍伴发热，如为先发热后有意识障碍，可见于重症感染性疾病，先有意识障碍后有发热，可见于出血性脑血管病、巴比妥类药物中毒等；伴高血压见于高血压脑病、脑血管意外、肾炎、尿毒症等；伴低血压见于各种原因所致的休克；伴瞳孔散大见于颠茄类、乙醇、氰化物等中毒，以及癫痫、低血糖状态等；伴瞳孔缩小见于阿片类物质、巴比妥类物质、有机磷农药等中毒；伴呼吸减慢是呼吸中枢受抑制的表现，可见于阿片类、巴比妥类物质、有机磷农药中毒等；伴脑膜刺激征，见于脑膜炎及蛛网膜下腔出血等；伴心动过缓见于颅内高压、房室传导阻滞及阿片类物质、毒蕈等中毒；伴皮肤黏膜改变，如有口唇呈樱桃红色提示一氧化碳中毒；有出血点、瘀斑和紫癜可见于严重感染和出血性疾病。

三、主要护理诊断 / 问题

1. 急性意识障碍　与脑出血、急性感染、中毒、肝性脑病、肺性脑病等有关。
2. 清理呼吸道无效　与意识障碍致咳嗽、吞咽反射减弱或消失有关。
3. 营养失调：低于机体需要量　与意识障碍致不能正常进食有关。
4. 有皮肤完整性受损的危险　与意识障碍致自主运动丧失有关，或与排便、排尿失禁有关。
5. 有感染的危险　与意识障碍导致咳嗽、吞咽反射减弱或消失有关。
6. 有误吸的危险　与意识障碍致咳嗽反射减弱或消失有关。
7. 躯体移动障碍　与意识障碍致自主运动丧失有关。
8. 混合型尿失禁　与意识障碍致排尿失控有关。
9. 有失用综合征的危险　与意识障碍致自主运动丧失有关。
10. 潜在并发症：脑疝、肺性脑病等。

医者仁心

牧民眼中的“好门巴”秦孔平

秦孔平，四川省甘孜州色达县泥朵镇卫生院助产护士。面对被称为“生命禁区”的泥朵镇，她毫不畏惧，毅然主动要求去那里工作。在 9 年的时间里，她克服胸闷缺氧、寒冷不适，在条件艰苦的高原一次次完成医疗救治工作，她的足迹遍布村村寨寨、家家户户，把温暖留在了牧民的心间。她先后荣获全国五一劳动奖章、全国十佳最美接种医生、四川省五一劳动奖章、四川省最美接种医生等称号。在泥朵镇农牧民的眼中，秦孔平是一名好门巴，她将全部心血都倾注在这片高原。

自测题

A1/A2 型题

1. 引起发热最常见的病因是
   A. 感染性发热
   B. 无菌性坏死物质的吸收
   C. 抗原 - 抗体反应
   D. 内分泌与代谢疾病
   E. 自主神经功能紊乱
2. 关于发热的说法，正确的是
   A. 体温持续在 39 ～ 40℃，24 小时内波动范围超过 1℃是稽留热
   B. 体温常在 39℃以上，24 小时内波动范围超过 2℃，体温最低时仍高于正常水平是弛张热
   C. 大叶性肺炎常见的发热原因是病毒感染
   D. 外致热原可通过血脑屏障
   E. 发热后伴意识障碍提示脑出血
3. 超高热指的是
   A. 37.3 ～ 38℃　B. 38.1 ～ 39℃
   C. 39.1 ～ 40℃　D. 41℃以上
   E. 36 ～ 37℃
4. 头痛伴喷射性呕吐可见于
   A. 胃潴留　B. 颅内高压
   C. 急性胃炎　D. 急性腹膜炎
   E. 幽门梗阻
5. 为减轻胸膜炎引起的胸痛应采取何体位
   A. 患侧卧位　B. 俯卧位
   C. 半卧位　D. 健侧卧位
   E. 平卧位
6. 疼痛位于脐与右髂前上棘连线的中外 1/3 的交点考虑是
   A. 胃炎　B. 小肠炎
   C. 阑尾炎　D. 盆腔炎
   E. 乙状结肠炎
7. 腹痛伴里急后重可见于
   A. 胃炎　B. 肠结核
   C. 胆囊炎　D. 急性细菌性痢疾
   E. 伤寒
8. 咳出粉红色泡沫痰，应首先考虑
   A. 急性肺水肿　B. 肺脓肿
   C. 肺癌　D. 肺结核
   E. 肺梗死
9. 听到患者金属音咳嗽时应警惕
   A. 哮喘　B. 支气管肺癌
   C. 肺脓肿　D. 喉炎
   E. 肺炎
10. 咳铁锈色痰可能是
    A. 肺结核　B. 支气管哮喘
    C. 肺炎球菌性肺炎　D. 支气管扩张
    E. 气胸
11. 咯血与呕血最大的鉴别是
    A. 血量　B. 血内混合物
    C. 粪便潜血　D. 血色素
    E. 伴随症状
12. 吸气性呼吸困难常见于
    A. 喉头水肿　B. 支气管哮喘
    C. 重症肺炎　D. 喘息性慢性支气管炎
    E. 慢性阻塞性肺气肿
13. 代谢性酸中毒引起的呼吸困难，其特点是
    A. 深慢呼吸，呼吸节律异常
    B. 浅快呼吸，伴有鼾声
    C. 深快呼吸，呼吸节律异常
    D. 深长规则的呼吸，伴有鼾声
    E. 浅慢呼吸
14. 心源性呼吸困难最早出现的是
    A. 劳力性呼吸困难
    B. 夜间阵发性呼吸困难
    C. 端坐呼吸
    D. 心源性哮喘
    E. 以上均不对

15. 当血中还原型血红蛋白量超过多少可出现发绀

A. 10g/L B. 20g/L

C. 30g/L D. 40g/L

E. 50g/L

16. 常首先发生于低垂部位的水肿见于

A. 心源性水肿 B. 肝源性水肿

C. 肾源性水肿 D. 黏液性水肿

E. 营养不良性水肿

17. 溶血性黄疸下列哪项说法是正确的

A. 结合胆红素正常

B. 结合胆红素增加

C. ALT 增高

D. 尿胆红素强阳性

E. ALT 明显增高

18. 上消化道出血最常见的病因是

A. 肝硬化 B. 胃癌

C. 消化性溃疡 D. 急性糜烂性胃炎

E. 血液病

19. 患者意识完全丧失，生理性反射及病理性反射均未引出，大小便失禁，这种意识状态为

A. 嗜睡 B. 昏睡

C. 意识模糊 D. 浅昏迷

E. 深昏迷

20. 患者，男，35 岁。胃癌术后第 2 天。查体：体温 37.8℃，引流口通畅，分泌物颜色正常，患者发热的原因是

A. 病毒感染

B. 无菌性坏死物质吸收

C. 抗原 - 抗体反应

D. 皮肤散热减少

E. 支原体感染

21. 刘先生，35 岁。2 个月来自感乏力、腹胀、厌食油腻。查体：皮肤、黏膜黄染，肝肋下 3cm 可触及。血清总胆红素、结合胆红素、非结合胆红素均升高。肝胆 B 超显示未见肿瘤、结石，肝外胆管无扩张。该患者属于哪一种类型的黄疸

A. 溶血性黄疸 B. 肝细胞性黄疸

C. 胆汁淤积性黄疸 D. 先天性非溶血性黄疸

E. 以上均不对

22. 患者，男，23 岁。误食含亚硝酸盐食物 1 小时，发绀出现急骤，病情严重，氧疗无效，静脉血呈深棕色，使用亚甲基蓝后，发绀消退，见于

A. 硫化血红蛋白血症

B. 高铁血红蛋白血症

C. 肺性发绀

D. 心性发绀

E. 混合性发绀

23. 患者，女，18 岁。因水肿 3 天就诊。尿常规检查：蛋白质（+），红细胞 10 个 /HP，白细胞 3 个 /HP，颗粒管型 2 个 /HP，拟诊慢性肾炎普通型。体检时最可能发现水肿的部位是

A. 眼睑和颜面

B. 胸壁和腹壁

C. 臀部和会阴部

D. 足背和踝部

E. 手背和腕部

（魏建华 孙毅恒 罗卫群）

第4章
身体评估

第1节　身体评估的准备与基本方法

身体评估是护士用自己的感官或借助于检查工具了解患者身体状况的一种评估方法，身体评估是护理评估中客观资料的来源之一，对患者进行全面系统的身体评估，可验证患者的症状，发现患者的体征，为护理诊断提供客观依据。身体评估基本方法有五种：视诊、触诊、叩诊、听诊和嗅诊。

一、准　备

1. 检查环境光线适宜，最好采用自然光线，注意患者的保暖，保持环境安静、舒适和私密性。

2. 护士态度和蔼，举止端庄，始终保持对患者的尊重与关爱。

3. 评估前先向患者介绍自己的身份、说明评估的目的与要求，取得患者的合作，并当着患者的面洗净双手。

4. 护士站在患者的右侧，充分暴露患者的受检部位，全面、准确、规范地完成身体评估。

二、基本方法

（一）视诊

1. 概念　视诊是护士用视觉来观察患者全身或局部表现的评估方法，又称观察法。

2. 方法　视诊包括直接观察和间接观察两种方法。直接观察法可观察到患者的年龄、发育、营养、意识、面容、表情、体位、步态、姿势以及皮肤、黏膜、身体的活动功能、呼吸动作、血管搏动、水肿程度等。间接观察法是借助工具对身体某些特殊部位进行观察，例如，用检眼镜检查眼底；用鼻镜检查鼻腔黏膜、鼻甲及鼻中隔；用视力表检查视力等。

3. 注意事项

（1）视诊时需要适当的光线，光线太亮或太暗都不利于观察。最佳的光线为自然光。

（2）护士应具备良好的医学知识、丰富的临床经验、敏锐的观察能力，才能发现有意义的临床资料。

（3）正确描述观察的结果，注意保护患者的隐私。

（二）触诊

1. 概念　触诊是护士通过手的感觉来进行评估的方法，多应用于腹部评估。手的感觉以指腹和掌指关节部掌面的皮肤最为敏感，故多用这两个部位进行触诊。一般手背触诊温度较为敏感；而触震颤则以手掌感觉为好。

2. 方法　触诊可分为浅部触诊法及深部触诊法。

（1）浅部触诊法　以四指并拢的方式轻触患者体表，向下压 1 ～ 2cm，以旋转或滑动的方式移动。主要用于评估腹部有无压痛、抵抗感、搏动感、包块或某些肿大的脏器，一般不会引起患者的痛苦和肌肉紧张（图 4-1）。

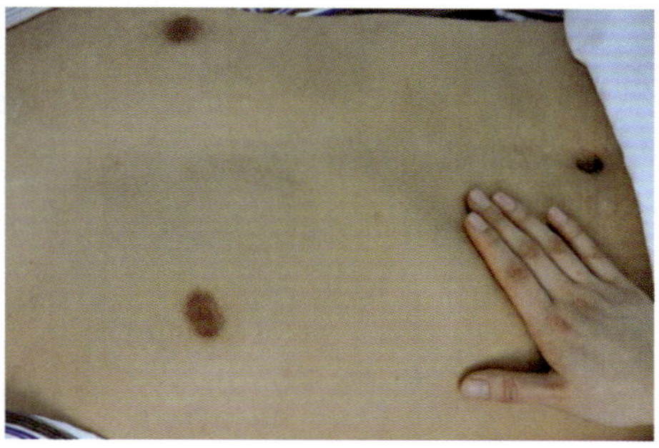

图 4-1　浅部触诊法

（2）深部触诊法　用单手或双手重叠由浅入深，逐渐加压将患者体表皮肤压下 4 ～ 5cm。主要用于评估腹部病变及脏器情况。根据检查目的和手法的不同又可分为以下几种。

1）深部滑行触诊法：嘱患者腹肌尽量放松，护士以并拢的示指、中指、环指在触及的脏器或包块上做上、下、左、右的滑动触摸。用于腹腔深部包块和胃肠病变的评估（图 4-2A）。

2）双手触诊法：将左手掌置于被检查脏器或包块后部，并将被检查部位推向右手方向，以利于右手触诊。多用于肝、脾、肾和腹腔肿物的评估（图 4-2B）。

3）深压触诊法：用一两个手指逐渐深压，以探测压痛点，如阑尾压痛点、胆囊压痛点等。当患者出现压痛时，在深压基础上稍停 2 ～ 3 秒，迅速将手抬起，询问患者疼痛有无加剧或观察其面部有无痛苦表情，以评估反跳痛。深压触诊法多用于评估腹腔深部的病变，确定腹部压痛点及反跳痛等（图 4-2C）。

4）冲击触诊法：右手示指、中指、环指并拢，与患者腹壁呈 70º ～ 90º 角，做急速而较有力的冲击动作，一般只用于大量腹腔积液时肝、脾的触诊。

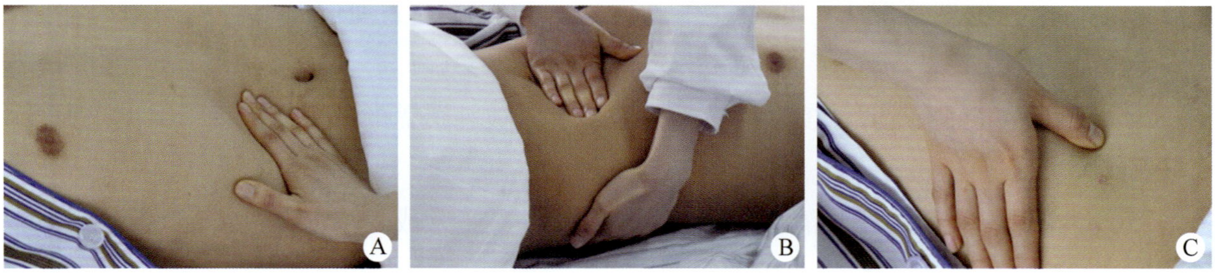

图 4-2　深部触诊法

A. 深部滑行触诊法；B. 双手触诊法；C. 深压触诊法

3. 注意事项

（1）检查室内应温暖，保持光线适宜，护士向患者介绍触诊的目的及配合方式。

（2）护士的手应保持温暖，手法规范、轻柔，以免引起患者肌肉紧张，影响评估效果。

（3）护士站在患者的右侧，患者一般取仰卧位，触诊腹部时患者应双腿屈曲。

（4）触诊时评估者应多思考，及时判断正常与异常的结果，并明确病变的性质和来源。

（三）叩诊

1. 概念　叩诊是指护士用手叩击患者身体表面某部位，使之振动而产生音响，根据振动和声响的特点来判断被检查部位脏器状态有无异常。叩诊多用于肺、心脏及腹部的评估。

2. 方法　叩诊分为直接叩诊法与间接叩诊法两种。

（1）直接叩诊法　是护士腕部放松，以腕关节作为杠杆，用右手示指、中指、环指的掌面直接拍击被检查部位，借拍击的反响和指下的振动感来判断病变情况的方法。主要用于评估胸腹部范围较大的病变，如大量胸腔积液或腹腔积液，大量气胸等。

（2）间接叩诊法　护士左手中指第二指节紧贴于叩诊部位，其余手指稍抬起，右手指自然弯曲，以中指指端叩击左手中指第二指骨的前端，方向与叩诊部位的体表垂直（图 4-3）。

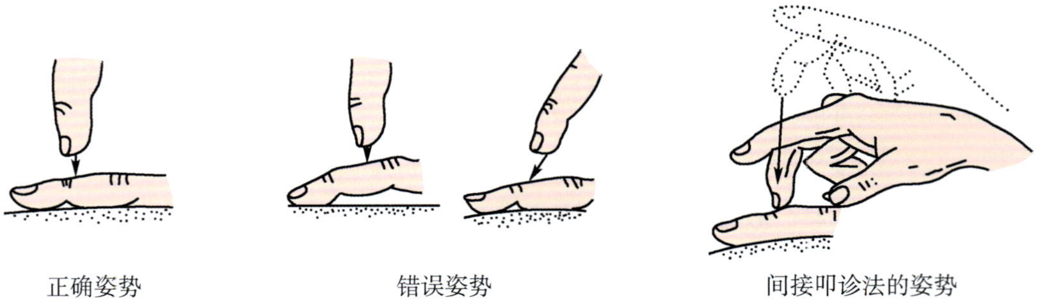

图 4-3　间接叩诊法

3. 叩诊音　被叩击部位的组织或器官因致密度、弹性、含气量以及与体表间距不同，在叩击时可产生不同的音响，分为清音、浊音、鼓音、实音和过清音 5 种。

（1）清音　为正常肺部叩诊音。

（2）浊音　当叩击被少量含气组织覆盖的实质脏器时产生，叩击时音响和振动感均较弱。生理情况下可见于心脏和肝脏的相对浊音区，病理情况下可见于肺炎等。

（3）鼓音　与清音相比音响更强，振动持续时间也较长，在叩击含有大量气体的空腔器官时出现，生理情况下可见于左下胸胃泡区和腹部，病理情况下可见于肺内空洞、气胸、气腹等。

（4）实音　生理情况见于实质脏器，如心或肝未被肺覆盖的部分，病理情况见于大量胸腔积液或肺实变等。

（5）过清音　介于鼓音与清音之间，见于肺气肿。正常成人不存在过清音。

4. 注意事项

（1）叩诊时应保持环境安静，护士应修剪指甲，并协助患者放松及充分暴露叩诊部位。

（2）根据叩诊的部位不同，协助患者采取相应的体位。如胸部叩诊取坐位或卧位，腹部叩诊取平卧位。

（3）叩诊时以腕关节和掌指关节的活动为主，避免肘关节及肩关节运动。叩诊动作应灵活、短促、富有弹性，可连续叩击 2 ～ 3 下，避免因连续多次叩击影响对叩诊音的判断。

（4）注意左右对称部位叩诊音的对比。

（四）听诊

1. 概念　听诊是护士通过听取患者身体各部位发出的声音判断正常与否的一种评估方法。听诊多用于心肺的评估。

2. 方法　听诊可分为直接和间接两种，大部分听诊需用听诊器。

（1）直接听诊法　将耳郭直接贴附在患者的体壁上进行听诊。因听到的声音很微弱，只有在某些特殊或紧急情况下才采用。

（2）间接听诊法　是借助听诊器进行听诊的方法。可听诊心、肺、腹部等脏器，还可听取血管音、肌束颤动音、关节活动音、骨折面摩擦音等。

听诊器由耳件、体件及软管组成。体件有两种类型：一种是钟型，适于听取低调声音；另一种是膜型，适于听高调声音（图 4-4）。

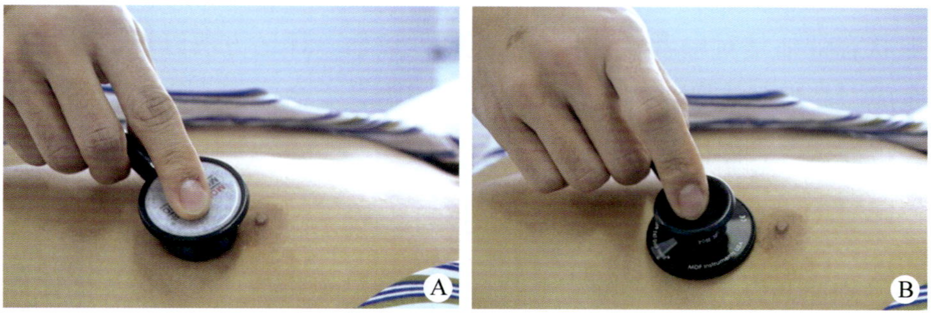

图 4-4　间接听诊法

A. 钟型体件听诊；B. 膜型体件听诊

3. 注意事项

（1）正确使用听诊器。耳塞需大小适中，双耳管需微向前凸。听诊前用手温暖体件。膜型体件须紧贴体表，钟型体件则应轻轻置于体表。固定听诊头，避免物品碰触和摩擦听诊器。

（2）保持环境安静、温暖，注意避风。

（五）嗅诊

1. 概念　嗅诊是护士用嗅觉判断患者的异常气味及其与疾病关系的方法。异常气味多来自皮肤、黏膜、呼吸道、胃肠道、呕吐物、排泄物、分泌物、脓液和血液等。

2. 方法　护士用手将患者体表或分泌物等所散发的气味扇向自己的鼻部，并仔细判断气味的性质和特点。

3. 常见的异常气味

（1）汗液　酸性汗味见于发热性疾病或长期服用阿司匹林的患者；狐臭味见于腋臭者。

（2）痰液　血腥味痰液见于大咯血患者；恶臭味痰液提示有厌氧菌感染，多见于支气管扩张或肺脓肿者。

（3）脓液　脓液有恶臭味时，应考虑气性坏疽或厌氧菌感染。

（4）呕吐物　呕吐物呈酸味为胃内有宿食，见于幽门梗阻；呈粪便味应考虑低位肠梗阻。

（5）粪便　粪便呈腐败臭味见于消化不良；呈腥臭味见于细菌性痢疾。

（6）尿液　尿液出现浓烈的氨味见于膀胱炎及尿潴留。

（7）呼出气体　呼出气体有浓烈的酒味见于饮酒后；有蒜味见于有机磷农药中毒；有烂苹果味见于糖尿病酮症酸中毒；有氨味见于尿毒症；有肝臭味见于肝性脑病。

第 2 节　一般状态评估

案例 4-1

患者，女，35 岁。因怕热、多汗、多食、消瘦 2 个月入院就诊。体格检查：体温 39.5℃，脉搏 150 次 / 分，呼吸 35 次 / 分，血压 120/65mmHg。神志恍惚，烦躁不安，双眼突出，眼裂增宽，眼神炯炯，体形消瘦，肌肉松弛无力，皮下脂肪菲薄。

问题：该患者的全身一般状态评估结果中有哪些异常表现？

全身一般状态评估是对患者全身状态的概括性评估。评估方法以视诊为主，配合触诊、听诊和嗅诊完成。一般状态评估内容包括性别与年龄、生命体征、意识状态、面容与表情、发育与体型、营养状态、体位与步态等。

一、性别与年龄

1. 性别　性别通常以生殖器与第二性征的发育情况来判断。正常成人的性征明显。性征的正常发育与性激素的影响有关。评估中应注意：

1）某些疾病对性征的影响　如肾上腺皮质肿瘤可导致男性女性化。

2）某些药物对性征的影响　如长期应用雌激素或雄激素可引起性征的改变。

3）性染色体异常对性征的影响　如性染色体的数目和结构异常导致的两性畸形。

2. 年龄　可经问诊获知或通过观察皮肤黏膜的弹性与光泽、肌肉状态、毛发的颜色及分布情况、牙齿状态等作为判断依据。年龄与健康状况，以及疾病发生、发展和预后等有着密切关系，如佝偻病、白喉等多见于幼儿与儿童；结核病多见于青少年；冠心病、恶性肿瘤多见于中老年人。

二、生命体征

生命体征是评价生命活动存在与否及其质量的重要指标，包括体温、脉搏、呼吸和血压。各项指标的评估方法详见护理学基础课程。

（一）体温

体温是指人体内部的温度，体温测量使用体温计，采用摄氏单位（℃）记录。常用测量法有口测法、肛测法、腋测法（图 4-5）。

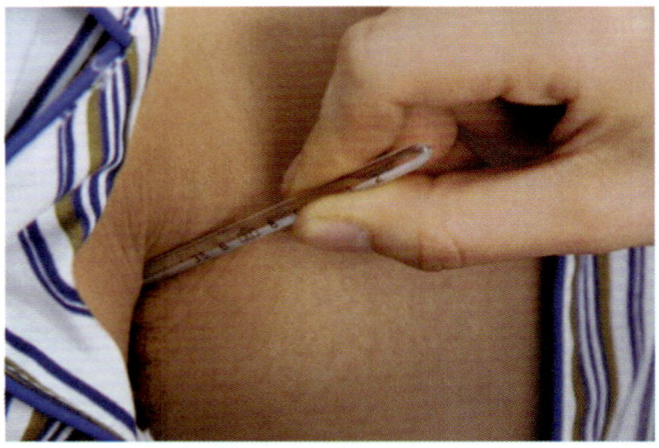

图 4-5　体温腋测法

1. 正常参考范围　口测法 36.3 ～ 37.2℃；肛测法 36.5 ～ 37.7℃；腋测法 36 ～ 37℃。

2. 临床意义　正常体温在不同个体之间略有差异，并受昼夜、年龄、性别、活动、饮食、情绪、环境等内外因素的影响，体温也稍有波动，但 24 小时波动幅度一般不超过 1℃。体温高于正常称为发热，具体内容详见第 3 章第 1 节“发热”。体温低于正常称为体温过低，常见于休克、甲状腺功能减退、重度营养不良及暴露于低温环境过久等。

（二）脉搏

脉搏是指动脉脉搏，可反映心脏跳动的速度和节律。评估时主要触诊浅表动脉，常选用桡动脉（图 4-6）。测量时需注意脉搏的脉率、脉律、动脉壁状态、强弱及波形。

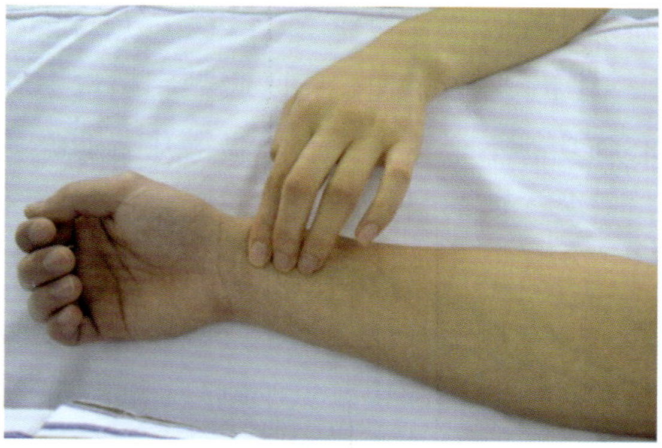

图 4-6　桡动脉测脉搏法

1. 正常范围　正常成人在安静、清醒状况下脉率为 60 ～ 100 次 / 分，脉律规则。

2. 临床意义

（1）速率改变　成人脉搏超过 100 次 / 分，称为心动过速。生理情况下见于剧烈运动、紧张激动等；病理情况见于发热、贫血、甲状腺功能亢进、心力衰竭、休克等。成人脉搏低于 60 次 / 分，称为心动过缓。生理情况见于老年人、运动员等；病理情况见于颅内压增高、阻塞性黄疸、伤寒、病态窦房结综合征、二度房室传导阻滞、甲状腺功能减退等。

（2）节律改变　正常人脉搏的节律规整。正常青少年可有窦性心律不齐，呈吸气时脉搏增快，呼气时减慢。各种心律失常可伴有脉律不整。有时有一定规律，如与期前收缩形成的二联律一致的二联脉；有时完全无规律，如心房颤动。

（3）动脉壁状态　正常人动脉管壁柔软、光滑、有弹性。老年人常有动脉硬化。

（4）强弱　脉搏强弱与心搏出量、脉压和外周血管阻力有关。脉搏增强见于高热、甲状腺功能亢进、主动脉瓣关闭不全等。脉搏减弱见于心力衰竭、主动脉瓣狭窄、休克等。

（5）波形　临床常以脉搏触诊粗略估计其波形。

1）水冲脉：指脉搏骤起骤落，急促而有力，因脉压增大所致，主要见于主动脉瓣关闭不全、甲状腺功能亢进、严重贫血等。评估时将患者手臂抬高过头，并紧握其腕部掌面，可感到急促有力的冲击。

2）交替脉：指节律规则而强弱交替出现的脉搏，由左心室收缩强弱交替所致，是早期左心衰竭的重要体征之一。见于高血压性心脏病、急性心肌梗死等。

3）奇脉（吸停脉）：指吸气时脉搏明显减弱或消失。见于心包积液和缩窄性心包炎等。

4）无脉：脉搏消失，主要见于严重休克和多发性大动脉炎。前者血压测不到，脉搏随之消失；后者因某一部位动脉闭塞而导致相应部位脉搏消失。

（三）呼吸

有节律地自主呼吸提示生命体征的存在，如呼吸停止提示生命即将或已经停止。

1. 呼吸运动　以胸廓运动（肋间肌）为主的呼吸称胸式呼吸；以腹部（膈肌）运动为主的呼吸称腹式呼吸。女性以胸式呼吸为主，成年男性和儿童以腹式呼吸为主，两种呼吸可同时存在。疾病可导致呼吸类型发生改变，胸部疾病如肺炎、重症肺结核、胸膜炎或肋骨骨折时，胸式呼吸减弱，腹式呼吸增强；反之，腹部病变如大量腹腔积液、腹腔巨大肿瘤和妊娠晚期时，腹式呼吸减弱，胸式呼吸增强。

2. 呼吸频率　正常成人静息状态下呼吸频率为 12 ～ 20 次 / 分，呼吸与脉搏之比为 1 ∶ 4。

新生儿呼吸频率为 40 ～ 45 次 / 分，随年龄的增长而递减。

（1）呼吸过速　指呼吸频率超过 20 次 / 分。见于发热、疼痛、贫血、甲状腺功能亢进、心肺功能不全等。一般体温每升高 1℃，呼吸约增加 4 次 / 分。

（2）呼吸过缓　指呼吸频率低于 12 次 / 分。见于颅内高压、麻醉药或镇静药过量。

3. 呼吸深度　正常人呼吸深度适中，双侧对称。常见改变有：

（1）呼吸浅快　见于呼吸肌麻痹、腹腔积液、肺炎、胸膜炎、胸腔积液、气胸等。

（2）呼吸深快　见于剧烈运动、情绪激动或过度紧张。

（3）呼吸深大　严重酸中毒时，机体通过肺排出二氧化碳以调节细胞外的酸碱平衡，可出现深大而快的节律规整的呼吸，又称库斯莫尔呼吸（Kussmaul's breathing）。见于糖尿病酮症酸中毒、尿毒症酸中毒等（图 4-7）。

4. 呼吸节律　正常成人静息状态下，呼吸匀齐。呼吸节律改变多提示中枢神经系统病变。常见的改变如下（图 4-7）：

（1）潮式呼吸　又称陈 - 施（Cheyne-Stokes）呼吸。呼吸由浅慢逐渐变为深快，再由深快转为浅慢，随之出现呼吸暂停 5 ～ 30 秒，周而复始。其周期可长达 30 秒至 2 分钟，所以需长时间仔细观察。发生机制主要是呼吸中枢兴奋性降低。多见于中枢神经系统病变，如脑炎、脑膜炎、颅内压增高及某些中毒等。此外，老年人在深睡眠时也可出现，为脑动脉供血不足的表现。

（2）间停呼吸　又称比奥（Biot）呼吸，在规则的呼吸中突然停止一段时间，又开始规则呼吸，周而复始。其发生机制和意义同潮式呼吸，但更为严重，常为临终前表现。

（3）叹气样呼吸　在一段正常呼吸中插入一次深大呼吸，常伴叹气声，多为功能性改变。见于神经衰弱、精神紧张或抑郁症。

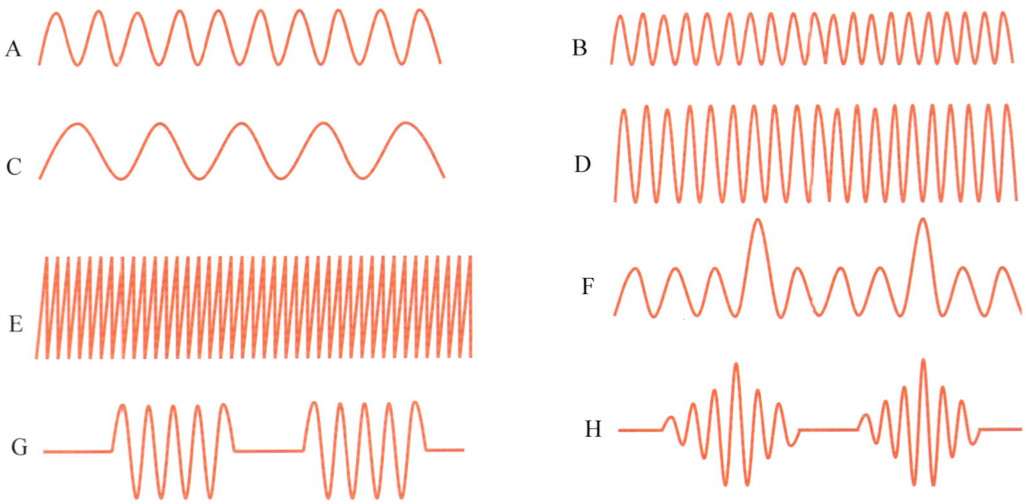

图 4-7　正常呼吸及呼吸改变

A. 正常呼吸：节律匀齐，深浅适中，频率为 12 ～ 20 次 / 分；B. 呼吸过速：频率＞ 20 次 / 分；C. 呼吸过缓：频率＜ 12 次 / 分；D. 过度通气：呼吸幅度较大，频率＞ 20 次 / 分；E. 酸中毒深大而快，节律规整的呼吸（库斯莫尔呼吸）；F. 叹气样呼吸；G. 间停呼吸（比奥呼吸）；H. 潮式呼吸（陈 - 施呼吸）

考点 呼吸的频率、深度及节律

（四）血压

血压是血管内的血液对单位面积血管壁产生的侧压力，通常指动脉血压。

1. 血压水平的分类　见表 4-1。

表 4-1　血压水平的分类

类别	收缩压（mmHg）		舒张压（mmHg）
正常血压	＜ 120	和	＜ 80
正常高值	120 ～ 139	和（或）	80 ～ 89
高血压	≥ 140	和（或）	≥ 90
1 级高血压（轻度）	140 ～ 159	和（或）	90 ～ 99
2 级高血压（中度）	160 ～ 179	和（或）	100 ～ 109
3 级高血压（重度）	≥ 180	和（或）	≥ 110
单纯收缩期高血压	≥ 140	和	＜ 90

注：当收缩压与舒张压分属不同级别时，按较高级别分类。1 mmHg=0.133kPa

2. 血压变化的临床意义

（1）高血压　成人在安静、清醒、非药物状态的条件下采用标准测量方法，当至少 3 次非同日的血压，收缩压≥ 140mmHg 和（或）舒张压≥ 90mmHg，即可认为有高血压。主要见于原发性高血压（原因不明），少数见于继发性高血压，如肾疾病、肾上腺皮质或髓质肿瘤等。高血压是动脉粥样硬化和冠心病的重要危险因素，也是心力衰竭的重要原因。

（2）低血压　血压低于 90/60mmHg，称低血压。常见于休克、急性心肌梗死、心力衰竭、心脏压塞等，也可见于极度衰弱者及少数正常人。低血压与体位改变有关者称体位性低血压。

（3）脉压改变　脉压＞ 40mmHg 为脉压增大，见于主动脉瓣关闭不全、甲状腺功能亢进、严重贫血等；脉压＜ 30mmHg 为脉压减小，主要见于主动脉瓣狭窄、严重心力衰竭、心包积液、休克等。

（4）血压不对称　如果双上肢血压相差超过 10mmHg，称为血压不对称，见于血管闭塞性脉管炎、多发性大动脉炎等。

（5）上下肢血压差异常　正常时下肢血压高于上肢血压 20 ～ 40mmHg，如果下肢血压等于或低于上肢血压时称为上下肢血压差异常。主要见于主动脉狭窄、胸腹主动脉型大动脉炎等。

三、意识状态

意识是大脑功能活动的综合表现，是对环境的知觉状态。正常人意识清晰，定向力正常，反应敏捷、精确，思维和情感活动正常，语言流畅、准确。凡能影响大脑功能活动的疾病均可引起不同程度的意识改变，称为意识障碍。根据意识障碍的程度，临床上可分为嗜睡、意识模糊、昏睡及昏迷（详见第 3 章第 11 节）。

意识状态多通过交谈了解其思维、反应、情感活动、计算力以及定向力等情况进行判断。必要时可进行痛觉试验、瞳孔对光反射、腱反射等检查来评估意识障碍的程度。

四、面容与表情

健康人表情自然、神态安逸。临床常见的典型面容与表情如下。

1. 急性病容　面色潮红、表情痛苦、兴奋不安、呼吸急促、鼻翼扇动、口唇疱疹。见于急性感染性疾病，如肺炎球菌性肺炎、疟疾、流行性脑脊髓膜炎等。

2. 慢性病容　面容憔悴、面色晦暗或苍白、目光暗淡、消瘦无力。见于慢性消耗性疾病，如恶性肿瘤、肝硬化、严重结核病等。

3. 贫血面容　面色苍白、唇舌色淡、表情疲惫。见于各种原因引起的贫血。

4. 二尖瓣面容　面色晦暗、双颊紫红、口唇轻度发绀。见于风湿性心脏病二尖瓣狭窄（图 4-8）。

5. 甲状腺功能亢进面容　面容惊愕、眼裂增宽、眼球凸出、目光炯炯、兴奋不安、烦躁易怒。见于甲状腺功能亢进症（图 4-9）。

6. 黏液水肿面容　面色苍黄、颜面水肿、目光呆滞、反应迟钝、毛发稀疏。见于甲状腺功能减退症（图 4-10）。

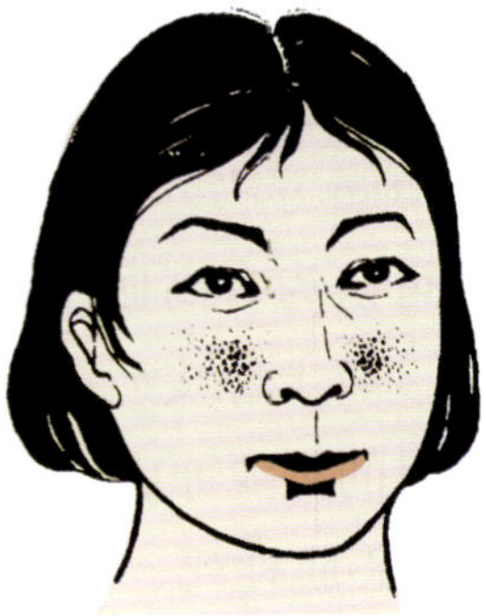

图 4-8　二尖瓣面容

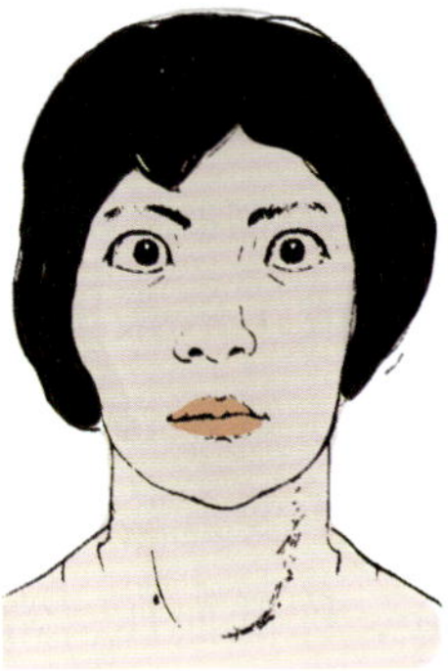

图 4-9　甲状腺功能亢进面容

图 4-10　黏液水肿面容

7. 满月面容　面如满月、皮肤发红、常伴痤疮和胡须。见于皮质醇增多症（Cushing综合征）及长期应用糖皮质激素者（图 4-11）。

8. 肢端肥大症面容　头颅增大、面部变长、下颌前凸、眉弓及两颧隆起、唇舌肥厚、耳鼻增大。见于肢端肥大症者（图 4-12）。

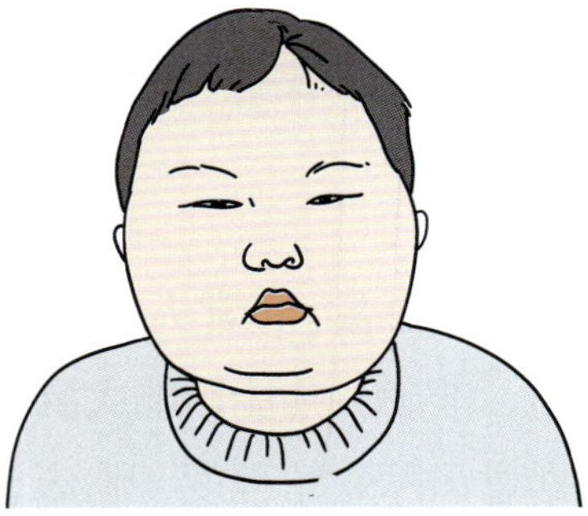

图 4-11　满月面容

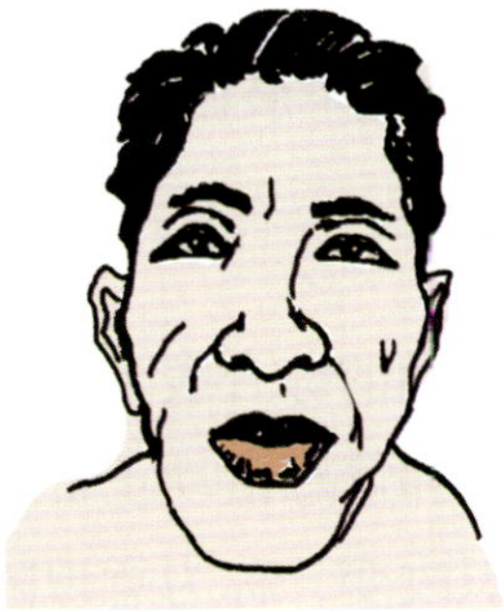

图 4-12　肢端肥大症面容

考点 常见典型面容

五、发育与体型

（一）发育

发育常依据年龄、智力、体格成长状态（如身高、体重、第二性征）之间的关系综合判断，受遗传、内分泌、营养状况、生活条件及体育锻炼等因素的影响。

1. 成人发育正常的评估指标　包括：①胸围约等于身高的一半。②双上肢展开的长度约等于身高。③坐高约等于下肢的长度。

2. 临床上的病态发育　与内分泌疾病密切相关，在新生儿期若甲状腺功能减退，则可导致体格矮小伴智力低下，称呆小症；如腺垂体功能减退，可致体格异常矮小，但智力正常，称垂体性侏儒症；如腺垂体功能亢进，可导致体格发育异常高大，称巨人症。而性激素分泌异常可导致第二性征的改变，此外，性激素对体格发育亦有一定的影响，性早熟儿童由于其骨骺愈合过早而影响其后期的体格发育。

（二）体型

体型是身体各部发育的外观表现，包括骨骼、肌肉的生长与脂肪分布状态等。成年人的体型分为以下三种。

1. 正力型（均称型）　身体各个部分匀称适中，腹上角在 90° 左右，见于多数正常成人。

2. 无力型（瘦长型）　体高肌瘦、颈细长、肩窄、胸廓扁平、腹上角 $< 90°$。

3. 超力型（矮胖型）　体格粗壮、颈粗短、肩宽平、胸廓宽厚、腹上角 $> 90°$。

六、营养状态

（一）评估方法

营养状态常以综合判断皮肤黏膜、皮下脂肪、肌肉、毛发的发育情况为依据。最迅速简便的方法是判断皮下脂肪的充实程度。最方便的评估部位是前臂屈侧、上臂背侧下 1/3 处。临床上分为以下三个等级。

1. 良好　黏膜红润，皮肤光泽、弹性良好，皮下脂肪丰满，肌肉结实，毛发和指甲润泽。

2. 不良　皮肤黏膜干燥、弹性减退，皮下脂肪菲薄，肌肉松弛无力，毛发稀疏、干枯、易脱落，指甲粗糙无光泽。

3. 中等　介于良好与不良两者之间。

（二）营养状态异常

1. 营养不良　因摄入不足、消耗增多所致。当体重低于标准体重达 10% 以上时，称为消瘦。极度消瘦者，称为恶病质。

2. 肥胖　是以体内脂肪细胞的体积和细胞数增加致体脂占体重的百分比异常增高并在某些局部过多沉积脂肪为特点的现象。通常用体重指数（BMI）作为判断标准：WHO 的标准，BMI $\geq 30\text{kg/m}^2$ 为肥胖，我国以 BMI $\geq 28\text{kg/m}^2$ 为肥胖。临床上可分为原发性和继发性肥胖两种。

（1）原发性肥胖（单纯性肥胖）　主要因摄食过多或运动过少所致，常有一定的遗传倾向，全身脂肪分布均匀，青少年时期可见外生殖器发育迟缓，一般无其他异常表现。

（2）继发性肥胖　多见于内分泌疾病。如肾上腺皮质功能亢进（皮质醇增多症）者呈向心性肥胖，特征性表现为面部、肩背部、腰腹部肥胖最明显，而四肢肥胖不明显。

七、体　位

体位指身体所处的状态。临床常见的体位有以下几种。

1. 自动体位　身体活动自如、不受限制。见于正常人或轻症患者。

2. 被动体位　患者不能自己随意调整或变换肢体位置。见于极度衰弱或意识障碍及瘫痪患者。

3. 强迫体位　患者为减轻病痛，而被迫采取的某种特殊体位。临床常见类型有：

（1）强迫仰卧位　患者仰卧，双腿屈曲，减轻腹肌的紧张度，以缓解病痛。见于急性腹膜炎等。

（2）强迫俯卧位　患者俯卧，以减轻背部肌肉的紧张度。见于脊柱病变等。

（3）强迫侧卧位　胸膜病变的患者多采取患侧卧位，以减轻疼痛，并有利于健侧代偿性呼吸。如一侧胸膜炎或胸腔积液。

（4）强迫坐位（端坐呼吸）　患者坐位，双手置于膝盖或扶持床边，上身稍前倾。这种体位既有利于膈肌下移，增加肺换气量，又有利于减少下肢回心血量，减轻心脏负荷。最常见于心肺功能不全的患者。

（5）强迫蹲位　患者在活动过程中，因呼吸困难和心悸而停止活动并采取蹲位或膝胸位以缓解症状。见于先天性发绀型心脏病。

（6）辗转体位　患者腹痛发作时，辗转反侧，坐卧不安。见于胆石症、胆道蛔虫病、肾绞痛、肠绞痛等。

（7）角弓反张位　患者颈及脊背肌肉强直，头向后仰，胸腹前凸，背过伸，躯干呈弓形。见于破伤风及小儿脑膜炎。

八、步　态

步态指人走路时的姿态。临床常见的异常步态有：

1. 蹒跚步态　走路时身体左右摇摆如鸭行，故又称鸭步。见于佝偻病、大骨节病、进行性肌营养不良、双侧先天性髋关节脱位等。

2. 醉酒步态　走路时躯干重心不稳，步态紊乱不准确，似醉酒状。见于小脑疾病、酒精中毒或巴比妥中毒。

3. 共济失调步态　起步时一脚高抬，骤然垂落，且双目向下注视，两足间距宽，以防身体倾斜，闭目时则无法保持平衡。见于脊髓病变患者。

4. 慌张步态　起步后小步急速前冲，双脚擦地，身体前倾，难以止步。见于帕金森病患者。

5. 剪刀步态　移步时下肢内收过度，两腿交叉呈剪刀状。见于脑性瘫痪、截瘫患者。

6. 跨阈步态　行走时必须抬高下肢才能起步，如跨越门槛样的步态。见于腓总神经麻痹患者。

第 3 节 皮肤黏膜及浅表淋巴结评估

案例 4-2

患者，女，35 岁，以“发热、乏力、间断皮肤紫癜 1 个月”入院。1 个月前感冒后出现乏力不适，时有牙龈出血和发热，四肢皮肤间断出现出血点，近来月经量多，伴头晕，面色苍白，故入院就诊。

问题：该患者的皮肤评估中有哪些异常表现？

一、皮肤黏膜

皮肤黏膜评估内容主要包括皮肤颜色、湿度、弹性、皮疹、皮下出血、蜘蛛痣与肝掌及水肿等。皮肤评估以视诊为主，必要时结合触诊。

（一）颜色

皮肤颜色与种族、毛细血管的分布、血液充盈程度、色素的多少、皮下脂肪的厚薄等有关。

1. 苍白　是由于贫血、末梢血管痉挛或充盈不足所致。可见于寒冷、惊恐、贫血、休克、虚脱及主动脉瓣关闭不全等。一般评估的部位为颜面、睑结膜、口唇、甲床等。

2. 发红　是由于毛细血管扩张充血、血流加速及红细胞数量增多所致。生理情况下见于酒后、情绪激动、运动后；病理情况下见于发热性疾病，以及阿托品、一氧化碳中毒等。皮肤持久性发红见于真性红细胞增多症及皮质醇增多症。

3. 发绀　是由于还原血红蛋白增高或异常血红蛋白血症所致，皮肤、黏膜呈青紫色，常见部位有口唇、面颊、耳郭、肢端等（详见第 3 章第 6 节）。

4. 黄染　指皮肤、黏膜发黄。常见的原因有：

（1）黄疸：是指血清中胆红素浓度增高超过 34.2μmol/L 而使巩膜、皮肤、黏膜发黄的现象，早期多见于巩膜和软腭黏膜，明显时才见于皮肤。临床意义详见第 3 章第 10 节。

（2）胡萝卜素增多：由于过多食用胡萝卜、南瓜、橘子等引起血中胡萝卜素增多，表现为手掌、足底、前额及鼻部皮肤黄染，一般不发生于巩膜及口腔黏膜；而且血中胆红素不增高，停止食用后，皮肤黄染可逐渐消退。

（3）长期服用含黄色素的药物：如米帕林、呋喃类药物等可引起皮肤黄染，严重者可出现巩膜黄染，以近角巩膜缘明显，停药后可逐渐消退。

5. 色素沉着　指表皮基底层的黑色素增多所致的部分或全身皮肤色泽加深。正常有色素沉着的部位（如乳头、腋窝、生殖器、关节、肛门周围等）色泽明显加深或其他部位出现色素沉着，才有临床意义。全身性色素沉着常见于慢性肾上腺皮质功能减退症、肝硬化、肝癌晚期、肢端肥大症等。老年人可于全身或面部出现散在的色素沉着，称老年斑。妊娠期妇女面部、额部可出现棕褐色对称性色素斑，称妊娠斑。

6. 色素脱失　正常皮肤均含有一定量的色素。若皮肤失去原有的色素，称色素脱失，临床上常见于白癜风、白斑及白化病。

（二）湿度

皮肤湿度与汗腺分泌功能、周围环境的温湿度相关。出汗多者皮肤较湿润，出汗少者皮肤较干燥。生理状态下，在气温高、湿度大的环境中，出汗增多。病理状态下，出汗过多可见于风湿病、甲状腺功能亢进症、佝偻病等。夜间睡后出汗称为盗汗，多见于结核病。手脚皮肤发凉而大汗淋漓称为冷汗，见于休克或虚脱。少汗或无汗见于维生素 A 缺乏、尿毒症、脱水等。

（三）弹性

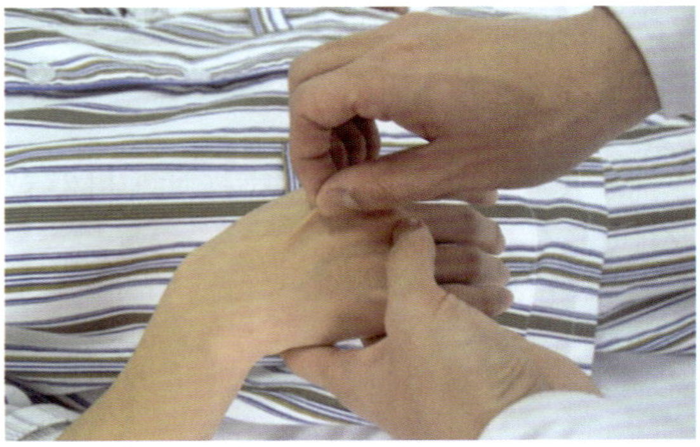

图 4-13 皮肤弹性评估

皮肤的弹性与年龄、营养状况、皮下脂肪及组织间隙液体量有关。儿童及青年人皮肤有弹性，中年以后皮肤弹性逐渐降低，老年人皮肤弹性差。通常评估的部位为手背或上臂内侧。以示指和拇指将皮肤捏起，然后松开观察皮肤平复的情况（图 4-13）。如复原快，说明弹性良好；复原慢，说明弹性减弱，见于长期慢性消耗性疾病或严重脱水者。

（四）皮疹

皮疹多为全身性疾病的症状之一，常见于传染病、皮肤病、药物及其他物质的过敏反应等。发现皮疹时，应注意评估其出现和消失的时间、发展顺序、分布部位、形态大小、平坦或隆起、颜色、压之是否褪色及有无瘙痒、脱屑等。临床上常见的皮疹如下：

1. 斑疹　局部皮肤发红，一般不隆起。见于斑疹伤寒、丹毒、风湿性多形性红斑等。

2. 玫瑰疹　是鲜红色的圆形斑疹，直径为 2 ～ 3mm，压之褪色，此点可与紫癜鉴别，多见于胸腹部，是伤寒或副伤寒的特征性皮疹。

3. 丘疹　局部皮肤颜色改变、隆起。见于药物疹、麻疹、湿疹等。

4. 斑丘疹　在丘疹周围有皮肤发红的底盘。见于风疹、猩红热及药物疹等。

5. 荨麻疹　为隆起皮面的苍白色或红色，大小不等，形态不一的局限性水肿，常伴瘙痒，为速发性皮肤变态反应所致，见于各种过敏反应。

（五）皮肤黏膜出血

皮肤黏膜出血根据其直径大小及伴随情况分为以下几种：

1. 瘀点　指皮肤、黏膜下出血，直径不超过 2mm 者。

2. 紫癜　指皮肤、黏膜下出血直径在 3 ～ 5mm 者。

3. 瘀斑　指皮肤、黏膜下出血直径大于 5mm 者。

4. 血肿　指皮肤、黏膜下片状出血伴皮肤显著隆起者。

皮肤黏膜出血主要见于血液系统疾病、重症感染、某些中毒及外伤等。较小的皮肤黏膜出血应注意与红色的皮疹或小红痣鉴别，皮疹受压时可褪色或消失，皮肤黏膜出血和小红痣压之不褪色，但小红痣触之稍高于皮肤表面且光亮。

（六）蜘蛛痣与肝掌

蜘蛛痣（图 4-14）指皮肤小动脉末端分支扩张形成的形似蜘蛛的血管痣。主要出现于上腔静脉分布的区域内（如面、颈、手背、上臂、前胸和肩部等处），评估时用棉签钝头压迫痣的中心，可见辐射状小血管网立即消失，松开后复现。其发生机制是由于肝对雌激素灭活作用减弱，导致体内雌激素增高所致，见于慢性肝炎或肝硬化，妊娠期妇女也可出现。

慢性肝病患者常可见手掌的大、小鱼际处发红，压之褪色，称为肝掌（图 4-15），其发生机制及临床意义同蜘蛛痣。

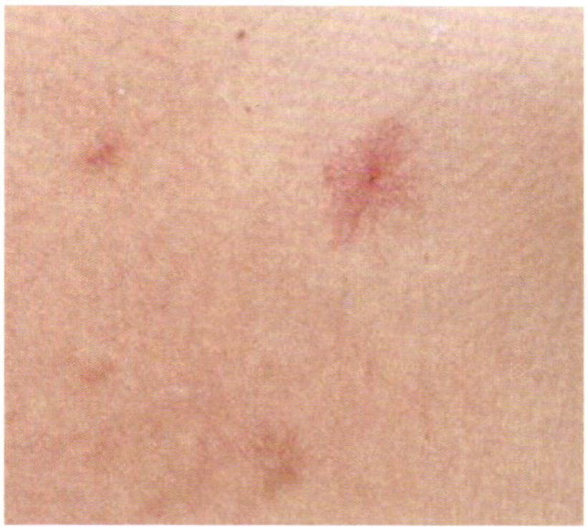

图 4-14　蜘蛛痣

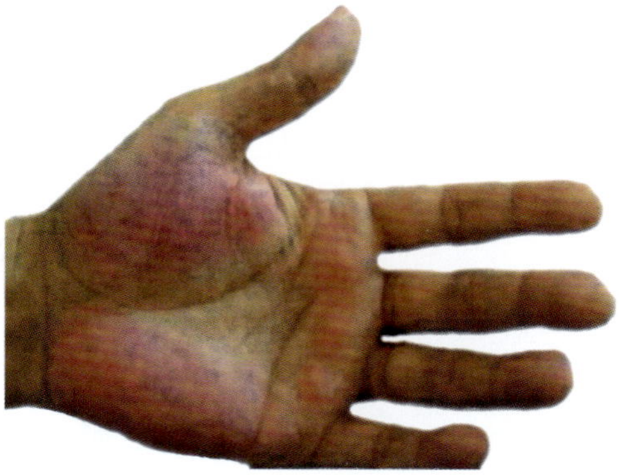

图 4-15　肝掌

（七）水肿

皮下组织的细胞内和组织间隙有过多液体潴留者称为水肿。轻度水肿视诊不易发现，需与触诊结合。以手指按压局部组织可出现凹陷者，称凹陷性水肿。而黏液性水肿及象皮肿，尽管肿胀明显，但受压后无组织凹陷，为非凹陷性水肿。根据水肿的程度可分为：

1. 轻度　仅见于眼睑、眶下软组织、胫骨前、踝部皮下组织，指压后可见轻度凹陷，平复较快。

2. 中度　全身组织均可见明显水肿，指压后可见明显凹陷，平复缓慢。

3. 重度　全身组织高度水肿，身体低垂部位皮肤紧张发亮，甚至有液体渗出，胸、腹腔等浆膜腔可有积液，外阴部也可见明显水肿（水肿原因与发生机制详见第 3 章第 7 节）。

二、浅表淋巴结

正常浅表淋巴结直径在0.2～0.5cm，质地柔软，表面光滑，不易触及，与周围组织无粘连，无压痛。

（一）评估方法、顺序及内容

评估方法主要用滑动触诊，配合视诊。评估时护士将示指、中指、环指并拢，指腹平放于被检查部位的皮肤上，由浅入深进行滑动触诊。评估顺序：耳前、耳后、乳突、枕部、下颌、颏下、颈前、颈后、锁骨上窝、腋窝、滑车上、腹股沟、腘窝等。触及肿大的淋巴结时应注意部位、大小、数目、硬度、压痛、活动度、有无粘连，局部皮肤有无红肿、瘢痕、瘘管等，注意寻找引起淋巴结肿大的原发病灶。

（二）淋巴结肿大的临床意义

1. 局限性淋巴结肿大

（1）非特异性淋巴结炎　由于所属部位的急、慢性炎症引起。急性炎症初期，肿大的淋巴结一般质软、表面光滑、有压痛、无粘连。慢性炎症时，肿大淋巴结质地较硬，有粘连。

（2）淋巴结结核　常发生在颈部，呈多发性，质稍硬，大小不等，可相互粘连，或与周围组织粘连，晚期破溃后形成瘘管，愈后可形成瘢痕。

（3）恶性肿瘤淋巴结转移　转移淋巴结质地坚硬，与周围组织粘连，固定，一般无压痛。如肺癌多向右锁骨上或腋窝淋巴结转移；胃癌或食管癌多向左锁骨上淋巴结转移，称为菲尔绍（Virchow）淋巴结。

2. 全身性淋巴结肿大　淋巴结肿大的部位遍及全身，大小不等，无粘连，可见于淋巴瘤、白血病及传染性单核细胞增多症等。

第 4 节　头面部及颈部评估

案例 4-3

患者，女，38 岁。以“心慌、乏力、怕热、消瘦 1 个月”入院。体格检查：体温 37.5℃，脉搏 120 次 / 分，呼吸 19 次 / 分，血压 130/65mmHg。患者体形消瘦，烦躁不安，眼球突出，眼裂增宽，甲状腺Ⅱ度肿大，质软，局部可闻及血管杂音。

问题：该患者的头颈部评估中有哪些异常表现？

一、头部评估

（一）头发

注意头发颜色、分布、有无脱发。生理情况下，头发的颜色、曲直及疏密度可因种族、遗传、年龄等因素而不同。病理情况下，脱发可见于脂溢性皮炎、甲状腺功能减退症、斑秃等；肿瘤放射治疗和化学治疗后引起的脱发，停止治疗后，头发可逐渐长出。

（二）头颅

1. 头颅大小及形态

（1）头颅大小　以头围来衡量，测量自眉间绕到颅后通过枕骨粗隆一周的长度。新生儿头围平均为 34cm，以后逐渐增大，18 岁后达 53cm 或以上而不再变化。

（2）头颅畸形　常见以下几种：①小颅，为囟门过早闭合所致，常伴智力障碍。②巨颅，头颅增大，颈部静脉充盈，相比之下脸面小，见于脑积水。由于颅内压增高，压迫眼球，形成双目下视，巩膜外露的特殊表情，称落日现象（图 4-16）。③方颅，头顶平坦呈方形，见于佝偻病等（图 4-16）。④尖颅，又称塔颅，头顶部尖突似塔状，与脸面的比例异常。由于矢状缝与冠状缝过早闭合导致，见于阿佩尔（Apert）综合征（图 4-16）。

2. 头部运动异常　头部运动受限见于颈椎病；头部不随意颤动见于帕金森病；与颈动脉搏动一致的点头运动称点头征，见于严重主动脉瓣关闭不全。

二、面部评估

（一）眼

1. 眉毛　正常人眉毛内侧与中间比较浓密，外侧比较稀疏。若眉毛的外 1/3 过于稀疏或脱落，见于腺垂体功能减退症、黏液性水肿等。

A. 巨颅　　B.方颅　　C.尖颅

图 4-16　常见的头颅畸形

2. 眼睑

（1）眼睑水肿　见于肾炎、慢性肝病、营养不良、血管神经性水肿等。水肿从眼睑、颜面开始是肾炎性水肿特征之一。

（2）上睑下垂　双侧上睑下垂见于先天性上睑下垂，重症肌无力；单侧上睑下垂多为动眼神经麻痹，见于蛛网膜下腔出血、脑炎、脑外伤等。

（3）眼睑闭合不全　双侧眼睑闭合不全可见于甲状腺功能亢进症，单侧眼睑闭合不全见于面神经麻痹。

3. 结膜　结膜苍白见于贫血；结膜充血见于结膜炎、角膜炎；结膜颗粒与滤泡见于沙眼。出现多少不等散在出血点时，可见于感染性心内膜炎等；出现大片出血时，可见于高血压、动脉硬化。

4. 巩膜　正常巩膜呈瓷白色。黄疸时巩膜黄染出现最早和最明显。

5. 角膜　评估时应观察其透明度，注意有无白斑、云翳、溃疡、软化及新生血管等。白斑和云翳若发生在瞳孔部位可影响视力；角膜软化见于维生素 A 缺乏、婴幼儿营养不良等；角膜周围血管增生见于严重沙眼。角膜边缘及周围出现灰白色混浊环，多见于老年人，故称老年环，是类脂质沉着的结果。

6. 眼球　评估时应注意眼球的外形和运动。

（1）眼球突出　双侧眼球突出，见于甲状腺功能亢进症；单侧眼球突出，多见于局部炎症或眶内占位性病变。

（2）眼球下陷　双侧眼球下陷，见于严重脱水、消瘦；单侧眼球下陷见于霍纳（Horner）综合征。

（3）眼球运动　评估时应观察有无斜视、复视或震颤。当支配眼肌运动的神经麻痹时，会出现眼球运动障碍，并伴复视。由支配眼肌运动的神经麻痹所致的斜视，称麻痹性斜视，见于颅内炎症、肿瘤、脑血管病变或脑外伤等。

眼球震颤是指双侧眼球发生的一系列有节律的快速往返运动。评估时嘱患者随护士所示方向（水平和垂直）运动数次，观察是否出现震颤。自发的眼球震颤见于耳源性眩晕、小脑病变、视力严重低下者。

7. 瞳孔

（1）大小　正常人两侧瞳孔等大等圆，自然光线下直径一般为 3 ～ 4mm。瞳孔缩小由动眼神经的副交感神经支配；瞳孔扩大由交感神经支配。①双侧瞳孔缩小，见于虹膜炎、有机磷农药中毒、吗啡或氯丙嗪等药物过量。②双侧瞳孔扩大，见于青光眼、视神经萎缩、阿托品不良反应等。③双侧瞳孔大小不等，提示为颅内病变，如脑疝、脑外伤、脑肿瘤等。

（2）瞳孔对光反射　评估时嘱患者正视前方，护士用手电光源迅速照射一侧瞳孔，该侧瞳孔立即缩小，移开光源后瞳孔迅速复原，称直接对光反射；用手置于两眼之间加以遮挡，另一侧瞳孔亦发生同样的动态变化，称间接对光反射。瞳孔对光反射迟钝或消失，见于昏迷患者。两侧瞳孔散大伴瞳孔对光反射消失为濒死的表现。

（3）集合反射　嘱患者注视 1m 外目标，然后目标逐渐移近眼球至 5 ～ 10cm 处，正常人双侧眼球内聚，瞳孔缩小，称集合反射。动眼神经功能受损时集合反射可消失。

8. 视力　常用标准对数视力表检查。常用的有两种

（1）远视力表　在距离视力表 5m 处，能看清"5.0"行视标者为正常视力。

（2）近视力表　在距离视力表 25cm 处，能看清"5.0"行视标者为正常视力。

9. 色觉　异常可分为色弱（对某种颜色的识别能力降低）和色盲（对某种颜色的识别能力完全丧失）两种。先天性色盲为遗传性疾病，以红绿色盲最常见，男性发病率高于女性；后天性色盲多由视网膜病变、视神经萎缩和球后视神经炎所致。

（二）耳

1. 外耳　注意耳郭有无畸形，外耳道是否通畅、有无分泌物或异物。耳郭上触及疼痛小结节提示痛风；外耳道有脓性分泌物伴全身症状，提示急性化脓性中耳炎；有血液或脑脊液流出，提示颅底骨折；有黄色液体流出并有痒痛者为外耳道炎；外耳道内有局部红肿、疼痛，并有耳郭牵拉痛者，提示疖肿。

2. 乳突　化脓性中耳炎引流不畅时，可蔓延至乳突引起乳突炎，评估可见耳郭后方皮肤有红肿，乳突有明显压痛。严重时可继发耳源性脑脓肿或脑膜炎。

3. 听力

（1）粗略法　在安静室内嘱患者闭目坐于椅上，用手指堵塞非受检耳道，护士立于背后，手持机械手表从 1m 以外逐渐移向被检查侧耳部，嘱患者听到声音立即示意。同法检查另一侧耳。正常人约在 1m 处即可听到机械表声。

（2）精测法　是使用规定频率的音叉或电测听器进行的测试，对明确诊断更有价值。听力减退见于外耳道耵聍或异物、听神经损害、中耳炎、局部或全身血管硬化等。

（三）鼻

1. 鼻外形　注意观察鼻部皮肤颜色及外形有无改变。鼻梁部皮肤出现红色斑块，病损处高于皮面并呈蝶状向两侧面颊部扩展，见于系统性红斑狼疮。鼻尖和鼻翼皮肤发红，伴毛细血管扩张和组织肥厚，称为酒渣鼻。外形改变可见于鼻骨骨折等。

2. 鼻翼扇动　吸气时鼻孔扩大，呼气时回缩，称鼻翼扇动，提示呼吸困难，见于肺炎球菌性肺炎、支气管哮喘、心源性哮喘发作等。

3. 鼻出血　单侧可见于外伤、鼻腔感染、鼻咽癌等。双侧出血多因全身性疾病所致，如血液系统疾病、高血压、肝疾病、维生素 C 或维生素 K 缺乏等。

4. 鼻腔黏膜　鼻黏膜肿胀伴鼻塞或流涕，见于急性鼻炎；鼻黏膜组织肥厚，见于慢性鼻炎；黏膜萎缩，分泌物减少，鼻甲缩小，鼻腔增大，伴嗅觉减退或丧失，见于慢性萎缩性鼻炎。

5. 鼻窦　共四对（图 4-17 和图 4-18），均有窦口与鼻腔相通，引流不畅时易发生鼻窦炎，表现为鼻塞、流涕、头痛和鼻窦压痛。评估上颌窦时，护士双手拇指置于鼻侧颧骨下缘向后按压，其余 4 指固定在患者两侧耳后；评估额窦时，护士双手拇指置于患者眼眶上缘内侧，用力向后向上按压，其余 4 指固定在患者头颅颞侧作为支点；评估筛窦时，护士双侧拇指分别置于患者鼻根部与眼内眦之间向后按压，其余 4 指固定在患者两侧耳后。蝶窦在体表不能检查。按压同时询问患者有无疼痛，并两侧对比。正常人鼻窦无压痛。

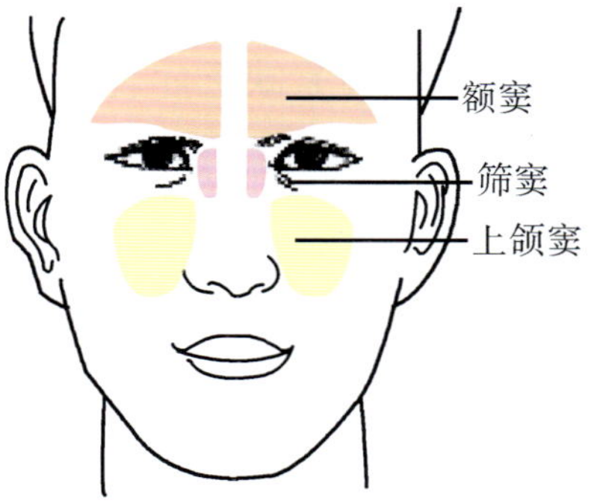

图 4-17　鼻窦正面图

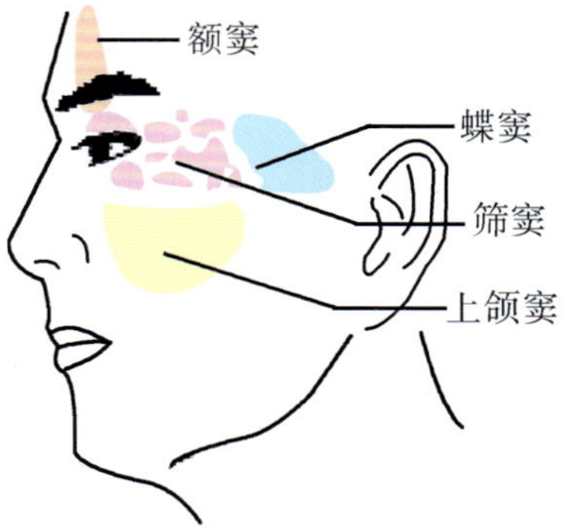

图 4-18　鼻窦侧面图

（四）口

1. 口唇　评估时应注意口唇颜色，有无干裂、疱疹及口角糜烂和歪斜等。正常人口唇红润有光泽。口唇苍白，见于贫血、虚脱等；口唇发绀，见于心、肺功能不全等；口唇干裂，见于严重脱水；口唇疱疹见于肺炎球菌性肺炎、流行性脑脊髓膜炎等；口角糜烂，见于核黄素缺乏；口角歪斜，见于面神经瘫或脑血管意外。

2. 口腔黏膜　注意观察口腔黏膜颜色，有无出血点、溃疡及真菌感染等。

正常口腔黏膜光洁呈粉红色。黏膜有出血点或瘀斑，见于各种出血性疾病或维生素 C 缺乏；若在相当于第二磨牙的颊黏膜处出现针头大小白色斑点，称麻疹黏膜斑（Koplik 斑），为麻疹的早期特征；黏膜溃疡见于口腔炎症。黏膜上出现白色凝乳块状物，称为鹅口疮，为白色念珠菌感染所引起，多见于重病衰弱者或长期使用广谱抗生素和抗癌药之后。

3. 牙齿　评估时注意牙齿颜色，有无龋齿、缺齿、义齿或残根等。正常恒牙呈瓷白色。恒牙牙位记录可用阿拉伯数字表示（图 4-19），例如，右下尖牙龋齿可表示为 3⌉ 龋齿。

	上		
右	8 7 6 5 4 3 2 1	1 2 3 4 5 6 7 8	左
	8 7 6 5 4 3 2 1	1 2 3 4 5 6 7 8	
	下		

图 4-19　恒牙牙位记录

1. 中切牙；2. 侧切牙；3. 尖牙；4. 第一前磨牙；5. 第二前磨牙；6. 第一磨牙；7. 第二磨牙；8. 第三磨牙

4. 牙龈　注意牙龈颜色，有无肿胀、溢脓及出血等。正常牙龈呈粉红色，质地坚韧，与牙颈部紧密贴合，压迫后无出血及溢脓。牙龈游离缘出现蓝灰色点线，称铅线，为铅中毒的特征。牙龈水肿，见于慢性牙周炎。牙龈出血，见于牙石、维生素C缺乏、血液系统疾病等。

5. 舌　注意观察舌质颜色、舌苔厚薄及舌的运动状态等。正常人舌质红润，舌苔薄白，伸舌居中，活动自如，无震颤。

舌的异常表现有：

（1）镜面舌　舌乳头萎缩，舌体较小，舌面光滑呈粉红色或红色，见于缺铁性贫血、恶性贫血或慢性萎缩性胃炎。

（2）草莓舌　舌色鲜红伴舌乳头肿胀似草莓状凸起，见于猩红热或长期发热患者。

（3）干燥舌　舌面干燥，舌体缩小，见于严重脱水、阿托品作用或放射治疗后。

（4）牛肉舌　舌面绛红，似生牛肉，见于烟酸缺乏。

（5）地图舌　舌面出现黄色隆起，状如地图，见于核黄素缺乏症。

（6）伸舌时有细微震颤　见于甲状腺功能亢进症。

（7）伸舌偏斜　可见于舌下神经麻痹。

6. 咽部及扁桃体　注意观察黏膜颜色，有无充血、肿胀及分泌物，扁桃体有无肿大等。

（1）评估方法　患者取坐位，头稍后仰，张口发“啊”音，护士用压舌板迅速下压舌前2/3与舌后1/3交界处。此时，软腭上抬，可见软腭、腭垂、软腭弓、扁桃体、咽后壁等。正常人咽部无充血、红肿，扁桃体不大。

（2）扁桃体肿大分度　可分为三度：①不超过咽腭弓者为Ⅰ度。②超过咽腭弓者为Ⅱ度。③达到或超过咽后壁中线者为Ⅲ度（图4-20）。

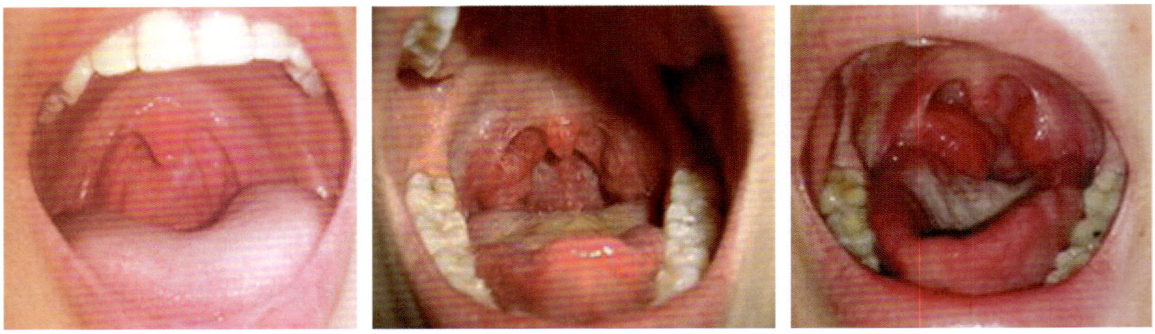

Ⅰ度　　Ⅱ度　　Ⅲ度

图 4-20　扁桃体肿大

（3）临床意义　咽黏膜充血、红肿，黏液腺分泌增多，见于急性咽炎。咽部黏膜充血，表面粗糙，伴淋巴滤泡呈簇状增殖，见于慢性咽炎。急性扁桃体炎时，可见腺体红肿、增大，扁桃体隐窝内有黄白色分泌物。

7. 腮腺　位于耳屏、下颌角、颧弓所构成的三角区内，正常腮腺不能触及。腮腺导管开口位于上颌第二磨牙所对的颊黏膜上。评估时应注意腮腺有无肿大，导管开口有无红肿及分泌物。

腮腺肿大见于：①急性流行性腮腺炎，单侧腮腺肿胀，继而累及对侧，有压痛。②急性化脓性腮腺炎时，腮腺肿大多为单侧，导管口红肿，加压后可有脓性分泌物溢出。③腮腺肿瘤，腮腺混合瘤多见，质韧呈结节状，边界清楚，可移动。

三、颈部评估

（一）颈部外形与活动

正常人颈部直立，两侧对称，活动自如。颈部活动受限伴疼痛，见于颈椎病变、软组织炎症、颈肌扭伤等。颈部强直为脑膜刺激征之一，见于脑膜炎、蛛网膜下腔出血等。

（二）颈部血管

1. 颈静脉怒张　正常人立位或坐位时，颈外静脉不显露，平卧时稍见充盈，但仅限于锁骨上缘至下颌角距离的下 2/3 内。若取 45° 角半卧位，颈静脉充盈超过正常水平，或立位时颈静脉充盈明显，称颈静脉怒张，提示体循环静脉压增高，见于右心衰竭、心包积液、缩窄性心包炎、上腔静脉阻塞综合征等。

2. 颈动脉搏动　正常人静息状态下不易看到颈动脉搏动，但可触及明显搏动。触诊颈动脉搏动消失，是判断心搏骤停的重要指标之一。如在静息状态下看见明显的颈动脉搏动，提示脉压增大。多见于高血压、主动脉瓣关闭不全、甲状腺功能亢进症、严重贫血等。

（三）甲状腺

甲状腺位于甲状软骨下方及环状软骨两侧，表面光滑、柔软不易触及。

1. 评估方法

（1）视诊：患者取坐位，头稍后仰，作吞咽动作，可见甲状腺随吞咽上下移动。能看到甲状腺提示甲状腺肿大。正常人甲状腺外观不突出，女性在青春期可略大，属正常现象。

（2）触诊

1）前面触诊法：护士位于患者前面，护士一手拇指置于甲状软骨施压将气管推向对侧，另一手示、中指在对侧胸锁乳突肌后缘向前推挤甲状腺侧叶，拇指在胸锁乳突肌前缘触摸甲状腺。同法评估另一侧甲状腺。

2）后面触诊法（图 4-21）：护士位于患者背后，一手示、中、环指在一侧甲状软骨处施压，将气管轻推至对侧，另一手拇指在对侧胸锁乳突肌后缘向前推挤甲状腺，示、中、环指在其前缘触诊甲状腺。同法评估另一侧。

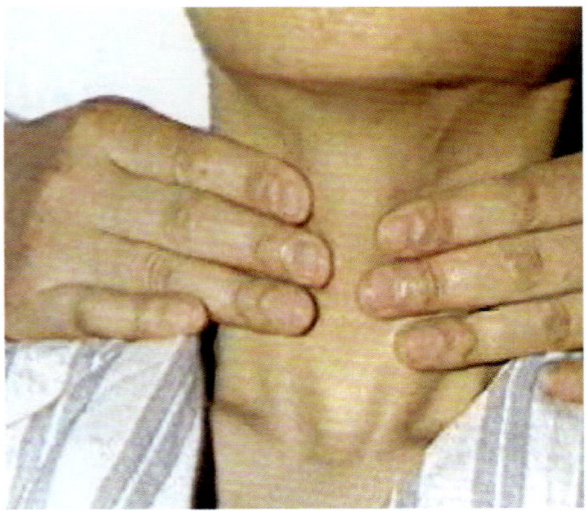

图 4-21　甲状腺触诊示意图

（3）听诊：当触及肿大的甲状腺时，用钟型听诊器直接放于肿大的甲状腺上听诊。如果闻及连续性血管杂音，是甲状腺功能亢进症特征性改变之一。

2. 甲状腺肿大的分度及临床意义　甲状腺肿大分为三度：①Ⅰ度：看不到但能触及者。②Ⅱ度：能看到又能触及，但在胸锁乳突肌以内者。③Ⅲ度：为超过胸锁乳突肌外缘者。

甲状腺肿大常见于单纯性甲状腺肿、甲状腺功能亢进症或甲状腺肿瘤等。

（四）气管

患者取坐位或仰卧位，护士将右手示指与环指分别置于两侧胸锁关节上，中指置于胸骨上窝触及气管，观察中指与示指和环指间的距离。正常人两侧间距相等，提示气管居中。两侧间距不等提示气管移位。一侧胸腔积液、积气，纵隔肿瘤时，气管移向健侧；肺不张、胸膜增厚粘连时，气管移向患侧。

第5节 胸部评估

案例 4-4

患者，男，38岁，被匕首刺伤左前胸部，出现显著呼吸困难而急诊入院。查体：血压100/70mmHg，呼吸29次/分，脉搏98次/分。左胸部饱满，气管偏向右侧。

问题：该患者的胸部评估中有哪些异常表现？

胸部评估内容主要包括乳房、胸壁、胸廓、肺和胸膜、心脏和血管评估等。患者可取坐位或仰卧位，按视、触、叩、听顺序，先评估前胸部和侧胸部，再评估背部，对称部位应注意左右对比。

一、胸部的体表标志

胸部体表标志用于标记胸部脏器的位置和轮廓，描述和记录体征的位置和范围。常用以下体表标志（图 4-22 ～图 4-24）。

（一）骨骼标志

1. 胸骨角（Louis 角） 是胸骨柄与胸骨体交接处的突起，其两侧分别与左右第 2 肋软骨相连接，是前胸壁计数肋骨和肋间隙的重要标志。还标志支气管分叉、心房上缘、上下纵隔交界及第 4 或第 5 胸椎水平。

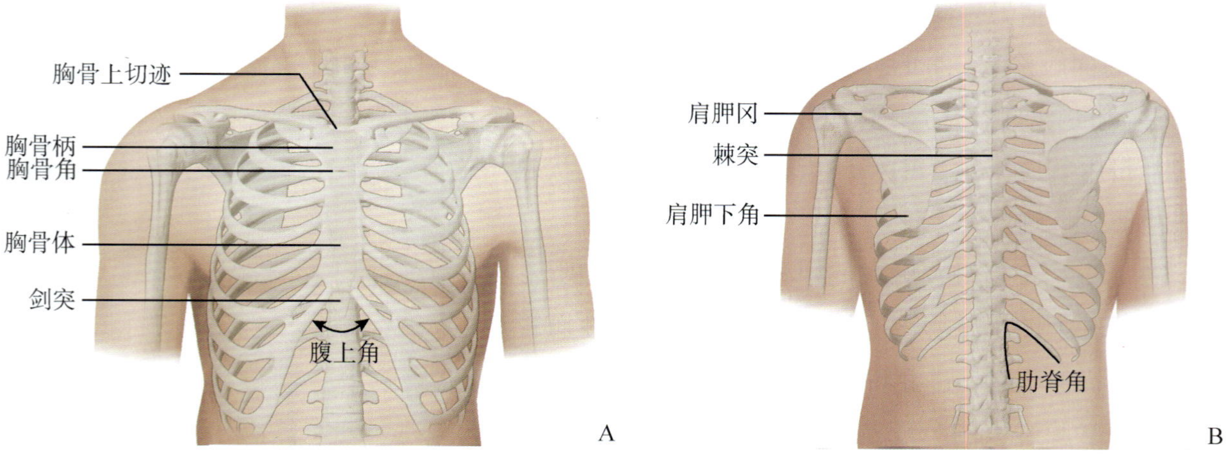

图 4-22 胸部骨骼标志

A. 正面；B. 背面

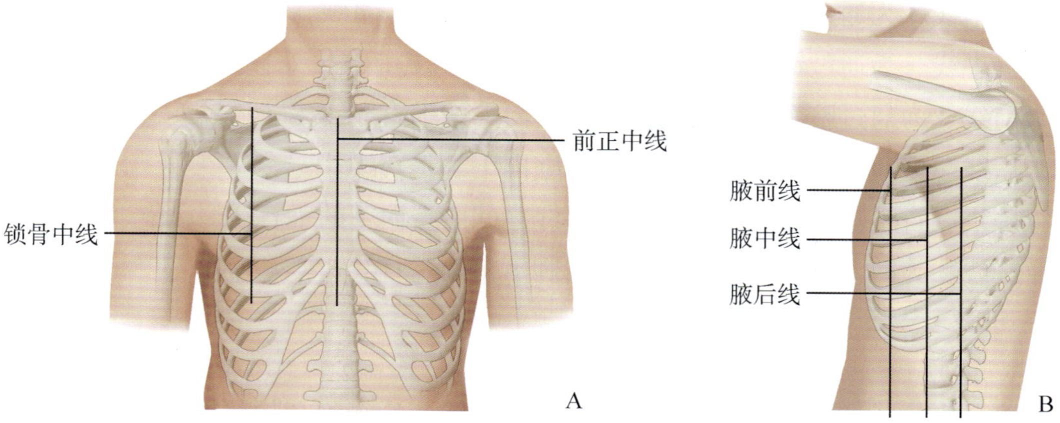

图 4-23　胸部体表标志线

A. 正面；B. 侧面

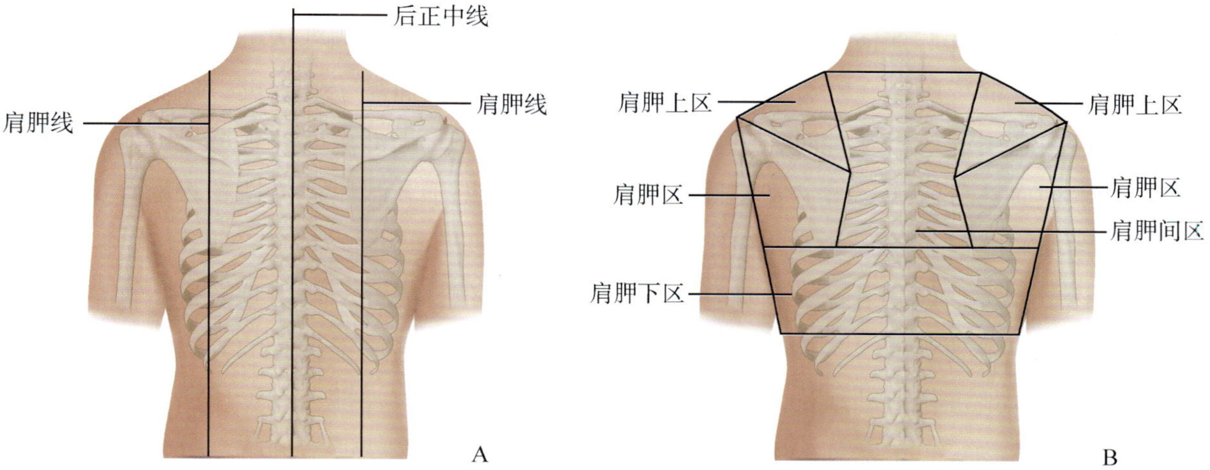

图 4-24　胸部体表标志线（背面）

A. 背面体表标志线；B. 背面分区

2. 剑突　位于胸骨体下端，呈三角形。

3. 腹上角　为左右肋弓在胸骨下端会合所形成的夹角。正常为 70° ～ 110°。

4. 肋间隙　为相邻两肋骨间的空隙。除第 1 对肋骨不易触及外，大多数肋骨可在胸壁触及。

5. 肩胛骨　位于后胸壁第 2 ～ 8 肋骨之间，肩胛骨的最下端称肩胛下角。患者直立位两上肢自然下垂时，肩胛下角相当于第 7 或第 8 肋骨水平。肩胛骨为计数后胸部肋骨的标志。

6. 脊柱棘突　为后正中线的标志。以第 7 颈椎棘突最为突出，其下即为第 1 胸椎，为计数胸椎的标志。

7. 肋脊角　为第 12 肋骨与脊柱构成的夹角，其前为肾和输尿管上端所在区域。

（二）自然陷窝和解剖区域

1. 胸骨上窝　为胸骨柄上方的凹陷，正常气管位于其后。

2. 锁骨上、下窝　为分别位于锁骨上、下方的凹陷。分别对应肺尖的上、下部。

3. 腋窝　上肢内侧与胸壁相连的凹陷部。

（三）垂直线标志

1. 前正中线　为通过胸骨正中的垂线，又称胸骨中线。

2. 后正中线　为通过椎骨棘突或沿脊柱正中下行的垂直线，又称脊柱中线。

3. 锁骨中线　为通过锁骨中点向下的垂直线。

4. 腋前线　为通过腋窝前皱襞沿前侧胸壁向下的垂直线。

5. 腋后线　为通过腋窝后皱襞沿后侧胸壁向下的垂直线。

6. 腋中线　自腋窝顶端于腋前线和腋后线之间中点向下的垂直线。

7. 肩胛线　为两上臂自然下垂时通过肩胛下角的垂直线。

二、乳　房

患者可取坐位或仰卧位，充分暴露胸部，先视诊，后触诊。除评估乳房外，还应注意引流乳房部位的淋巴结。

1. 视诊　正常儿童和男性乳房一般不明显，其乳头位置约位于锁骨中线第 4 肋间隙。临床上主要注意女性乳房评估，正常女性两侧乳房基本对称，如两侧乳房不对称，可见于先天畸形、囊肿、炎症或肿瘤、发育不全等；乳房红、肿、热、痛见于乳腺炎；癌肿侵犯致乳房浅表淋巴管堵塞引起淋巴水肿时，毛囊和毛囊孔明显下陷，局部皮肤外观可呈“橘皮”样改变；乳头出现血性分泌物，常见于良性乳头状瘤，亦可见于乳腺癌；男性乳腺发育见于肝功能损害、性功能减退、雌激素等药物作用。

2. 触诊　先评估健侧乳房，再评估患侧。患者取坐位，先在两臂下垂时进行评估检查，再双臂高举或双手叉腰进一步检查。护士手指或手掌一定要平放于患者的乳房上，指腹轻施压力，由浅入深地进行滑动触诊。触诊时应注意乳房的质地与弹性、有无压痛及包块，乳头有无硬结、分泌物等。正常乳房柔软有弹性，可有模糊的颗粒感或柔韧感，乳房炎症和肿瘤时局部硬度增加，弹性消失；压痛可见于炎症、乳腺囊性增生；触及包块时应注意其部位、大小、外形、质地、有无压痛、活动度、边缘是否清楚等，同时触诊腋窝、锁骨上窝及颈部的淋巴结有无异常。

三、胸壁和胸廓

（一）胸壁

1. 静脉　正常胸壁无明显静脉显露。当上腔或下腔静脉阻塞建立侧支循环时，胸壁静脉可以充盈、曲张。

2. 皮下气肿　正常胸壁无皮下气肿。皮下组织有气体积存，以手按压皮肤能感觉到气体在组织内的移动，似捻发感或握雪感，称皮下气肿。见于气胸、纵隔气肿、胸部外伤、肋骨骨折。

3. 胸壁压痛　正常胸壁无压痛。当肋骨骨折、肋软骨炎、胸壁软组织炎、肋间神经炎时，受累胸壁局部可有压痛。胸骨下端有明显压痛，见于白血病。

（二）胸廓

正常胸廓两侧大致对称，呈椭圆形。成人胸廓前后径短于左右径，两者的比例约为 1 ∶ 1.5。小儿和老年人胸廓前后径略小于左右径或近似相等。常见异常胸廓如下。

1. 扁平胸　胸廓呈扁平状，前后径常短于左右径的一半，可见于瘦长体型者，亦可见于慢性消耗性疾病，如肺结核、肿瘤晚期等。

2. 桶状胸 胸廓前后径与左右横径近似相等，肋间隙增宽、饱满，腹上角增大呈钝角。见于严重慢性阻塞性肺疾病，也可见于老年人或矮胖体型者。

3. 佝偻病胸 多见于儿童。包括：

（1）鸡胸 指前后径略长于左右径，其上下距离较短，胸骨下端向前凸，胸廓前侧胸壁肋骨凹陷。

（2）佝偻病串珠 指沿胸骨两侧各肋软骨与肋骨交界处的隆起，形似串珠状。

（3）肋膈沟 指下胸部前面的肋骨外翻，沿膈附着部位向内凹陷形成的沟状带。

（4）漏斗胸 为胸骨剑突明显凹陷，形似漏斗状（图 4-25）。

4. 胸廓局部隆起 见于心脏明显增大、心包大量积液、胸壁肿瘤、肋骨骨折等。

5. 胸廓一侧变形 胸廓一侧隆起，常见于大量胸腔积液、气胸等。胸廓一侧凹陷，常见于该侧肺不张、肺纤维化、广泛胸膜增厚和粘连等。

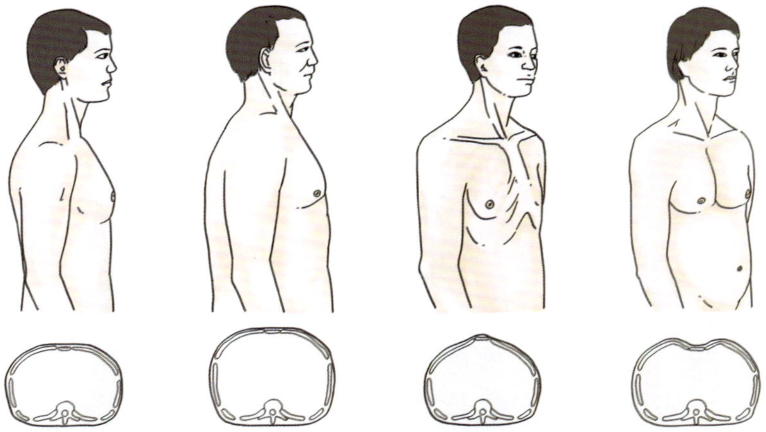

图 4-25 胸廓外形改变

四、肺和胸膜

（一）视诊

1. 呼吸运动 患者取坐位，正常情况下，女性以胸式呼吸为主，成年男性和儿童以腹式呼吸为主。常见异常改变，如呼吸运动类型改变与呼吸困难。

2. 呼吸频率和深度 见本章第 2 节。

3. 呼吸节律 见本章第 2 节。

（二）触诊

1. 胸廓扩张度 护士两手置于患者胸廓前下部对称部位，左右拇指分别沿两侧肋缘指向剑突，余四指伸展置于两侧，嘱患者做深呼吸，比较两手的移动度是否一致（图 4-26）。正常人两侧胸廓扩张度相等对称。大量胸腔积液、积气、胸膜粘连增厚、肺不张、肺炎球菌性肺炎时，可出现患侧胸廓扩张度减弱，而健侧代偿性增强。两侧胸廓扩张度增强见于发热、代谢性酸中毒等。两侧胸廓扩张度减弱见于慢性阻塞性肺疾病等。

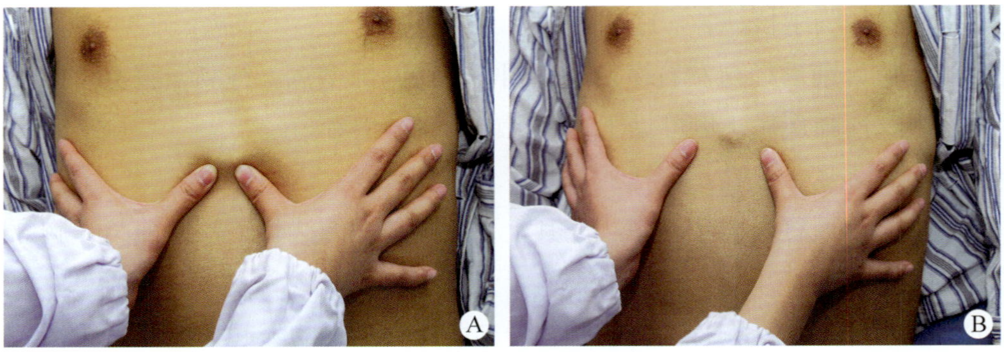

图 4-26 胸廓扩张度评估方法

A 呼气相；B 吸气相

2. 语音震颤 患者发出声音的声波沿气管、支气管及肺泡，传到胸壁时所引起的振动，护士用手掌触及，根据其强度变化，来判断胸内病变性质，又称触觉震颤。

（1）评估方法：护士将双手掌的尺侧缘或掌面，轻放在患者胸壁的对称部位，嘱其用同等强度重复发出“yi”的长音，从上到下，从内到外，从前胸到背部，双手交叉，左右对比，比较两手感受的震颤（图 4-27），注意有无增强或减弱。

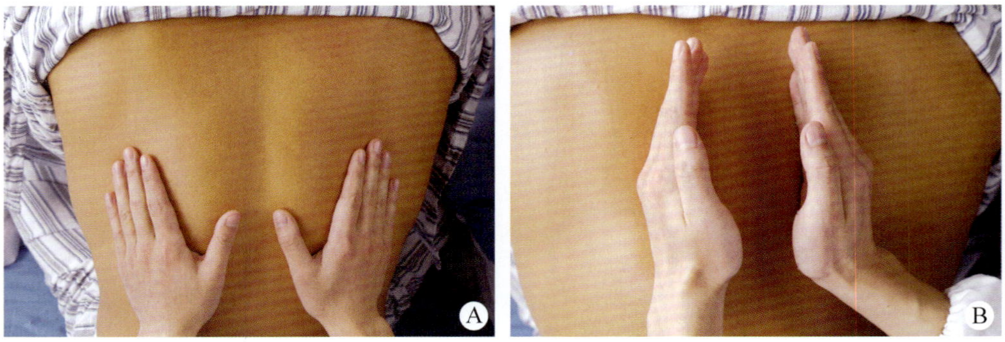

图 4-27 语音震颤评估方法

A 双手掌面；B 双手掌尺侧

（2）临床意义

1）生理变化：成人、男性和消瘦者较儿童、女性和肥胖者强；前胸上部较下部强；右胸上部较左胸上部强。

2）病理变化：①语音震颤减弱或消失主要见于：肺泡含气量增多、支气管阻塞、大量胸腔积液或气胸、严重胸膜增厚、胸壁皮下气肿等。②语音震颤增强主要见于：肺组织实变、空洞型肺结核、肺脓肿等。

3. 胸膜摩擦感 正常人无胸膜摩擦感。急性胸膜炎时，纤维蛋白渗出使两层粗糙的胸膜相互摩擦，护士在患侧腋中线第 5、6 肋间可触及，称为胸膜摩擦感。

（三）叩诊

1. 叩诊方法 常用间接叩诊法。患者取坐位或仰卧位，双臂垂放，肌肉放松，均匀呼吸。注意叩击力量要均匀，轻重要适宜，自上而下，由外向内逐个肋间叩诊，先前胸、再侧胸及背部，并注意对比。在手法上，叩肩胛间区时，板指与脊柱平行；叩前胸和后背时，板指应放于肋间隙并与肋骨平行。

2. 正常胸部叩诊音 正常肺部叩诊音为清音，前胸上部较下部稍浊；右上肺叩诊较左上肺稍浊；左侧腋前线下方因靠近胃泡，叩诊呈鼓音，又称 Traube 鼓音区；右腋下部因受肝影响叩诊稍浊；背部较前胸部稍浊（图 4-28）。

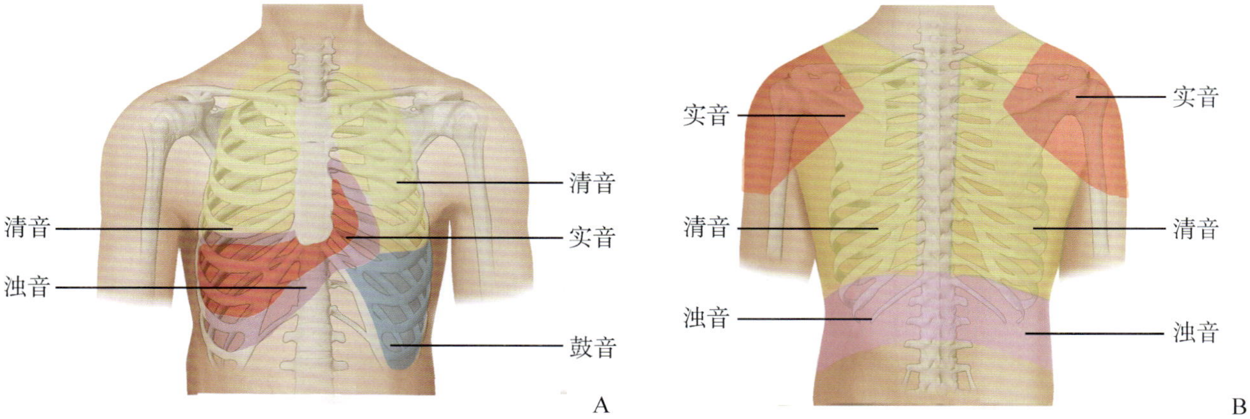

图 4-28 正常胸部叩诊音

A. 正面；B. 背面

考点 正常胸部叩诊音

3. 异常叩诊音 在正常肺部的清音区叩出实音、浊音、过清音或鼓音，称为胸部异常叩诊音，提示肺、胸膜或胸壁存在病理改变。

（1）过清音 常见于肺气肿。

（2）鼓音 常见于气胸，肺内空腔性病变（空腔直径大于 3 ～ 4cm，且靠近胸壁时）如空洞型肺结核、液化的肺脓肿等。

（3）浊音或实音 见于肺炎、肺水肿、肺不张等；肺肿瘤、未液化的肺脓肿等；胸腔积液、胸膜增厚等。

考点 异常叩诊音

（四）听诊

患者取坐位或仰卧位，均匀呼吸，必要时做深呼吸或咳嗽后立即听诊，听诊顺序同叩诊。听诊内容如下：

1. 正常肺部呼吸音（图 4-29）

（1）支气管呼吸音：是由于吸入气流经声门、气管、主支气管时，形成湍流所致。颇似抬舌后经口腔呼气发出的“哈”声。其特点是吸气相短，呼气相长，音响强，音调高。正常人在喉部，胸骨上窝，背部第 6、7 颈椎及第 1、2 胸椎附近可闻及支气管呼吸音。

（2）肺泡呼吸音：是由于气流经气管、支气管进入肺泡冲击肺泡壁所致。类似上齿咬下唇吸气时发出的“夫”声。其特点是吸气相较长，音响也较强，音调较高；呼气相较吸气相短。正常人在除支气管呼吸音和支气管肺泡呼吸音分布区域外的大部分肺部可闻及，如乳房下部、肩胛下部和腋窝下部肺泡呼吸音较强。

（3）支气管肺泡呼吸音：又称混合性呼吸音，兼有支气管呼吸音与肺泡呼吸音的特点。

吸气时间与呼气时间基本相等。正常人在胸骨两侧第1、2肋间，肩胛间区第3、4胸椎水平及肺尖前后部可闻及支气管肺泡呼吸音。

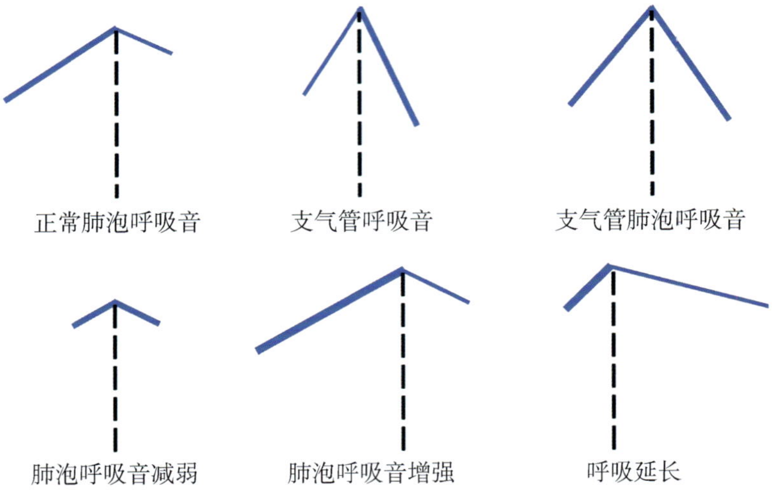

图 4-29 各种呼吸音

2. 异常肺部呼吸音

（1）异常肺泡呼吸音

1）肺泡呼吸音减弱或消失：①胸廓活动受限：如胸痛、肋骨骨折等。②呼吸肌病变：如重症肌无力、膈肌麻痹等。③呼吸道阻塞：如喉头水肿、气管肿瘤、慢性支气管炎等。④压迫性肺不张：如胸腔积液、气胸等。⑤腹部病变：如大量腹腔积液、腹腔内巨大肿瘤等。

2）肺泡呼吸音增强：两侧增强见于剧烈运动、发热、贫血、代谢亢进、酸中毒等。一侧代偿性增强常见于对侧肺和胸膜病变。

（2）异常支气管呼吸音　在正常肺泡呼吸音区域听到支气管呼吸音，即为异常支气管呼吸音，又称管样呼吸音。常见于肺组织实变、肺内大空腔、压迫性肺不张。

（3）异常支气管肺泡呼吸音　在正常肺泡呼吸音的部位听到支气管肺泡呼吸音即为异常支气管肺泡呼吸音。常见于支气管肺炎、肺结核或肺炎球菌性肺炎早期，胸腔积液上方肺膨胀不全的区域也可听到支气管肺泡呼吸音。

3. 啰音　是呼吸音以外的附加音。正常人不能闻及啰音。

（1）干啰音

1）机制：是由于气流通过狭窄的气道所发出的声音。

2）特点：①呼气时明显，音调较高，吸气也可听到。②持续时间较长。③强度、性质、数量、部位易变。

3）分类：低调干啰音称为鼾声，多发生于气管、主支气管；高调干啰音，多发生在较小支气管或细支气管，类似哨笛音，伴呼气延长的高调干啰音通常称为哮鸣音。

4）临床意义：干啰音局限分布见于支气管内膜结核、支气管异物或支气管肿瘤等；广泛分布见于支气管哮喘、心源性哮喘和慢性喘息性支气管炎等。

（2）湿啰音

1）机制：是由于吸气时气流通过气道内的稀薄分泌物，形成的水泡破裂所产生的声音，又称水泡音，或由于陷闭的小支气管吸气时突然张开发出的爆裂音。

2）特点：①吸气明显，呼气也可听到。②断续而短暂，一次常连续多个出现。③部位较固定，性质较恒定。④大中小水泡音可并存。⑤咳嗽后可减轻或消失。

3）分类：湿啰音可分为大、中、小水泡音和捻发音。大水泡音发生于气管、主支气管或空洞部位，多出现在吸气早期。中水泡音发生于中等大小支气管，多出现在吸气中期。小水泡音发生于细支气管，在吸气末期出现。捻发音多出现在吸气末，捻发音可见于正常老年人或长期卧床者，在深呼吸数次或咳嗽后消失，一般无临床意义。

4）临床意义：局限性湿啰音，见于该处局部病变，如支气管扩张、肺结核或肺炎等；两肺底湿啰音，多见于左心功能不全所致的肺淤血、支气管肺炎等；两肺满布湿啰音，多见于急性肺水肿、严重支气管肺炎等。

4. 语音共振　嘱患者重复发出一般强度的“yi”长音，发音同时用听诊器听取语音，又称听觉语音。其临床意义同语音震颤。

5. 胸膜摩擦音　正常人无胸膜摩擦音。胸膜炎症时，由于纤维素渗出，两层胸膜变粗糙相互摩擦可闻及摩擦音，称为胸膜摩擦音，通常在前下侧胸壁闻及。特点是吸气和呼气均可听到，以吸气末或呼气初最为明显，摒气消失。当胸腔积液增多，使两层胸膜分开时，摩擦音可消失。胸膜摩擦音常见于纤维素性胸膜炎、肺梗死、胸膜肿瘤、尿毒症等。

五、心　脏

心脏评估时，患者可取仰卧位或坐位，充分暴露胸部，环境应安静、温暖，光线充足，按视、触、叩、听顺序。

（一）视诊

1. 心前区外形　正常人心前区无隆起或凹陷。先天性心脏病或儿童期患风湿性心脏病伴右心室增大者，心前区可隆起；成人大量心包积液时，心前区外形可饱满。

2. 心尖搏动的改变

（1）位置的变化

1）生理情况下：正常心尖搏动位于左侧第5肋间锁骨中线内0.5～1.0cm处，搏动范围的直径为2.0～2.5cm。心尖搏动位置可因体型或体位而异。左侧卧位时心尖搏动可左移2.0～3.0cm；右侧卧位时，心尖搏动可右移1.0～2.5cm。矮胖体型者心尖搏动向外上移位；瘦长体型者心尖搏动向内下移位。

2）病理情况下：左心室增大时，心尖搏动向左下移位；右心室增大时，心尖搏动向左移位；一侧胸腔积液或气胸，心尖搏动移向健侧；一侧肺不张或胸膜粘连，心尖搏动移向患侧；大量腹腔积液或腹腔巨大肿瘤，心尖搏动向左外侧移位；严重肺气肿，心尖搏动向内下移位。

（2）心尖搏动强弱和范围的变化

1）生理情况下：肥胖、女性乳房悬垂或肋间隙变窄者，心尖搏动弱，搏动范围小；胸壁薄或肋间隙增宽、剧烈运动、情绪激动者，心尖搏动强，范围也大。

2）病理情况下：如扩张型心肌病、心肌梗死，心尖搏动减弱；心包积液、左侧胸腔大量积液或气胸，心尖搏动可减弱或消失；左心室肥厚、甲状腺功能亢进、发热和严重贫血，心尖搏动增强。

（3）负性心尖搏动：指心脏收缩时，心尖搏动内陷，主要见于粘连性心包炎或心包与周围组织广泛粘连等。

3. 心前区异常搏动　多见于病理情况：如胸骨左缘第 3 ～ 4 肋间心尖搏动，见于先天性心脏病所致的右心室肥厚，如房间隔缺损等；剑突下搏动见于肺源性心脏病右心室肥大或腹主动脉瘤者。

（二）触诊

触诊可进一步确定视诊的结果，能评估心脏病所特有的体征。通常先以右手全手掌触诊、再以手掌尺侧缘或并拢的示指、中指的指腹触诊。

1. 心尖搏动　触诊可进一步明确心尖搏动的位置、强度和范围。左心室肥大时心尖搏动增强，用手指触诊，可使指端抬起片刻，称抬举性心尖搏动，为左心室肥厚的体征。心尖搏动标志着心室收缩期的开始。

2. 震颤（又称猫喘）　是用手触诊时感觉到的一种细微振动，触到震颤提示有器质性心血管病，多见于心脏瓣膜狭窄及某些先天性心脏病。震颤的发生机制与心脏杂音相同，发现震颤时，应注意评估其部位、时期和临床意义。

3. 心包摩擦感　指与胸膜摩擦感相似的心前区摩擦震动感，以胸骨左缘第 3、4 肋间处最易触及，收缩期、坐位前倾或呼气末明显，屏气仍存在，可与胸膜摩擦感鉴别，见于急性心包炎。当心包渗液增多时，摩擦感可消失。

（三）叩诊

心脏叩诊可确定心界，评估心脏大小、形状及位置。临床所指心界一般是指相对浊音界（心左、右缘被肺遮盖的部分叩诊呈相对浊音），反映的是心脏的实际大小。绝对浊音界反映心脏未被肺组织遮盖的部分，临床意义较小。

1. 心脏叩诊方法　患者取坐位时，护士左手中指与肋间垂直；仰卧位时护士左手中指与肋间平行。一般先叩左界，后叩右界，由下而上，由外而内。①叩心左界时，从心尖搏动外 2 ～ 3cm 处由外向内叩，叩诊音由清音变为相对浊音时，用笔作一标记，如此逐一肋间自下而上直至第 2 肋间，分别做好标记。②叩诊心右界时，自肝浊音界的上一肋间（通常为第 4 肋间）开始，方法同叩左界方法。用尺测量前正中线至各标记点的垂直距离，再测量左锁骨中线距前正中线的距离。此界为心脏相对浊音界。

表 4-2　正常心脏相对浊音界（成人）

右（cm）	肋间	左（cm）
2 ～ 3	2	2 ～ 3
2 ～ 3	3	3.5 ～ 4.5
3 ～ 4	4	5 ～ 6
	5	7 ～ 9

注：左锁骨中线至前正中线的距离为 8 ～ 10cm。

2. 正常心脏相对浊音界　正常成人左锁骨中线至前正中线的距离为 8 ～ 10cm（表 4-2）。

3. 心浊音界改变的临床意义

（1）心脏因素

1）左心室增大：心左界向左下扩大，心腰部变为近似直角，心浊音界呈靴形，称靴形心，常见于主动脉瓣关闭不全、高血压性心脏病，也称主动脉型心脏（图4-30）。

2）右心室增大：右心室显著增大时，心浊音界向左右扩大，常见于肺源性心脏病或房间隔缺损。

3）双心室增大：心浊音界向两侧扩大，且左界向左下增大明显，呈普大型，常见于扩张型心肌病、全心衰竭等。

4）左心房增大合并肺动脉扩大：心腰部饱满，心浊音界呈梨形，称梨形心，常见于二尖瓣狭窄，也称二尖瓣型心脏（图4-31）。

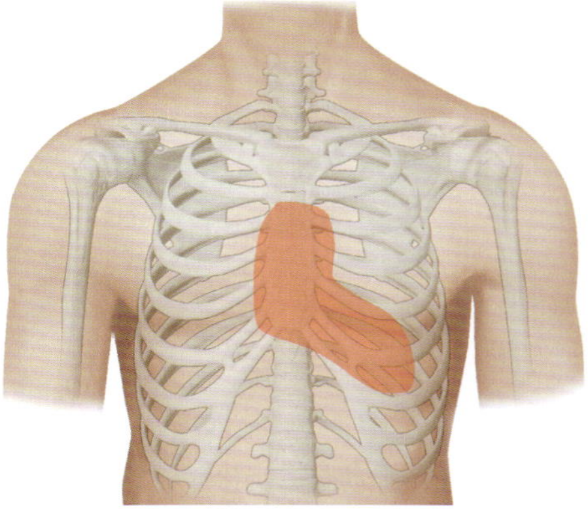

图4-30　主动脉型心脏

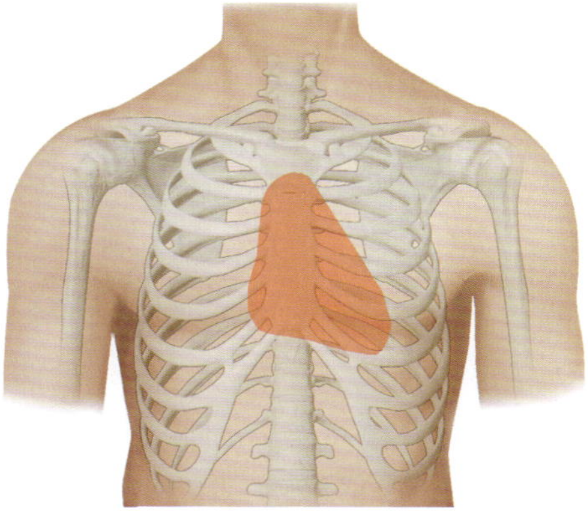

图4-31　二尖瓣型心脏

考点　异常心脏浊音界

5）心包积液：心界向两侧扩大，坐位时心浊音界呈烧瓶形（图4-32），仰卧位时心底部浊音界明显增宽，呈球形（图4-33），这种心浊音界随体位改变的现象，为心包积液的特征性改变。

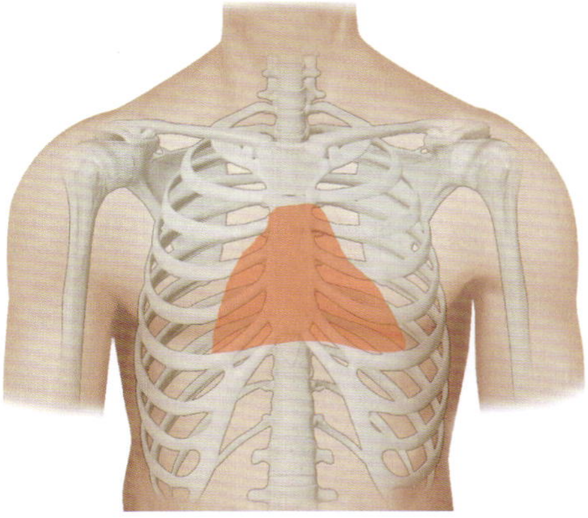

图4-32　心包积液心浊音界（坐位）

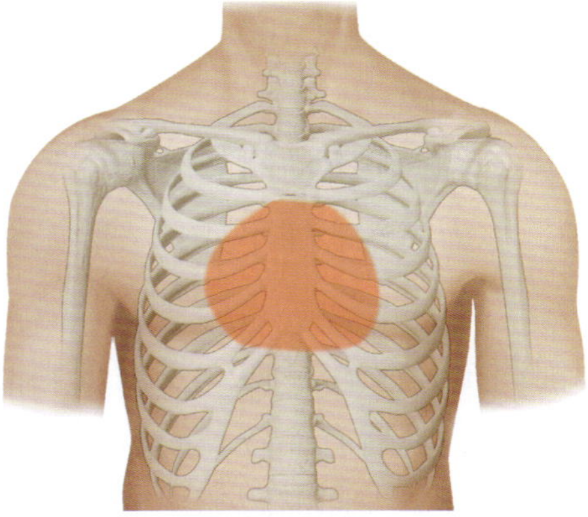

图4-33　心包积液心浊音界（仰卧位）

考点　心包积液心浊音界

（2）心外因素　一侧大量胸腔积液和积气时，患侧心界叩不出，健侧心界向外移位；肺气肿时，心浊音界缩小；腹腔大量积液或巨大肿瘤，心脏呈横位，心界向左扩大。

（四）听诊

听诊是评估心脏的重要方法，患者可取仰卧位或坐位，必要时可改变体位。

1. 心脏瓣膜听诊区　心脏各瓣膜开放关闭时产生的声音传导至胸壁不同部位，于体表听诊最清楚处即为该瓣膜听诊区。心脏瓣膜听诊区包括：

1）二尖瓣听诊区　位于心尖部，即左侧第 5 肋间锁骨中线稍内侧。

2）肺动脉瓣听诊区　胸骨左缘第 2 肋间。

3）主动脉瓣听诊区　在胸骨右缘第 2 肋间及胸骨左缘第 3 肋间，后者称为主动脉瓣第二听诊区。

4）三尖瓣听诊区　胸骨体下端左缘（图 4-34）。

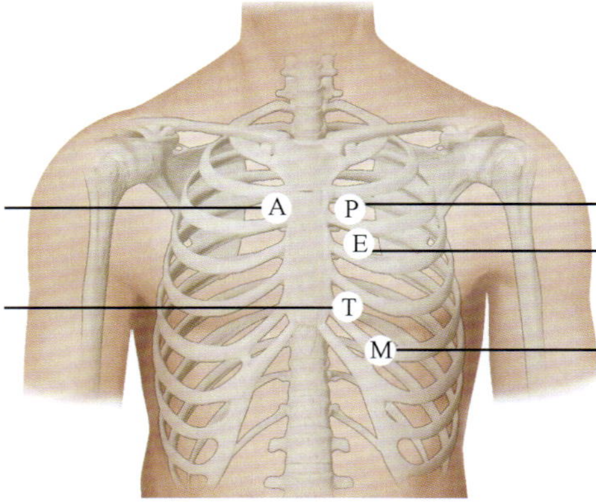

图 4-34　心脏瓣膜听诊区

M：二尖瓣听诊区；A：主动脉瓣听诊区；E：主动脉瓣第二听诊区；P：肺动脉瓣听诊区；T：三尖瓣听诊区

考点 心脏瓣膜听诊区

听诊顺序一般从心尖部开始，按逆时针方向听诊，即二尖瓣听诊区、肺动脉瓣听诊区、主动脉瓣听诊区、主动脉瓣第二听诊区、三尖瓣听诊区。

2. 听诊内容　包括心率、心律、心音、额外心音、杂音、心包摩擦音。

（1）心率　为每分钟心跳的次数。正常成人心率范围为 60 ～ 100 次 / 分，儿童稍快，老年人稍慢。成人心率超过 100 次 / 分，婴幼儿心率超过 150 次 / 分，称心动过速。心率低于 60 次 / 分称心动过缓。

（2）心律　为心脏跳动的节律。正常成人心跳节律规整，部分青年人在吸气时心率增快，呼气时减慢，称为窦性心律不齐，一般无临床意义。听诊发现最常见的心律失常是期前收缩和心房颤动。

1）期前收缩：又称早搏，是指规则心律基础上突然提前出现的心跳。听诊特点为：①心音提前出现，其后有一较长间歇。②期前收缩时第一心音增强，第二心音减弱。如每一次正常心跳后出现一次期前收缩，称二联律；每两次正常心跳后出现一次期前收缩，称三联律。生理情况下，情绪激动、酗酒、疲劳等可出现期前收缩；病理情况下可见于器质性心脏病、洋地黄中毒、低血钾、心脏手术等。

2）心房颤动：是由于心房内异位节律点发出异位冲动产生的多个折返所致。听诊特点为：①心律绝对不规则。②第一心音强弱不等。③脉率小于心率，称脉搏短绌。心房颤动常见于二尖瓣狭窄、甲状腺功能亢进症、冠心病和高血压心脏病等。

（3）心音　通常只能听到第一心音、第二心音。部分青少年可闻及第三心音，第四心音一般听不到，听到者则为病理性。

1）心音的类型：①第一心音（S_1），标志着心室收缩期的开始，主要由二尖瓣和三尖瓣关闭引起的振动所产生。心前区均可听到，以心尖部最强。②第二心音（S_2），标志着心室舒张期的开始，主要由肺动脉瓣和主动脉瓣关闭引起的振动所产生，以心底部最响。

2）第一心音和第二心音的鉴别：正确区分第一心音和第二心音，可判定心室收缩期和舒张期，确定杂音出现的时期（表 4-3）。

表 4-3 第一心音与第二心音听诊特点

项目	第一心音	第二心音
音调	较低	较高
强度	较响	较弱
性质	较钝	较清脆
所占时间	较长，持续约 0.1 秒	较短，持续约 0.08 秒
与心尖搏动关系	同时出现	之后出现
听诊最响部位	心尖部	心底部
S_1 和 S_2 间隔	S_1 和 S_2 间隔较短	S_2 与下一个心动周期 S_1 间隔长

3）心音强度改变

①第一心音改变：与心肌收缩力、心室充盈情况、瓣膜弹性及位置有关。A. 增强：见于情绪激动、运动、贫血、高热、甲状腺功能亢进，由于心动过速及心室收缩力增强所致。也可见于二尖瓣狭窄时，呈“拍击性”第一心音。B. 减弱：见于二尖瓣关闭不全、心肌炎、心肌病、心肌梗死和心力衰竭。C. 强弱不等：见于心房颤动、三度房室传导阻滞。

②第二心音改变：主要与主动脉、肺动脉内的压力及半月瓣的情况有关。

主动脉瓣第二心音（A_2）变化　A. 增强，见于高血压、主动脉粥样硬化等；B. 减弱，见于主动脉瓣狭窄或关闭不全等。

肺动脉瓣第二心音（P_2）变化　A. 增强，见于肺动脉压力增高时，如二尖瓣狭窄或肺源性心脏病等；B. 减弱，见于肺动脉瓣狭窄或关闭不全等。

第一、第二心音同时改变　①同时增强：见于运动、情绪激动、贫血等。②同时减弱：见于心肌炎、心肌病、心肌梗死、休克等。

4）心音性质改变：心肌严重病变时，第一心音性质失去原有特征而与第二心音相似，似钟摆的“滴答”声，称钟摆律，又称胎心律，可见于大面积急性心肌梗死和重症心肌炎等。

5）心音分裂：听诊时一个心音分成两个心音的现象，称为心音分裂。临床以第二心音分裂较常见，在肺动脉瓣区听诊最清楚。可见于健康儿童和青年，于深吸气末可闻及。病理情况下常见于二尖瓣狭窄伴肺动脉高压、肺动脉瓣狭窄等。

（4）额外心音　是指正常心音之外出现的病理性附加音。以舒张早期奔马律常见。

1）舒张早期奔马律：又称室性奔马律，是病理性的第三心音，常见于严重的心肌损害或心力衰竭。

2）开瓣音：又称二尖瓣开放拍击音，出现在第二心音后，在心尖内侧较清楚。提示二尖瓣狭窄且瓣膜弹性良好，是二尖瓣分离术适应证的重要参考条件。

（5）心脏杂音　是指心音和额外心音以外出现的异常心脏听诊音。杂音性质的判断对于心脏病的诊断具有重要的参考价值。

1）杂音产生的机制：①血流加速。②瓣膜口狭窄或关闭不全。③异常血流通道。④心腔异常结构或扩张。⑤心腔内漂浮物。以上因素可使血液产生湍流，使心壁或大血管壁产生振动而产生杂音（图 4-35）。

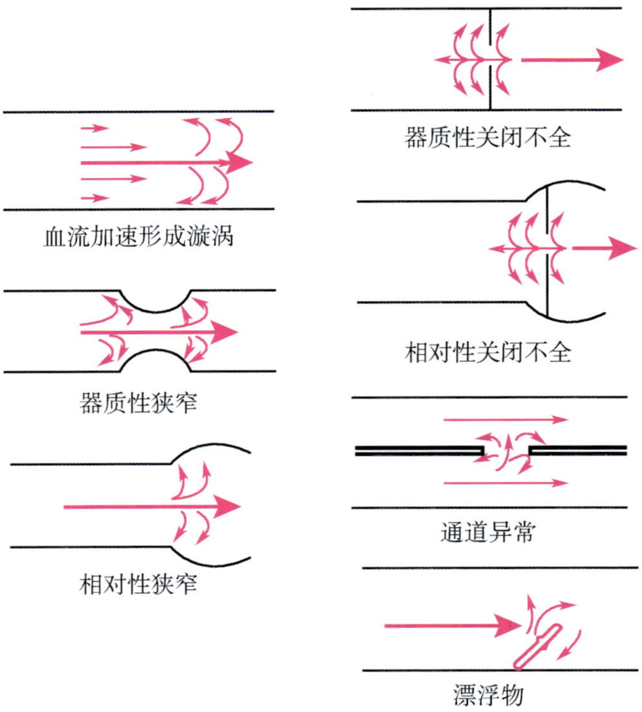

图 4-35　杂音产生的机制

箭头为血流方向

2）杂音评估要点

①最响部位：一般杂音最响的瓣膜听诊区提示病变部位。

②出现时期：发生在第一心音和第二心音之间的杂音称收缩期杂音（SM）；发生在第二心音与下一次心动周期的第一心音之间的杂音称舒张期杂音（DM）；连续出现在收缩期和舒张期的杂音称连续性杂音。一般认为，舒张期杂音和连续性杂音均为器质性杂音，而收缩期杂音有功能性或器质性两种可能。

③杂音性质：分为吹风样、隆隆样、叹气样、机器样、喷射样等。功能性杂音较柔和，器质性杂音较粗糙。

④杂音强度：一般来说狭窄越重、血流速度越快、狭窄口两侧压力差越大，杂音就越强。收缩期杂音强度通常采用 Levine 6 级分级法（表 4-4）。记录杂音强度时，如响度为 4 级，记为 4/6 级杂音。一般 2/6 级以下收缩期杂音多为功能性，3/6 级以上多为器质性。舒张期杂音多为器质性，一般不分级。

表 4-4 收缩期杂音强度分级

级别	听诊特点	级别	听诊特点
1	微弱，安静环境下须仔细听诊才能听到	4	杂音响亮，易听到
2	轻度响亮，较易听到	5	很响亮的杂音，但听诊器离开胸壁即听不到
3	中度响亮，容易听到	6	杂音震耳，即使听诊器离开胸壁一定距离也能听到

⑤杂音的传导：杂音一般沿血流方向或经周围组织传导。

⑥杂音与体位的关系。改变体位可使某些杂音的强度发生变化。如二尖瓣狭窄的杂音在左侧卧位更明显；主动脉瓣关闭不全的杂音在前倾坐位时更明显。

⑦杂音与呼吸的关系。深吸气时，可使三尖瓣或肺动脉瓣狭窄与关闭不全的杂音增强。吸气后用力做呼气动作（Valsalva 动作）时，肥厚型梗阻性心肌病的杂音增强，经瓣膜产生的杂音可减弱。

⑧杂音与运动的关系。运动可使器质性杂音增强。

3）临床常见心脏瓣膜病变杂音特点，如表 4-5 所示。

表 4-5 常见心脏瓣膜病变杂音特点

病变	时期	性质	最响部位	传导
二尖瓣狭窄	舒张	隆隆样	心尖部	局限
二尖瓣关闭不全	收缩	吹风样	心尖部	左腋下
主动脉关闭不全	舒张	叹气样	胸骨左缘第 3 肋间	心尖部
主动脉狭窄	收缩	喷射样	胸骨右缘第 2 肋间	颈部

（6）心包摩擦音 产生机制、临床意义同心包摩擦感。正常人无心包摩擦音，急性心包炎时，在胸骨左缘第 3、4 肋间可闻及，坐位前倾或呼气末更明显。

六、血 管

（一）视诊

1. 肝颈静脉回流征 指右心衰竭引起肝淤血肿大时，用手压迫肝脏可使颈静脉充盈更明显，称为肝颈静脉回流征阳性，是右心衰竭的重要体征之一。也可见于渗出性或缩窄性心包炎（图 4-36）。

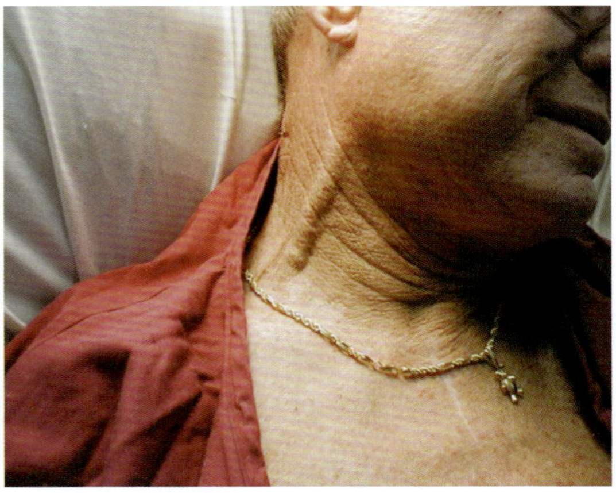

图 4-36 肝颈静脉回流征

2. 毛细血管搏动征 用手指轻压患者甲床末端，或以玻片轻压口唇黏膜，如见受压部分有红、白交替节律性搏动现象，即为毛细血管搏动征阳性。提示脉压增大，见于主动脉瓣关闭不全、甲状腺功能亢进和严重贫血等。

（二）触诊

脉搏触诊见本章第 2 节。

（三）听诊

1. 动脉杂音　①甲状腺功能亢进时，在甲状腺部可闻及连续性血管杂音，是本病特征性体征之一。②肾动脉狭窄时，可在上腹部或腰背部听到收缩期杂音。③外周动静脉瘘，可在病变处听到连续性杂音。

2. 枪击音　将听诊器置于股动脉处，可听到与心跳一致短促如射枪的声音。主要见于主动脉瓣关闭不全等。

3. Duroziez 双重杂音　以听诊器稍加压力于股动脉可闻及收缩期和舒张期双期杂音。见于脉压增大。

枪击音、Duroziez 双重杂音、毛细血管搏动征和水冲脉统称为周围血管征阳性，由于脉压增大所致，主要见于主动脉瓣关闭不全、甲状腺功能亢进、动脉导管未闭和重度贫血等。

（四）血压

血压见本章第 2 节。

医者仁心　**胸怀大爱：生命至上、护佑苍生的医者仁心**

1978 年，年近花甲的李桓英确立以麻风病防治作为自己的终生事业。

面对社会的歧视和麻风病难以治愈的现实，不少患者心灰意冷，不愿配合治疗。李桓英说，医生要消除患者的自卑，让他们心情轻松起来，才能配合治疗。在科学研究的基础上，李桓英认为，麻风病传染性有限，一般接触不易感染。她身体力行改变人们对麻风病的态度，与患者握手拥抱，和患者一起吃饭、喝水，一年至少有 2/3 的时间在麻风村寨度过。有人问她为什么不怕，李桓英说："我甚至巴不得自己被传染上，让患者亲眼看到，我能治好它！"在治疗早期，患者的脸部会出现发红发紫的状况，有的患者感到恐慌便拒绝服药，甚至把药扔进水里。李桓英挨家挨户做工作，告诉他们这只是服药后的正常反应，开导患者坚持服药。3 个月后，患者状况明显好转，身体逐渐恢复。

第 6 节　腹部评估

案例 4-5

患者，男，50 岁。12 年前开始出现反复上腹痛，为规律性午夜痛，诊断为"十二指肠溃疡"。1 天前出现腹胀，大量呕吐，呕吐物为隔夜宿食，初步考虑为"幽门梗阻"。

问题：1. 幽门梗阻的典型表现有哪些？

2. 对该患者进行腹部评估时，可能会有哪些异常体征？为什么？

腹部上起横膈，下至骨盆，主要由腹壁、腹腔和腹腔脏器组成。腹部体表上以两侧的肋弓下缘和剑突与胸部分界，下至两侧腹股沟韧带和耻骨联合，前面和侧面由腹壁组成，后面为脊柱和腰肌。腹部检查方法包括视诊、触诊、叩诊和听诊，其中触诊是腹部检查的重点和难点。因叩诊与触诊均须向腹部施加一定压力，可刺激肠蠕动影响听诊结果。因此，腹部检查应按照视诊、听诊、叩诊和触诊顺序进行。

一、腹部的体表标志及分区

借助腹部的体表标志，可人为地将腹部划分为几个区，有助于识别脏器的位置及其体表投影，便于准确描述和记录脏器及病变的位置与范围。

（一）体表标志

常用的腹部体表标志包括（图 4-37）：

1. 肋弓下缘　由第 8 ～ 10 肋软骨连接形成的肋缘和第 11、12 浮肋构成。肋弓下缘是腹部体表的上界，常用于腹部分区、胆囊点和肝脾测量的定位。

2. 剑突　是胸骨下端的软骨，是体表腹部的上界，常作为肝脏测量的标志。

3. 腹上角　为两侧肋弓至剑突根部的交角，常用于判断体型以及肝脏测量的定位。

4. 脐　位于腹部中心，向后投影平于第 3 ～ 4 腰椎，是腹部四区分法的标志。

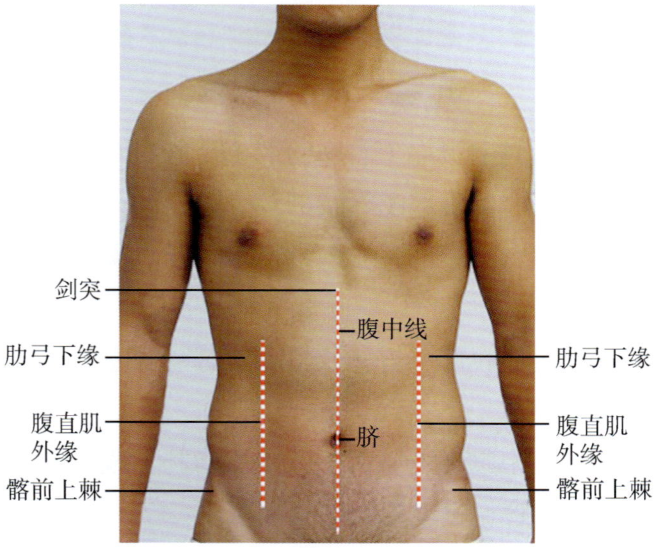

图 4-37　腹部体表标志

5. 髂前上棘　为髂棘前方的突出点，是腹部九区分法的标志。

6. 腹直肌外缘　相当于锁骨中线的延续，常用于胆囊点的定位。

7. 腹中线　是胸骨中线（前正中线）的延续，为腹部四区分法的垂直线。

8. 耻骨联合　是两耻骨间的纤维软骨连接，与耻骨共同组成腹部体表下界。

9. 肋脊角　是背部两侧第 12 肋骨与脊柱的交角，为检查肾区压、叩痛的位置。

（二）分区

目前常用的腹部分区有以下两种：

1. 四区分法　通过脐划一水平线和一垂直线，两线相交后将腹部分为四个区域，即左、右上腹和左、右下腹（图 4-38）。四区分法简单易行，但难以准确定位。

2. 九区分法　以两侧肋弓下缘最低点的连线作为上水平线，两侧髂前上棘的连线作为下水平线。分别以通过左、右髂前上棘至腹中线连线的中点做垂直线。上下两条水平线和左右两条垂直线将腹部分为九个区域，分别为左上腹部（左季肋部）、右上腹部（右季肋部）、左侧腹部（左腰部）、右侧腹部（右腰部）、左下腹部（左髂部）、右下腹部（右髂部）、上腹部、中腹部（脐部）和下腹部（耻骨上部）（图 4-39）。各区域内脏器官的分布如下：

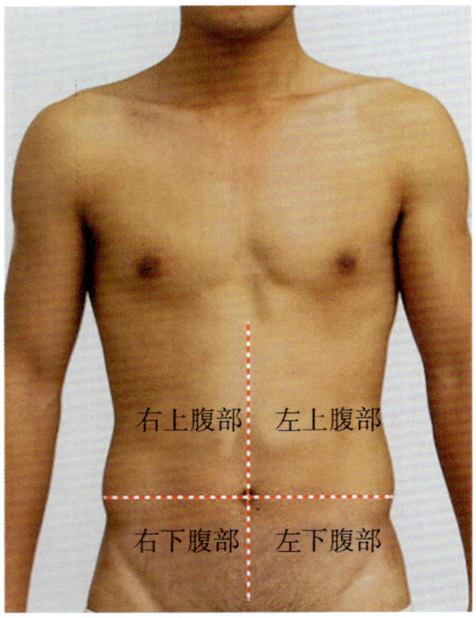

图 4-38 腹部四区分法

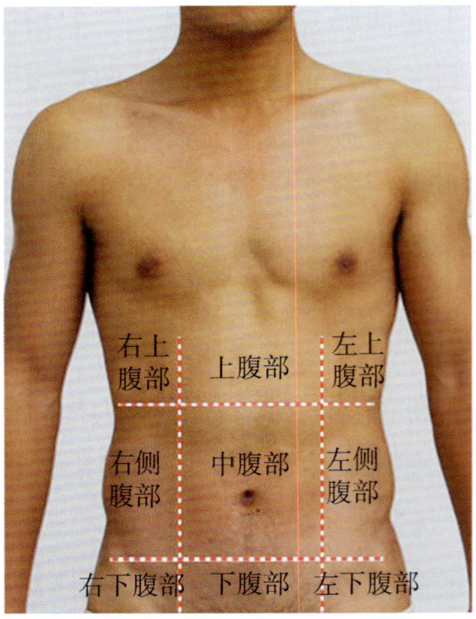

图 4-39 腹部九区分法

（1）右上腹部（右季肋部） 肝右叶、胆囊、结肠肝曲、右肾和右肾上腺。

（2）右侧腹部（右腰部） 升结肠、右肾下极及部分空肠。

（3）右下腹部（右髂部） 盲肠、阑尾、回肠下段、女性右侧卵巢及输卵管、男性右侧精索。

（4）上腹部 胃体及胃幽门区、肝左叶、十二指肠、胰头和胰体、横结肠、腹主动脉、大网膜。

（5）中腹部（脐部） 十二指肠下段、空肠及回肠、下垂的胃或横结肠、肠系膜及淋巴结、输尿管、腹主动脉、大网膜。

（6）下腹部（耻骨上部） 回肠、乙状结肠、输尿管、充盈的膀胱、女性增大的子宫。

（7）左上腹部（左季肋部） 胃体及胃底、脾、胰尾、结肠脾曲、左肾及左肾上腺。

（8）左侧腹部（左腰部） 降结肠、左肾下极、空肠、回肠。

（9）左下腹部（左髂部） 乙状结肠、女性左侧卵巢及输卵管、男性左侧精索。

二、腹部评估的方法

腹部评估以触诊为主，为了避免触诊时引起胃肠蠕动增强及肠鸣音发生变化，评估时按视、听、叩、触的顺序进行。

（一）视诊

评估前嘱受检者排空膀胱，评估时光线应适宜。受检者取低枕仰卧位，双手置于身体两侧，充分暴露腹部，上自剑突，下至耻骨联合，注意遮盖其他部位及保暖。评估者站于受检者右侧，按一定顺序自上而下进行全面视诊。当观察腹部体表有细小隆起、蠕动波和搏动时，评估者应将视线降低至腹平面，从侧面沿切线方向加以观察。

视诊的主要内容有腹部外形、呼吸运动、腹壁静脉、胃肠型与蠕动波等。

1. 腹部外形 健康成年人平卧位时，前腹壁处于略低于肋缘至耻骨联合的平面，称为腹部平坦，坐起时脐以下部分稍前凸。肥胖者及小儿平卧位时，前腹壁稍高于肋缘至耻骨联合的平面，称为腹部饱满。消瘦者平卧位时，前腹壁稍低于肋缘至耻骨联合的平面，称为腹部低平。

（1）腹部膨隆　平卧时前腹壁明显高于肋缘与耻骨联合平面，外形呈凸起状，称腹部膨隆。根据膨隆范围可分为全腹膨隆和局部膨隆。

1）全腹膨隆：除因肥胖、腹壁皮下脂肪明显增多外，腹部弥漫性膨隆多因腹腔内容物增多引起，一般无腹壁增厚，脐部凸出严重者可引起脐疝。常见于：①腹水，又称为腹腔积液。大量腹水者仰卧位时，液体下沉于腹腔两侧，致腹部外形宽而扁，称为蛙腹。变换体位时，腹部外形随之明显改变。见于肝硬化门静脉高压症、心力衰竭、缩窄性心包炎、肾病综合征、结核性腹膜炎等。腹膜炎症或肿瘤浸润时，因腹肌紧张致脐部较突出，腹部外形常呈尖凸状，称为尖腹。②腹内积气，多在胃肠道内，多见于肠梗阻或肠麻痹。大量积气可引起全腹膨隆，腹部呈球形，两腰部膨出不明显，变换体位时，腹形无明显改变。腹腔内积气称为气腹，多见于胃肠穿孔或治疗性人工气腹，前者常伴有不同程度的腹膜炎。③腹腔内巨大包块，以巨大卵巢囊肿最常见。生理情况下可见于足月妊娠。

为观察全腹膨隆的程度和变化，常在同等条件下定期测量腹围并记录。具体方法：嘱受检者排尿后平卧，用软尺在脐水平绕腹一周，测得的周长为脐周腹围，简称腹围；也可经腹部最膨隆处绕腹 1 周，测得的周长为最大腹围。腹围通常以厘米（cm）为单位。

2）局部膨隆：常因脏器肿大、腹内肿瘤、炎性包块、腹壁上的肿物或疝等所致。视诊时应注意膨隆的部位、外形、是否随呼吸或体位改变而移动以及有无搏动等（表 4-6）。

表 4-6　局部膨隆的常见原因

局部膨隆类型	常见病因
左上腹部膨隆	脾大
上腹部膨隆	肝左叶肿大、胃扩张或胃癌、胰腺囊肿或肿瘤
右上腹部膨隆	肿瘤、脓肿、淤血等所致的肝大或胆囊肿大
左下腹部膨隆	乙状结肠肿瘤、干结粪块，后者经灌肠后可消失
下腹部膨隆	子宫增大（妊娠、子宫肌瘤等）、尿潴留，后者排尿后可消失
右下腹部膨隆	阑尾周围脓肿、回盲部结核或肿瘤、克罗恩病等

有时局部隆起是因为腹壁肿块（如皮下脂肪瘤、结核性脓肿等）而非腹腔内疾病。其鉴别方法是嘱受检者取仰卧位，双手托于枕部，做起坐动作，使腹壁肌肉紧张。若肿块位于腹壁上，腹壁肌肉收缩时，肿块被紧张的腹肌托起会变得更为明显；若肿块位于腹腔内，腹壁肌肉收缩时，肿块被收缩变硬的腹肌所掩盖，反而不明显或消失。

隆起呈近圆形者多为囊肿、肿瘤等；呈条形者多为肠道疾病，如肠梗阻；隆起随体位改变而明显移位者可见于游走的脏器、带蒂的肿物或者肠系膜上的肿块等；有搏动的膨隆可见于动脉瘤、腹主动脉上的脏器或肿物；随呼吸而移动者多为膈下脏器或其肿物；腹压增加出现，仰卧位或腹压降低后消失者多为各部位的疝。

（2）腹部凹陷　仰卧位时前腹壁明显低于肋缘至耻骨联合平面，称腹部凹陷。可分为全腹凹陷和局部凹陷。

1）全腹凹陷：多见于消瘦和脱水者。严重时前腹壁凹陷几乎贴近脊柱，肋弓、髂嵴和耻骨联合显露，全腹外形如舟状，称舟状腹，为恶病质的表现，如结核病、恶性肿瘤等慢性消耗性疾病。吸气时出现全腹凹陷，多见于膈肌麻痹和上呼吸道梗阻。

2）局部凹陷：较少见，多因腹部手术或外伤后瘢痕收缩引起，受检者立位或增加腹压时，凹陷更加明显。

2. 呼吸运动　正常人呼吸时腹壁上下起伏，吸气时上抬，呼气时下陷，即为腹式呼吸运动。成年男性和小儿以腹式呼吸为主，而成年女性以胸式呼吸为主，腹壁起伏不明显。

①腹式呼吸运动减弱多见于急性腹痛、腹膜炎症、腹水、腹腔内巨大肿块或妊娠等。②腹式呼吸运动消失，常见于胃或肠穿孔所致的急性腹膜炎或膈肌麻痹等。③腹式呼吸运动增强较少见，常见于胸腔疾病或癔症性呼吸。

3. 腹壁静脉　正常人腹壁静脉一般不显露，较瘦或皮肤白皙者隐约可见。皮肤较薄而松弛者可见腹壁静脉显露，多呈较直的条纹，但不迂曲，属于正常。

若腹壁静脉明显可见且有扩张或迂曲变粗，称腹壁静脉曲张。常见于门静脉高压或上、下腔静脉回流受阻伴有侧支循环形成时。为判断其可能的病因，可通过指压法检查曲张静脉的血流方向。检查方法如下：评估者选择一段没有分支的腹壁静脉，将右手示指和中指并拢压在该段静脉上，然后用一手指紧压并向外移动，挤出静脉内的血液，至一定距离时放松移动的手指，另一手指仍固定不动。观察挤空的静脉，若快速充盈，则血流方向是从移动手指端流向固定的手指端；再用同法移动另一手指，观察血流的方向（图 4-40）。

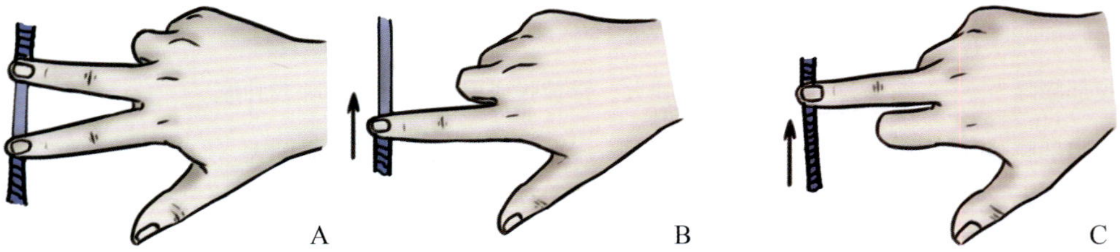

图 4-40　指压法评估腹部静脉血流方向示意图

正常时脐水平线以上的腹壁静脉血流自下而上经胸壁静脉和腋静脉进入上腔静脉，脐水平线以下的腹壁静脉血流自上而下经大隐静脉进入下腔静脉。门静脉高压时，曲张静脉的血流方向以脐为中心呈放射状，脐水平以上静脉血流自下向上，脐水平以下静脉血流自上向下；如腹壁静脉血流向上，提示下腔静脉梗阻；如腹壁和胸壁的静脉血流方向向下，提示上腔静脉梗阻。

考点 腹壁静脉曲张时评估结果的判断

4. 胃肠型及蠕动波　除腹壁薄或松弛的老年人和极度消瘦者外，正常人腹部一般看不到胃和肠的轮廓及蠕动波形。胃肠道梗阻时，梗阻近端的胃或肠段因内容物积聚而饱满隆起，显出各自的轮廓称为胃型或肠型。同时伴有该部位蠕动增强，可见蠕动波。观察蠕动波时，从侧面呈切线方向更佳，也可轻拍腹壁诱发后观察。

胃蠕动波自左肋缘下向右缓慢推进，为正蠕动波，多见于幽门梗阻；有时可见到胃蠕动波自右肋缘下向左运行，则为逆蠕动波。小肠梗阻时，横行排列呈多层梯形的肠型多出现在腹中部，并可见到运行方向不一致、此起彼伏的较大蠕动波。结肠梗阻时，宽大的肠型多出现于腹壁的周边。肠麻痹时，蠕动波消失。

（二）听诊

腹部听诊的主要内容有肠鸣音、振水音、血管杂音等，全面听诊腹部各区，尤其是上腹部、脐部和右下腹。妊娠 5 个月以上的孕妇可在脐下方听诊胎儿心音。

1. 肠鸣音　肠管内的气体和液体随着肠道的蠕动相互之间会发生碰撞，产生的一种断断续续的气过水声（或咕噜声），称为肠鸣音。肠鸣音全腹均可听到，以脐部最明显。听诊时注意其频率、强度和音调，为准确评估肠鸣音的次数和性质，应在固定部位听诊至少 1 分钟，如未闻及肠鸣音，则应延续至闻及肠鸣音为止或听诊至少 5 分钟。正常肠鸣音为 4 ～ 5 次 / 分，其频率、强度和音调变异较大，餐后频繁而明显，休息时稀疏而微弱。需要评估者根据经验进行判断。常见的肠鸣音异常改变包括：

（1）肠鸣音活跃　指肠鸣音超过 10 次 / 分，音调不特别高亢。见于饥饿状态、急性肠炎、服泻药后或胃肠道大出血等。

（2）肠鸣音亢进　肠鸣音次数增多，且响亮、高亢，甚至呈金属音。见于机械性肠梗阻，主要与肠腔扩张、积气增多导致肠壁极度紧张有关。

（3）肠鸣音减弱　指肠鸣音次数明显少于正常，或数分钟才能听到 1 次。见于老年性便秘、腹膜炎、低钾血症及胃肠动力减弱者等。

（4）肠鸣音消失　若持续听诊 3 ～ 5 分钟仍未闻及肠鸣音，用手叩拍或搔弹腹部，仍不能闻及肠鸣音者，称为肠鸣音消失。见于急性腹膜炎、电解质紊乱、腹部大手术后或麻痹性肠梗阻。

2. 振水音　受检者仰卧，评估者一耳凑近受检者上腹部或将听诊器放于此处，用稍弯曲的手指以冲击触诊法连续迅速冲击受检者上腹部，若能听到气体和液体相撞击的“哐啷”声，称为振水音（图 4-41）。也可用双手左右摇晃受检者上腹部以闻及振水音。正常人仅在餐后或多饮时出现。清晨空腹或餐后 6 ～ 8 小时仍有振水音，提示胃内有较多液体潴留，见于幽门梗阻、胃扩张等。

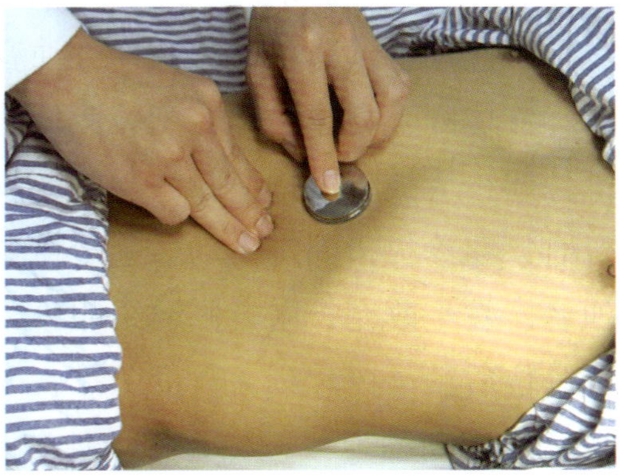
图 4-41　振水音评估法

3. 血管杂音　正常人腹部一般不能闻及血管杂音，若闻及则有病理意义。血管杂音分为动脉性血管杂音和静脉性血管杂音两种类型。

（1）动脉性血管杂音　呈喷射样。如腹中部闻及收缩期血管杂音，常提示腹主动脉瘤或腹主动脉狭窄。前者可在受检者该部位触及搏动性包块；后者则搏动减弱，下肢血压明显低于上肢血压，甚至有足背动脉搏动消失。如左、右上腹部闻及收缩期血管杂音，应考虑为肾动脉狭窄，可见于年轻的高血压患者。如下腹部两侧闻及血管杂音，常提示髂动脉狭窄。

（2）静脉性血管杂音　为连续的嗡鸣声，无收缩期与舒张期之分。常出现于脐周或上腹部，尤其是腹壁静脉曲张处，为门静脉高压伴有侧支循环形成所致，见于肝硬化患者。

（三）叩诊

腹部叩诊主要用于判断腹腔实质脏器的大小、位置，胃肠道充气情况，腹腔内有无积气、积液和肿块等情况。腹部叩诊法包含直接叩诊法和间接叩诊法，间接叩诊法更常用。

1. 腹部叩诊音　正常腹部叩诊大部分区域均为鼓音，只有肝脏、脾脏、增大的膀胱和子宫占据的部位，以及两侧腹部近腰肌处叩诊为浊音或实音。肝脾或其他脏器极度肿大、腹腔内肿瘤或大量腹水时，鼓音范围缩小，病变部位可出现浊音或实音。胃肠高度胀气、胃肠穿孔致气腹时鼓音范围明显增大或出现于不应有鼓音的部位（如肝浊音界内）。叩诊可从左下腹开始沿逆时针方向至右下腹部，再至脐部，借此可获得腹部叩诊音的总体印象。

2. 肝脏叩诊

（1）肝上、下界叩诊　采用间接叩诊法，嘱受检者平静呼吸，评估者先沿右锁骨中线由肺清音区向下叩诊，叩出清音转为浊音时，即为肝上界，此处相当于被肺覆盖的肝脏顶部，又称肝相对浊音界。由腹部鼓音区沿右锁骨中线向上叩诊，由鼓音转为浊音时，即为肝下界。由于肝脏下缘薄，且与胃肠道重叠，叩得的肝下界比实际肝下界高1～2cm。若肝缘明显增厚，则两者接近。因此，临床上采用触诊确定肝下界。肝上、下界之间的距离称为肝上下径，为9～11cm。匀称体型者的肝上界位于右锁骨中线第5肋间，下界位于右季肋下缘；瘦长体型者可下移一个肋间；矮胖体型者则可上移一个肋间。

肝浊音界上移，见于右肺纤维化、右肺不张等；肝浊音界下移，见于肺气肿、右侧气胸等。肝浊音界扩大，见于肝癌、肝脓肿、肝炎、肝淤血和多囊肝等；肝浊音界缩小，见于肝硬化、急性重型或亚急性重型肝炎、胃肠胀气等；肝浊音界消失，代之鼓音者，见于急性胃肠穿孔，为肝表面覆盖有气体所致。

（2）肝区叩击痛　采用捶叩法，评估者左手掌平置于受检者肝区，右手握拳以轻至中等力量叩击左手背，检查有无肝区叩击痛。正常人肝区无叩击痛。叩击痛阳性见于肝炎、肝脓肿、肝癌、肝淤血等。

3. 移动性浊音叩诊　移动性浊音评估是发现腹腔内有无积液的重要方法。有腹腔积液者，液体因重力作用积聚于腹腔低处，故此处叩诊为浊音，而含气的肠管漂浮其上，所处部位叩诊为鼓音。评估时，受检者取仰卧位，自腹中部脐水平向左侧叩诊，由鼓音变为浊音时，叩诊板指固定不动，嘱受检者右侧卧位，稍停留片刻，再度叩诊，若呈鼓音，提示浊音区发生改变，向右侧继续叩诊，由鼓音变为浊音时，叩诊板指固定不动，嘱受检者左侧卧位后稍停留片刻，再度叩诊，以核实浊音是否随体位而变动。这种因体位不同而出现浊音区变动的现象，称为移动性浊音（图4-42）。当腹腔内的游离腹腔积液量在1000ml以上时，即可查出移动性浊音。

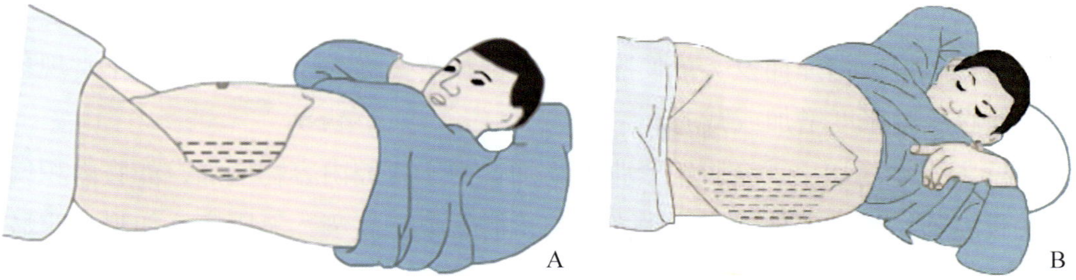

图 4-42 移动性浊音

A. 平卧位；B. 侧卧位

考点 移动性浊音的临床意义

链接

大量腹腔积液与巨大卵巢囊肿的鉴别

主要方法为：①卵巢囊肿与腹腔积液相反，仰卧位时，由于肠管被囊肿挤压至两侧腹部，叩诊鼓音区在腹部两侧，浊音区在腹中部。②卵巢囊肿的浊音不呈移动性。③尺压试验：患者仰卧位，用一硬尺子横压于其腹壁上，如为卵巢囊肿，腹主动脉搏动可经囊肿传至腹壁，使尺子发生节律性搏动。如尺子无搏动，则为腹腔积液。

4. 膀胱叩诊　在耻骨联合上方叩诊膀胱区，以判断膀胱充盈的程度。膀胱空虚时，因小肠位于耻骨上方遮盖膀胱，故叩诊呈鼓音，叩不出膀胱的轮廓。当膀胱内有尿液充盈时，耻骨上方叩诊呈圆形浊音区。妊娠的子宫、卵巢囊肿或子宫肌瘤等也可致该区出现浊音。若排尿或导尿后，该浊音区转为鼓音，提示为膀胱充盈所致，以此鉴别。

5. 肋脊角叩击痛　受检者取坐位或侧卧位，评估者左手掌平置于受检者肋脊角处（肾区），右手握拳以轻到中等力量叩击左手背。正常人肋脊角处无叩击痛。肋脊角叩击痛阳性常见于肾炎、肾盂肾炎、肾结石及肾周围炎等肾脏病变。

（四）触诊

触诊是腹部评估的主要方法。触诊时，受检者排尿后取低枕仰卧位，两手自然置于身体两侧，双腿屈曲并稍分开，以放松腹肌，嘱其平静腹式呼吸。评估者立于受检者右侧，面向受检者，前臂尽量与受检者腹平面在同一水平，评估时手要温暖，指甲剪短，先以全手掌放于受检者腹壁上部，待其适应片刻，并感受腹肌紧张度，然后以轻柔动作按顺序触诊，一般自左下腹开始，沿逆时针方向至右下腹，再至脐部，依次检查腹部各区。有明确病变者，应先触诊健康部位，再逐渐移向病变区域，以免造成受检者错误的感受。注意边触诊边观察受检者的反应和表情。亦可一边触诊一边与受检者交谈，以分散其注意力而减少腹肌紧张。

先全腹触诊，后脏器触诊。全腹触诊时，先浅触诊，后深触诊；浅触诊时，用手指掌面轻触腹壁，使腹壁压陷 1cm，用于判断腹壁的紧张度，浅表的压痛、包块、搏动和腹壁上的肿物，如皮下脂肪瘤、结节等。深触诊应使腹壁下陷至少在 2cm 以上，甚至达 4 ～ 5cm，包括深压触诊、滑动触诊和双手触诊等。其中，深压触诊用于探查腹腔深部病变的压痛和反跳痛；滑动触诊在被触及的脏器或肿块上做上下、左右的滑动触摸，以感知脏器或肿块的形态与大小；双手触诊常用于肝、脾、肾和腹腔内肿块的检查。

1. 腹壁紧张度　正常人腹壁有一定张力，因年龄、性别和职业而异，一般触之柔软。有些人因为不习惯触摸或怕痒而发笑可使腹肌自主性痉挛，称为肌卫增强，属正常现象。某些病理情况可使腹壁紧张度增加或减弱。

（1）腹壁紧张度增加　①全腹壁紧张度增加：由于腹腔内容物增加，如腹内积气、腹腔积液或巨大腹腔肿块等，表现为腹壁张力增加，但无腹肌痉挛，无压痛。如腹壁明显紧张，触之硬如木板，称为板状腹，见于急性胃肠道穿孔或脏器破裂所致的急性弥漫性腹膜炎，为炎症刺激引起腹肌痉挛的表现。腹壁柔韧而具抵抗力，不易压陷，称为揉面感或柔韧感，见于结核性腹膜炎、癌性腹膜炎及其他慢性病变等。②局部腹壁紧张度增加：见于腹腔脏器炎症波及腹膜所致，如急性胆囊炎可致右上腹壁紧张，急性胰腺炎可致上腹或左上腹腹壁紧张，急性阑尾炎可致右下腹壁紧张。

考点 全腹紧张度增加的临床意义

（2）腹壁紧张度减弱　多因腹肌张力降低或消失所致。全腹壁松弛无力，失去弹性，见于慢性消耗性疾病、大量放腹腔积液、严重脱水、经产妇、年老体弱者。局部腹壁松弛无力，失去弹性，见于局部的腹肌瘫痪或缺陷，如腹壁疝。

2. 压痛及反跳痛　正常人腹部触诊时不引起疼痛，深压时仅有一种压迫感。

（1）压痛　由浅入深触压腹部引起疼痛称为腹部压痛，由腹腔脏器炎症、肿瘤、淤血、破裂、脏器扭转以及腹膜受刺激等所致。压痛的部位常提示相关脏器发生病变，如右上腹压痛多见于肝胆疾病，左上腹压痛多见于胃部疾病，右下腹压痛多见于盲肠、阑尾、女性右侧卵巢以及男性右侧精索病变等。局限于一点的压痛称为压痛点。一些位置较固定的压痛点，常反映特定的疾病，如右锁骨中线与肋缘交界处的胆囊点压痛为胆囊病变的标志；脐与右髂前上棘连线的中、外 1/3 交界处的麦氏点（McBurney 点）压痛为阑尾病变的标志（图 4-43）。

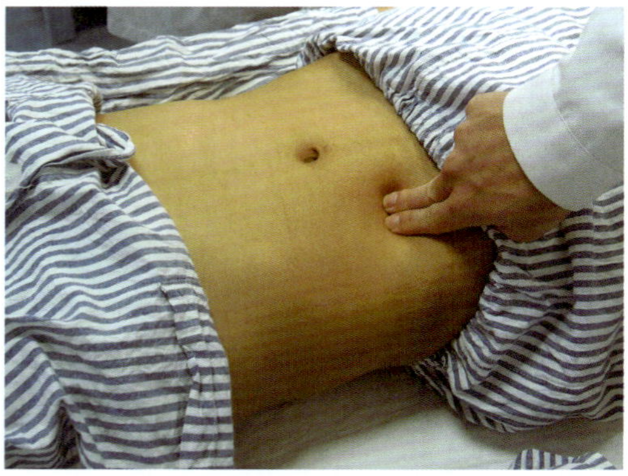

图 4-43　麦氏点压痛

考点 胆囊、阑尾压痛点的位置

（2）反跳痛　触诊腹部出现压痛后，压于原处稍停片刻，待压痛感觉趋于稳定后，迅速抬手，若受检者感觉腹痛骤然加重，并伴有痛苦表情或呻吟，称为反跳痛。反跳痛是腹膜壁层受炎症累及的征象，多见于急、慢性腹膜炎。腹膜炎患者腹肌紧张、压痛常与反跳痛并存称为腹膜刺激征，也称为腹膜炎三联征。

考点 腹膜刺激征的表现及临床意义

3. 肝脏触诊　肝脏触诊时，除保持腹壁放松外，应嘱受检者做深而均匀的腹式呼吸，以使肝脏随膈运动而上下移动。触诊时，最敏感的触诊部位为示指前端指腹，非指尖部位。

（1）触诊方法

1）单手触诊法：较为常用，评估者右手四指并拢，掌指关节伸直，与肋缘大致平行放于右上腹部（或脐右侧）右锁骨中线上估计肝下缘的下方，随受检者呼气时，手指压向腹壁深部，吸气时，手指缓慢抬起朝肋缘向上迎触下移的肝缘，如此反复进行，手指逐渐向肋缘移动，直到触到肝缘或肋缘为止。以同样的方法于前正中线上触诊肝左叶（图 4-44A）。

值得注意的是：①吸气时手指上抬的速度一定要落后于腹壁的抬起，便于触及随膈下移的肝脏。②评估腹肌发达者时，评估者右手宜置于腹直肌外缘稍外处向上触诊，否则肝缘被腹直肌掩盖而不能触及，或者将腹直肌肌腱误以为是肝缘。③肝脏明显大但未能触及时，提示可能触诊起始的位置过高，始终在肝脏上面触诊，应下移触诊起始部位，重新触诊。

2）双手触诊法：评估者右手位置同单手法，左手手掌置于受检者右腰部，将肝脏向上托起，拇指张开置于右季肋部，限制右下胸扩张，以增加膈下移的幅度，使吸气时下移的肝脏更易被触及（图 4-44B）。

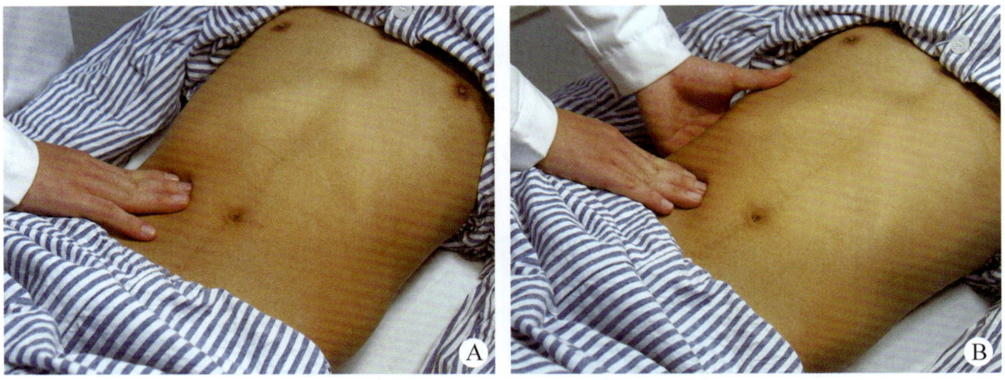

图 4-44 肝脏触诊

A. 单手触诊法；B. 双手触诊法

3）钩指触诊法：适用于儿童和腹壁较薄软者，评估者站于受检者右肩旁，面向足趾，将右手掌放在右前胸下部，右手除拇指外第 2 ～ 5 指并拢并弯曲成钩状，嘱受检者做腹式呼吸运动，评估者随着受检者深吸气进一步屈曲指关节，以便于手指触及下移肝脏的下缘。

链接

冲击触诊法

如遇大量腹腔积液患者，深部触诊不能触及肝脏、脾脏或腹部包块时，可采用冲击触诊法。冲击触诊法也称浮沉触诊法，即评估者右手中间三个手指并拢与腹壁呈 70° ～ 90° 角，在拟触诊的部位，如肝缘附近，做数次急速而有力的冲击动作，指端会有受冲击的腹腔脏器浮沉的感觉。急速冲击时，使腹腔脏器或包块表面的腹水暂时移除，因而易于触及。

（2）触诊内容 触及肝脏时，应注意其大小、质地、边缘与表面状态、有无压痛等。

1）大小：正常人在右锁骨中线肋缘下一般触不到肝脏，少数可触及，但其下缘于深吸气末肋下不超过 1cm，剑突下不超过 3cm。超过上述标准，且肝上界正常或升高，提示肝肿大。弥漫性肝肿大常见于肝炎、脂肪肝、肝淤血、白血病、血吸虫病等。局限性肝肿大多见于肝脓肿、肝肿瘤及肝囊肿等。肝脏缩小见于急性重型肝炎、门脉性肝硬化晚期。

2）质地：一般将肝脏质地分为质软、质韧和质硬 3 级。正常肝脏质软，如触口唇；急性病毒性肝炎及脂肪肝者质地稍韧，慢性病毒性肝炎及肝淤血质韧如触鼻尖；肝硬化质硬，肝癌质地最坚硬，如触前额。肝脓肿或囊肿有液体时呈囊性感，大而表浅者可能触到波动感。

3）边缘与表面状态：正常肝脏表面光滑、边缘整齐、厚薄一致。肝脏边缘圆钝见于脂肪肝或肝淤血；边缘锐利，表面扪及细小结节，见于肝硬化；边缘不规则，表面不光滑，呈不均匀结节状，见于肝癌、多囊肝。

4）压痛：正常肝脏无压痛。若肝包膜有炎症反应或因肝肿大而受到牵拉，则有压痛。轻度弥漫性压痛见于病毒性肝炎、肝淤血等；局限性剧烈压痛见于较表浅的肝脓肿。

当右心衰竭引起肝脏淤血肿大时，用手压迫肿大的肝脏（图4-45），使回心血量增加，已充血的右心房不能接受回心血液而使颈静脉压上升，表现为颈静脉怒张更明显，称为肝颈静脉回流征阳性。若有颈静脉怒张明显者，应抬高床头，使其充盈水平降低至颈根部，以便于观察压迫肝脏后的变化。

4. 脾脏触诊　一般采取双手触诊。受检者仰卧，两腿稍屈曲，评估者左手绕过受检者腹前方，将手掌置于其左胸下部第9～11肋处，将脾脏由后向前托起，右手掌平置于脐部，与左肋弓大致呈垂直方向，如同肝脏触诊，配合呼吸，迎触脾脏，直至触及脾缘或左肋缘为止（图4-46）。脾脏轻度肿大时，仰卧位不易触及，可嘱其取右侧卧位，右下肢伸直，左下肢屈曲，此时容易触及。

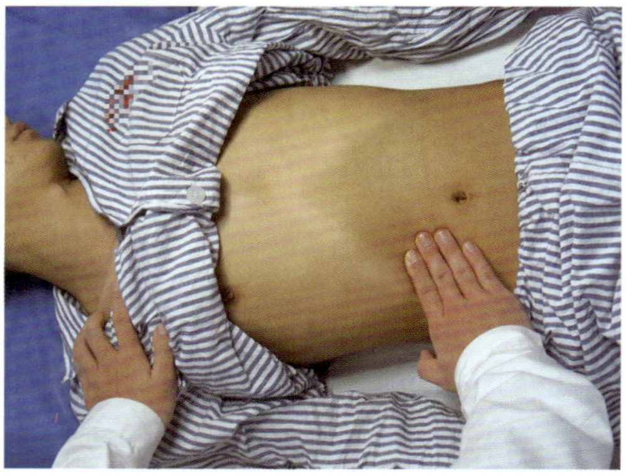

图4-45　肝颈静脉回流征评估法

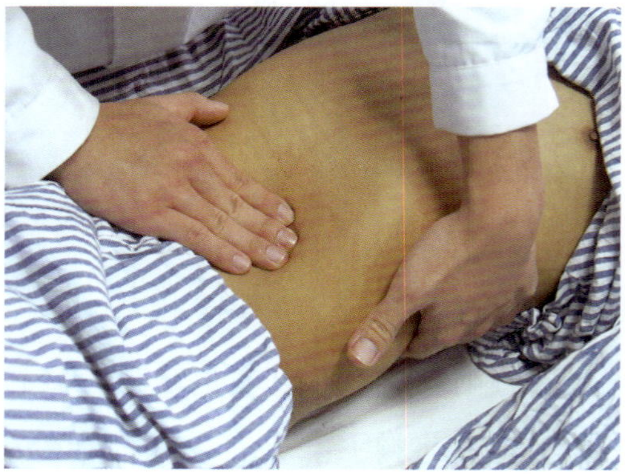

图4-46　脾脏触诊法

正常脾脏位于左季肋区，相当于第9～11肋的深面，肋缘下不能触及。内脏下垂、左侧胸腔积液或积气等致膈下降时，脾脏可随之向下移位，深吸气时可在肋缘下触及脾脏边缘。除上述原因外，触及脾脏则提示脾大至正常2倍以上。触及脾脏后，应进一步判断其大小、质地、表面情况及有无压痛等。

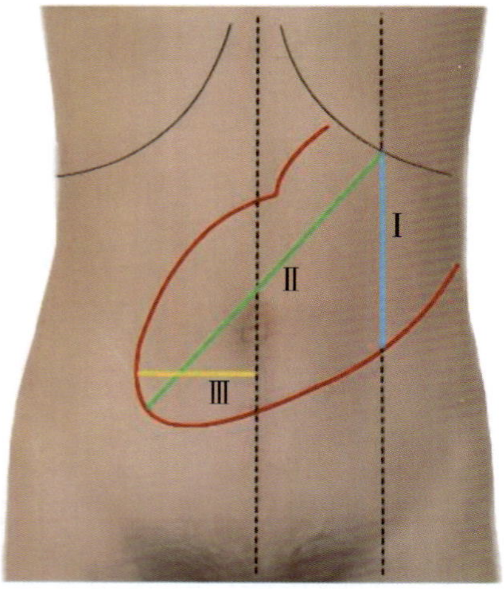

图4-47　脾脏肿大测量

（1）脾脏肿大的测量方法

1）第Ⅰ线测量：指左锁骨中线与左肋缘交点至脾下缘的距离，以厘米表示（下同）。脾轻度肿大时只测量第Ⅰ线。

2）第Ⅱ线测量：指左锁骨中线与左肋缘交点至脾最远点的距离。

3）第Ⅲ线测量：指脾右缘至前正中线的距离。若脾脏高度肿大超过前正中线，则测量脾右缘至前正中线的最大距离，以“+”表示；若未超过正中线，则测量脾右缘至前正中线的最短距离，以“–”表示（图4-47）。

（2）分度 根据脾下缘至肋下缘的距离，将脾大分为轻、中、高三度。

1）轻度肿大：脾缘不超过肋下 2cm 者，质地多较柔软，见于急、慢性肝炎及伤寒等。

2）中度肿大：脾缘超过肋下 2cm，但在脐水平线以上者，质地一般较硬，见于肝硬化、慢性淋巴细胞白血病、淋巴瘤等。

3）高度肿大：脾缘超过脐水平线或向右超过前正中线者，即巨脾。表面光滑者可见于慢性粒细胞髓系白血病及疟疾等；表面不平且有结节者可见于淋巴瘤及恶性组织细胞病等。

考点 脾脏肿大的分度及临床意义

5. 胆囊触诊 正常情况下，胆囊隐藏于肝脏的胆囊窝内，不能触及。

（1）胆囊肿大 肿大的胆囊超过肝缘及肋缘时，在右肋缘下腹直肌外缘处可触及。肿大的胆囊一般呈梨形或卵圆形，表面光滑，张力较高，随呼吸而上下移动。若肿大的胆囊呈囊性感并有明显压痛，见于急性胆囊炎；胆囊肿大呈囊性感无压痛，见于壶腹周围癌；胆囊肿大有实性感且伴轻度压痛，见于胆囊结石或胆囊癌。胆囊明显肿大，黄疸逐渐加深，无压痛，称为库瓦西耶征（Courvoisier sign）阳性，见于胰头癌。

（2）胆囊触痛与墨菲征阳性 有时胆囊有炎症，但尚未肿大或虽已肿大而未达肋缘下，此时虽不能触及胆囊，但可探测胆囊触痛。评估者将左手掌平置于受检者的右肋缘，拇指指腹勾压于右肋缘与腹直肌外缘交界处（胆囊点），然后嘱其缓慢深吸气，吸气过程中有炎症的胆囊下移碰到用力按压的拇指时，即可引起疼痛，此为胆囊触痛，若因剧烈疼痛而吸气中止，称为墨菲征（Murphy sign）阳性（图 4-48）。

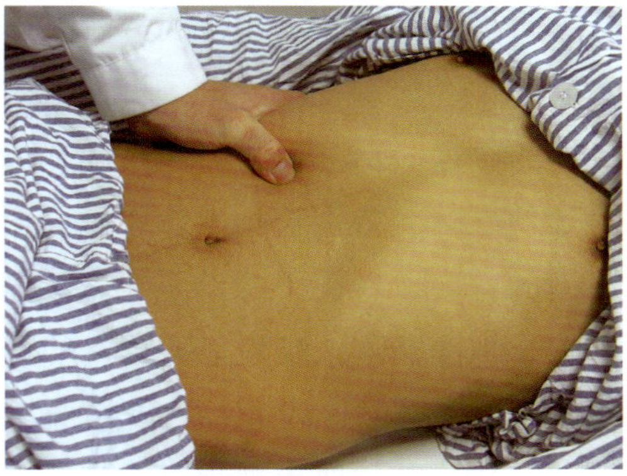

图 4-48 墨菲征评估法

考点 墨菲征的评估方法及临床意义

6. 肾脏触诊 一般用双手触诊法。触诊右肾时，受检者仰卧位，两腿屈曲并做深慢的腹式呼吸。评估者站于受检者右侧，用左手托住其右侧后腰部，右手掌平放于右上腹部，手指方向大致平行于右肋缘进行深部触诊右肾，于受检者吸气时双手夹触肾脏。触诊左肾时，左手绕过受检者腹前方而托住左腰部，右手置于左上腹部，依前法触诊左肾。正常人肾脏一般不易触及，瘦弱者可触及右肾下极。肾下垂、游走肾及肾肿大（可见于肾积水、多囊肾、肾肿瘤等）时可触及，随呼吸而上下移动。当触及肾脏时，可有恶心感。

当泌尿系统有炎症等疾病时，可在某些部位出现压痛点。临床上常用的压痛点有：①肋脊点：为背部第 12 肋骨与脊柱夹角（肋脊角）的顶点。②肋腰点：为背部第 12 肋骨与腰肌外缘夹角（肋腰角）的顶点。③季肋点（前肾点）：在第 10 肋骨前端，右侧位置稍低。④上输尿管点：在脐水平线上腹直肌外缘。⑤中输尿管点：在髂前上棘水平腹直肌外缘，相当于输尿管第二狭窄处。

7. 膀胱触诊 多采用单手滑动触诊法。受检者仰卧，双下肢屈曲，评估者以右手自脐开始向耻骨联合方向触摸。正常膀胱空虚时隐于盆腔内，不易触及。当膀胱因过多尿液积聚，充盈胀大，超出耻骨联合上缘时，方可在下腹部触及。触诊特点为增大的膀胱呈扁圆形或圆形，触之有囊性感，不能用手推动，按压时受检者感到憋胀，有尿意。极度充盈时，触之质硬，但光滑。膀胱胀大常见于尿路梗阻、脊髓病变，也可见于昏迷、腰椎或骶椎麻醉后、手术后局部疼痛者。

第 7 节 脊柱与四肢评估

案例 4-6

患者，男，40 岁，出租车司机。近 2 个月来出现腰部疼痛，伴左下肢疼痛，行走困难，经检查后考虑为“腰椎间盘突出症”。

问题：1. 对该患者进行脊柱、四肢与关节检查时，可能会发现哪些异常体征？

2. 脊柱、四肢与关节检查分别包括哪些项目？检查过程中有哪些注意事项？

一、脊 柱

脊柱是维持人体正常姿势、支撑体重的重要支柱。作为躯体活动的枢纽，其内有重要的脊髓和神经。脊柱由 7 个颈椎、12 个胸椎、5 个腰椎、5 个骶椎和 4 个尾椎组成。为了明确病变的位置，首先应了解各椎骨的体表标志。从枕骨结节向下，第一个触及的是第 2 颈椎棘突；第 7 颈椎棘突特别长，颈前屈时更明显；将双上肢垂于体侧，两肩胛冈内端的连线通过第 3 胸椎的棘突，棘突下缘约平第 3、4 胸椎间隙；两肩胛下角的连线通过第 7 胸椎棘突，相当于第 8 胸椎椎体；双侧髂嵴最高点的连线，一般通过第 4 腰椎椎体下部或第 4、5 腰椎间隙；双侧髂后上棘的连线通过第 5 腰椎与第 1 骶椎棘突之间。

脊柱病变主要表现为局部疼痛、活动受限以及姿势或形态异常等。脊柱检查时，受检者可取立位或坐位，按照视诊、触诊和叩诊的顺序进行，评估时注意其弯曲度、活动度、有无畸形、压痛和叩击痛等。

（一）视诊

1. 脊柱的弯曲度　正常人直立时，脊柱从侧面观察有呈“S”形的 4 个生理弯曲，即颈椎段稍向前凸，胸椎段稍向后凸，腰椎段明显前凸，骶椎段明显后凸。

评估时，评估者从侧面视诊脊柱的各部形态，了解有无前凸或后凸畸形，从背面视诊有无侧凸畸形。轻度侧凸时需借助触诊确定，评估方法是评估者用手指沿脊柱的棘突尖自上向下稍用力划压，划压后皮肤出现一条红色充血痕，以此痕为标准，观察脊柱有无侧凸。临床常见异常改变如下。

（1）脊柱后凸　脊柱过度后弯，也称驼背，多发生在胸椎段。常见于佝偻病、脊柱结核、强直性脊柱炎、脊柱退行性变、胸椎骨折等。

（2）脊柱前凸　脊柱过度向前凸，出现弯曲，多发生于腰椎段，表现为腹部明显向前突出，臀部明显向后突出。多见于晚期妊娠、大量腹腔积液、腹腔巨大肿瘤、先天性髋关节后脱位。

（3）脊柱侧凸　脊柱离开后正中线向左或右偏移，侧凸严重时可出现肩部及骨盆畸形。侧凸可发生于胸段、腰段脊柱，也可表现为胸腰段联合侧凸（图 4-49）。脊柱侧凸可分为姿势性侧凸和器质性侧凸两种类型。①姿势性侧凸：脊柱无结构异常，其早期弯曲度多不固定，可因改变体位（如平卧位或向前弯腰时）使侧凸纠正，多见于儿童发育期坐位或立位姿势不良、椎间盘突出症、脊髓灰质炎后遗症等。②器质性侧凸：改变体位不能使侧凸纠正，多见于先天性脊柱发育不良、肌肉麻痹、营养不良、慢性胸膜肥厚、胸膜粘连、肩部或胸廓畸形等。

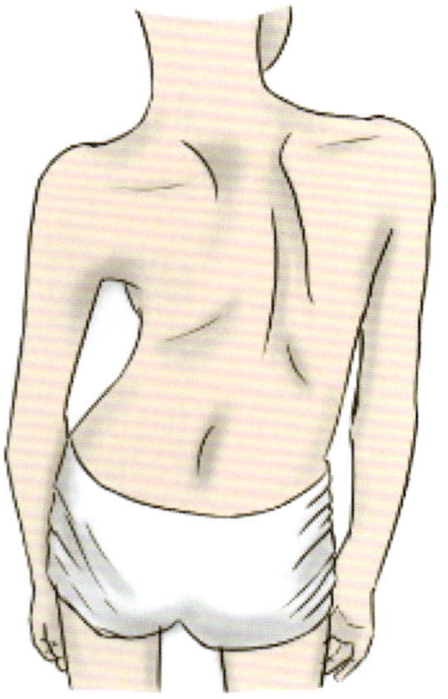
图 4-49 脊柱侧凸

2. 脊柱活动度 正常脊柱有一定活动度，但各部位活动范围不同。颈椎段、腰椎段的活动范围最大，胸椎段活动范围较小，骶椎和尾椎已融合成骨块状，几乎无活动性。评估脊柱活动度时，嘱受检者做前屈、后伸、左右侧弯、旋转等动作，观察脊柱活动情况。评估颈椎活动度时，应固定受检者双肩，使躯干不参与运动；检查腰椎活动度时，应固定受检者臀部，使髋关节不参与运动。已有脊柱外伤可疑骨折或关节脱位者，应避免脊柱活动，防止损伤脊髓。

正常人颈、胸、腰椎及全脊柱活动范围参考值见表 4-7。

表 4-7 颈、胸、腰椎及全脊柱活动范围

部位	前屈	后伸	左右侧弯	旋转度（一侧）
颈椎	35° ～ 45°	35° ～ 45°	45°	60° ～ 80°
胸椎	30°	20°	20°	35°
腰椎	70° ～ 90°	30°	20° ～ 35°	30°
全脊柱	128°	125°	73.5°	115°

注：由于年龄、运动训练以及脊柱结构差异等因素，脊柱活动范围存在较大的个体差异。

脊柱各段活动度不能达到正常范围，出现疼痛甚至僵直，称为活动受限。颈椎段活动受限常见于：①颈部肌纤维组织炎及韧带受损。②颈椎病。③结核或肿瘤浸润。④颈椎外伤、骨折或关节脱位等。腰椎段活动受限常见于：①腰部肌纤维组织炎及韧带受损。②腰椎椎管狭窄。③椎间盘突出。④腰椎结核或肿瘤。⑤腰椎骨折或脱位等。

（二）触诊

受检者取端坐位，身体略前倾，评估者用右手拇指从枕骨粗隆开始自上而下逐个按压脊椎棘突及椎旁肌肉。正常情况下，每个棘突及椎旁肌肉均无压痛。如有压痛，提示压痛部位可能有病变，以第 7 颈椎棘突为标志计数病变椎体的位置。脊椎压痛常见于脊柱结核、椎间盘突出、外伤或骨折等。若腰椎旁肌肉压痛，常为腰背肌纤维炎或劳损。

（三）叩诊

1. 直接叩击法 评估者用叩诊锤或中指垂直叩击各个椎体的棘突，询问有无疼痛，多用于胸椎和腰椎的检查（图 4-50）；颈椎疾病，尤其是颈椎骨关节损伤时，因颈椎位置深，一般不用此方法检查。

2. 间接叩击法　嘱受检者取坐位，评估者将左手掌面置于受检者头顶，右手半握拳以小鱼际部位叩击左手背（图 4-51），询问其脊柱各部位有无疼痛。

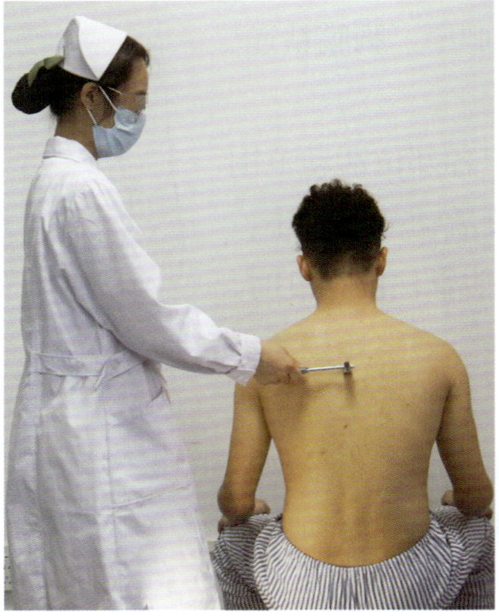

图 4-50　脊柱直接叩击法

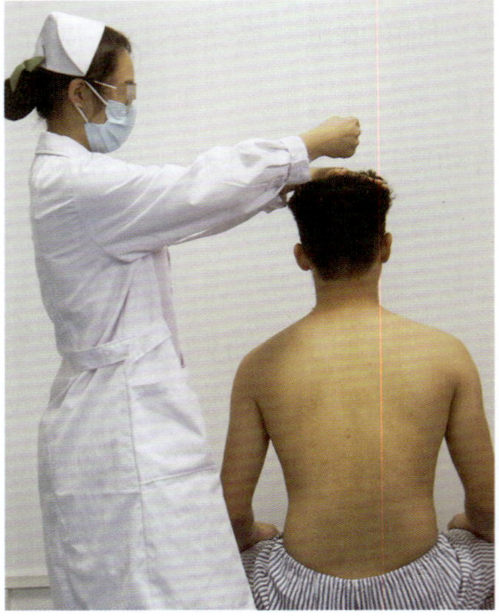

图 4-51　脊柱间接叩击法

正常脊柱无叩击痛。叩击痛阳性见于脊柱结核、脊椎骨折、椎间盘突出症等。叩击痛的部位多为病变所在部位。颈椎病或颈椎间盘突出症患者，间接叩诊时可出现上肢放射痛。

二、四肢与关节

四肢与关节的检查内容包括四肢与关节的形态和运动。评估方法以视诊和触诊为主，两者互相配合，特殊情况下采用叩诊和听诊。

（一）四肢与关节形态

四肢与关节形态检查主要包括肢体的长度、形态及各关节的形态等。

1. 上肢

（1）长度和外形　嘱受检者双上肢向前、手掌并拢，观察比较其长短粗细，注意双侧是否一致，有无肿胀、萎缩等。必要时，可用尺子测量其长度及周径。全上肢长度为肩峰至中指指尖的距离，上臂长度为肩峰至尺骨鹰嘴的距离，前臂长度为尺骨鹰嘴至尺骨茎突的距离。正常情况下，双上肢长度基本一致。双上肢长度不一，见于先天性短肢畸形、关节脱位、骨折重叠等。当肩关节脱位时，患侧上臂长于健侧；肱骨颈骨折时，患侧上臂则短于健侧。

（2）肩关节　嘱受检者脱去上衣，取坐位，评估者观察其双肩外形。肩关节异常包括：①方肩，即肩关节弧形轮廓消失，肩峰突出，见于肩关节脱位或三角肌萎缩。②耸肩，即两肩关节一高一低，短颈耸肩，见于先天性肩胛高耸症或脊柱侧弯。③肩章状肩，即锁骨骨折致远端下垂，使该侧肩下垂，肩部突出畸形如戴肩章状，见于外伤性肩锁关节脱位致锁骨外端过度上翘。

（3）肘关节　正常人肘关节伸直时，肱骨内、外上髁与尺骨鹰嘴位于一直线上，屈肘 90° 时，此三点成一等腰三角形，称为肘后三角。肘部骨折、脱位可引起肘关节外形改变，如髁上骨折时，肱骨下端向前移位，可见肘窝上方突出；桡骨头脱位时，肘窝外下方向桡侧突出；肘关节后脱位时，鹰嘴向肘后方突出，肘后三角解剖关系改变，受检者屈肘时较易扪及。若肱骨外上髁出现压痛，称为网球肘；当内上髁有压痛时，则称为高尔夫肘，见于肌腱炎症或损伤。评估时应注意双侧肘关节和肘窝部是否饱满、肿胀，肘关节积液和滑膜增生常出现肿胀；还要注意肘关节周围皮肤温度，有无肿块和肱动脉搏动，桡骨小头是否压痛，滑车淋巴结是否肿大。

（4）腕关节和手 手的功能位为腕背伸 30° 并稍偏向尺侧，拇指外展并向掌侧屈曲，其余四指屈曲，呈握茶杯姿势，其自然休息姿势呈握拳状。腕关节与手外形的常见异常如下。

1）腕关节形态异常：桡神经损伤者可见腕垂症；科利斯（Colles）骨折者可表现为餐叉样畸形。

2）梭形关节：指间关节增生、肿胀呈梭状畸形，活动受限，重者手指及腕部向尺侧偏斜（图 4-52），多为双侧对称性，见于类风湿关节炎。

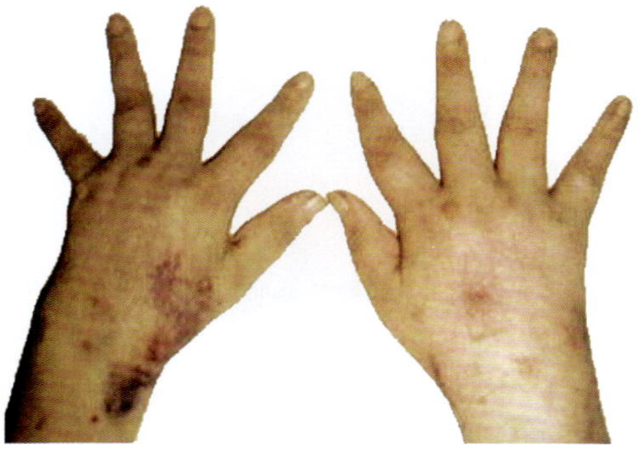

图 4-52 梭形关节

3）爪形手：掌指关节过伸，指间关节屈曲，骨间肌和大小鱼际萎缩，手呈鸟爪样，见于尺神经损伤、进行性肌萎缩、脊髓空洞症等。

4）猿掌：拇指不能外展、对掌，大鱼际萎缩，手掌面显平坦，见于正中神经损伤。

5）匙状甲：又称反甲，指甲中部凹陷，边缘翘起，指甲变薄，表面粗糙有条纹（图 4-53）。见于缺铁性贫血等。

6）杵状指（趾）：手指（或足趾）末端指节明显增宽增厚，指（趾）甲从根部到末端拱形隆起呈杵状（图 4-54）。病变早期甲面与甲根部由正常的 160° 变为 180°；晚期可见逐渐突出的甲床高于甲面。与肢端慢性缺氧、代谢障碍及中毒损害有关。常见于支气管肺癌、支气管扩张、慢性肺脓肿、发绀型先天性心脏病、亚急性感染性心内膜炎等。

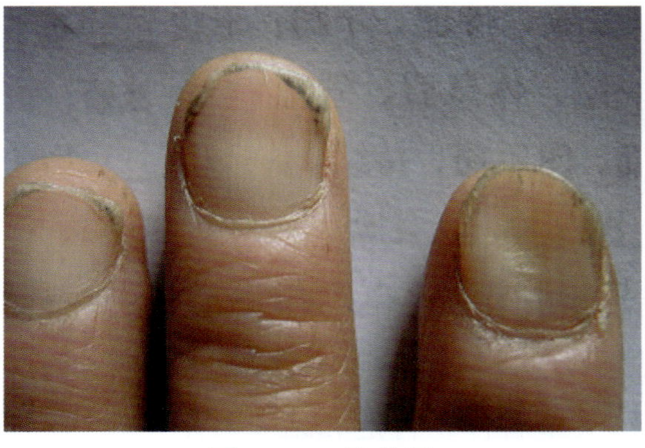

图 4-53 匙状甲

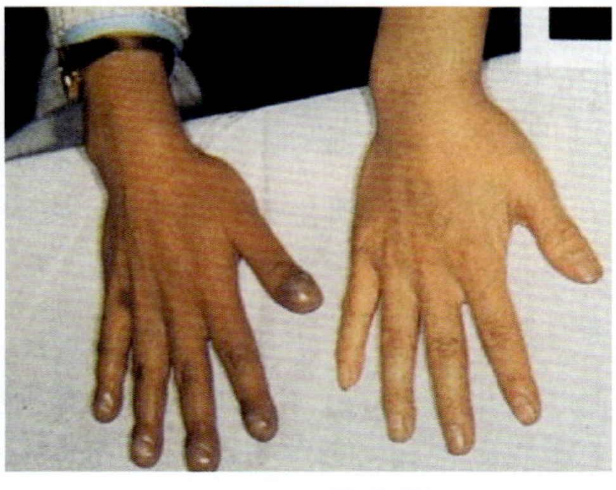

图 4-54 杵状指

7）肢端肥大：表现为手指、足趾粗而短，手背、足背厚而宽。由于成人腺垂体功能亢进时生长激素分泌过多，导致骨骼末端及韧带均增生与肥大，使肢端较正常明显粗大。见于肢端肥大症、巨人症。

2. 下肢

（1）长度及外形　观察双下肢长度是否一致，外形是否对称，有无肿胀和静脉曲张。一侧肢体缩短，常见于先天性短肢畸形。一侧肢体肿胀，常见于深静脉血栓形成。

（2）髋关节　受检者仰卧位，双下肢伸直，腰部放松，腰椎平贴于床面，观察双侧是否对称，有无内收、外展或旋转畸形，周围皮肤有无肿块、窦道；触诊有无压痛及波动感等。髋关节脱位、股骨干及股骨头骨折错位时，可出现内收、外展或旋转畸形；髋关节结核时，其周围皮肤可见肿块、窦道及瘢痕等。触诊髋关节的体表位置，即腹股沟韧带中点的后外侧1cm处，若此处硬韧饱满，见于髋关节前脱位；若此处空虚，则见于后脱位；髋关节积液时可触及波动感。

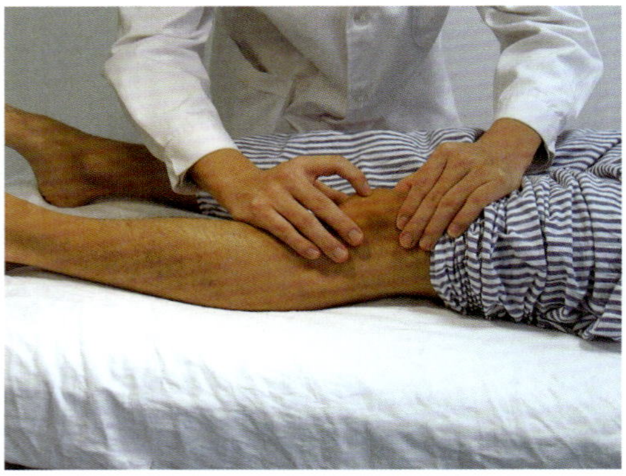

图 4-55　浮髌试验

（3）膝关节　常见异常改变如下。

1）肿胀：膝关节均匀性肿胀，双侧膝眼消失并突出，见于膝关节腔积液，可出现浮髌现象。评估方法：受检者平卧，患肢放松，评估者以左手拇指与其余手指分别固定于肿胀关节上方两侧，并加压压迫髌上囊，使关节液集中于髌骨底面，右手示指将髌骨向后方连续按压数次（图 4-55），如压下时有髌骨与关节面的碰触感，松开时有髌骨浮起感，即为浮髌试验阳性，是膝关节中度积液的重要体征。评估关节肿胀的同时要注意关节周围皮肤有无发红、灼热、窦道形成。

2）肌肉萎缩：膝关节病变时由于疼痛影响步行，常导致相关肌肉的失用性萎缩，见于股四头肌及内侧肌萎缩。

3）膝内、外翻：双脚内踝部靠拢时双膝分离，称膝内翻，又称“O”形腿畸形（图 4-56）；双膝靠拢时，两内踝分离，称膝外翻，又称“X”形腿畸形（图 4-57）。见于小儿佝偻病。

4）膝反张：膝关节过度后伸形成向前的反屈状，称膝反张畸形，见于小儿麻痹后遗症、膝关节结核。

（4）足　足部常见畸形如下。

1）扁平足：足纵弓塌陷，足跟外翻，前半足外展，形成足旋前畸形，横弓塌陷，前足增宽，足底前部形成胼胝。直立时，足底变平，足底中部内侧及前足掌、足趾和足跟都着地，多为先天性异常。

2）弓形足：足纵弓高起，横弓下陷，足背隆起，足趾分开，常见于下肢神经麻痹等。

3）马蹄足：踝关节跖屈，前半足着地，见于跟腱挛缩或腓总神经麻痹。

4）跟足畸形：足不能跖屈，伸肌牵拉使踝关节背伸，行走和站立时足跟着地，见于小腿三头肌麻痹。

5）足内、外翻畸形：足掌活动受限呈固定性内翻、内收畸形，称足内翻（图 4-58），常见于上运动神经元综合征和腓神经损伤。足掌呈固定性外翻、外展畸形，称足外翻

（图4-59），见于脊髓灰质炎后遗症及先天性畸形。

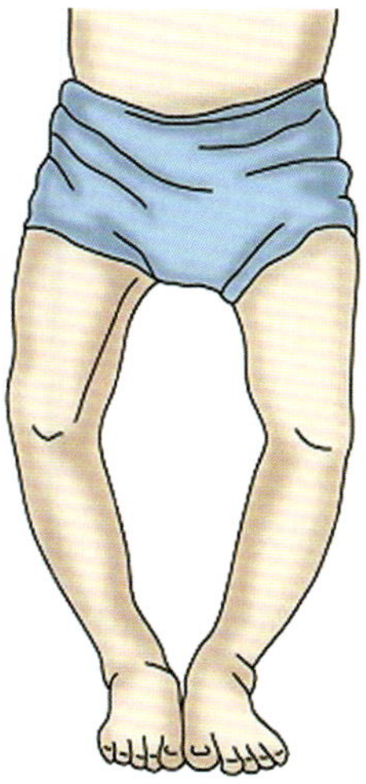
图4-56　膝内翻

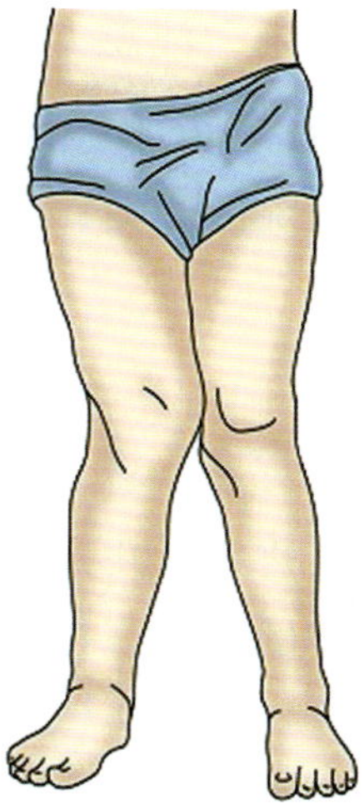
图4-57　膝外翻

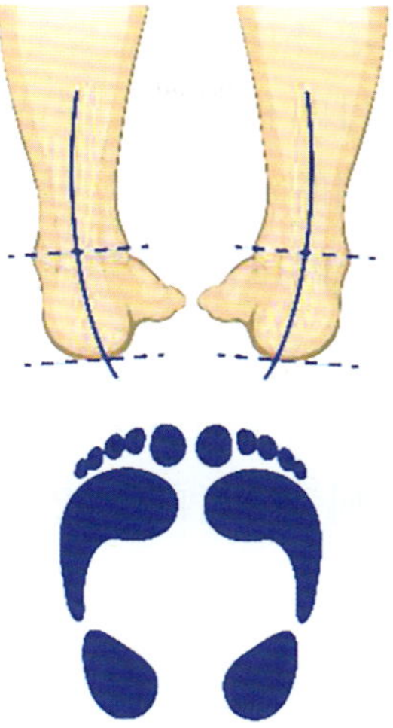
图4-58　足内翻

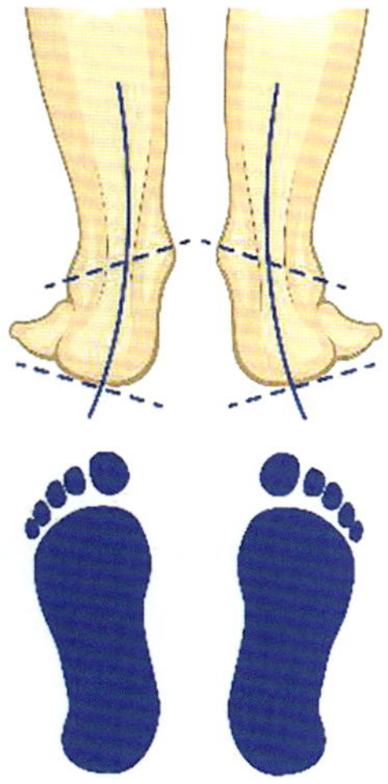
图4-59　足外翻

考点 四肢与关节形态异常的临床意义

（二）四肢与关节运动

嘱受检者做主动或被动运动，包括屈、伸、内收、外展及旋转等，观察关节的活动度，有无活动受限、疼痛、异常声响及摩擦感。正常关节活动不受限。关节活动不能达到各自的正常活动范围时，为关节运动障碍。神经、肌肉损害时多表现为不同程度的自主运动障碍；关节及其周围邻近组织病变，如关节炎症、外伤、肿瘤及退行性变等，可引起疼痛、肌肉痉挛、关节囊及其周围组织炎症或粘连，从而导致关节的主动和被动运动障碍，并进而对患者的日常生活能力产生影响。

第8节　神经系统评估

案例4-7

患者，女，83岁。2天前无明显诱因下突然出现左上肢握物不稳，左下肢尚可，无头晕、头痛、恶心呕吐、意识不清，无言语不清、吞咽困难、饮水呛咳，1小时后逐渐恢复正常。今日晨起后发现症状加重，左上肢上举无力，左下肢明显拖行，伴言语不清。

问题：1. 该患者目前的左侧肢体肌力如何？评估依据是什么？

2. 该患者神经系统检查的重点是什么？可能的护理诊断/问题有哪些？

神经系统的评估内容主要包括脑神经、感觉功能、运动功能、神经反射、脑膜刺激征和自主神经功能。进行神经系统检查前，首先应确定受检者的意识状态和精神状态，因为许多评估内容需要在受检者意识清晰的状态下完成。在实际工作中，神经系统评估应与其他系统的评估统筹进行，避免受检者反复变换体位，减少操作时间。如脑神经检查与颜面部检查同时进行；肢体感觉、运动和反射检查，可以与四肢关节检查等同时进行。一般情况下，按照身体自上而下的部位顺序评估，并注意双侧对比。

一、感觉功能

评估感觉功能时，要求环境安静，受检者意识清晰，注意力集中，并且愿意主动配合。评估前向受检者解释检查目的和方法；评估过程中嘱受检者闭目，切忌暗示性提问；注意左右两侧、上下、远端和近端的对比，以及不同神经支配区的对比。痛觉评估应从病区向健区移行，感觉过敏评估则应从健区向病区移行。

（一）浅感觉

浅感觉包括来自皮肤和黏膜的痛觉、触觉、温度觉。

1. 痛觉　用大头针轻刺受检者的皮肤，询问有无疼痛及疼痛程度。注意两侧对称部位的比较，判断有无痛觉障碍、类型（感觉过敏、减退或缺失）、范围。痛觉障碍见于脊髓丘脑侧束损害。

2. 触觉　用棉絮轻触受检者皮肤或黏膜，询问是否察觉及感受的程度，也可以让受检者口头计数所察觉到的棉絮接触的次数。注意两侧对称部位的比较，判断有无触觉障碍、类型（感觉减退或缺失）、范围。触觉障碍见于脊髓丘脑前束（粗略触觉）或脊髓后索（精细触觉）损害。

3. 温度觉　用分别盛有热水（40 ～ 50℃）和冷水（5 ～ 10℃）的玻璃试管，交替接触受检者皮肤，让其说出“热”或“冷”。注意两侧对称部位的比较，判断有无温度觉障碍、类型（感觉倒错、减退或缺失）、范围。温度觉障碍见于脊髓丘脑侧束损害。

（二）深感觉

深感觉包括来自肌腱、肌肉、骨膜、关节的运动觉、位置觉、振动觉。深感觉障碍见于脊髓后索损害。

1. 运动觉　用示指和拇指轻持受检者手指或足趾的两侧，做被动伸或屈的动作，嘱受检者根据感觉说出“向上”或“向下”。如果受检者判断方向有困难，可加大关节被动运动的幅度，或尝试较大的关节（腕、肘、踝、膝）。

2. 位置觉　将受检者肢体移动至某一位置，让其描述所处位置或用对侧肢体模仿。

3. 振动觉　将振动的音叉柄（128Hz）置于受检者骨隆起处，如足趾、内踝、外踝、髂前上棘、胫骨结节、指尖、桡骨茎突、肘部、锁骨等，询问有无振动感，注意两侧对比。

（三）复合感觉

复合感觉又称为皮质感觉，是大脑顶叶皮质对深浅感觉进行综合分析、比较、整合和判断的结果。复合感觉障碍多见于皮质病变。

1. 皮肤定位觉　用手指或棉签轻触受检者的体表某处皮肤，让受检者指出被触部位。正常人误差在 10cm 以内。

2. 两点辨别觉　用分开的两脚规钝头轻触受检者皮肤上的两点，若受检者能分辨为两点，则再逐步缩小双脚间距，直至受检者感觉为一点时，测其实际间距。正常人身体不同部位的分辨能力不同，舌尖、鼻端、指尖的敏锐度最高，四肢近端和躯干较差。

3. 实体觉　嘱受检者用单手触摸熟悉的物件，如硬币、钥匙、钢笔等，并说出物件的名称、形状、大小。先检查功能差的一侧，再检查另一侧。

4. 图形觉　用钝物在受检者皮肤上画圆形、方形、三角形等简单图形，或写一、二、十等简单的字，观察其能否正确辨别。

二、运动功能

运动功能主要指骨骼肌的活动，包括随意运动、不随意运动和共济运动。运动系统由下运动神经元、上运动神经元（锥体系统）、锥体外系统、小脑系统组成。人类完成精细而协调的运动，需要整个运动系统的互相配合。下运动神经元受损可产生周围性（弛缓性）瘫痪，上运动神经元受损可产生中枢性（痉挛性）瘫痪，锥体外系统受损可产生肌张力变化和不随意运动，小脑受损可产生共济失调和平衡障碍。

（一）肌容积

肌容积是指肌肉的体积。观察和比较对称部位的肌肉容积，注意有无萎缩或假性肥大，还可用软尺测量肢体周径，以便左右比较和随访观察。若有肌肉萎缩或肥大，应注意其发生部位、分布和范围，以便确定其受累的肌肉或肌群。肌萎缩常见于下运动神经元病变和肌肉病变。运动神经元病（如肌萎缩侧索硬化）和脊髓空洞症患者，还可伴有肌束震颤。上运动神经元病变（如脑血管病）时，瘫痪肢体可发生失用性肌萎缩。

（二）肌力

肌力是主动运动时肌肉产生的最大收缩力。评估时，嘱受检者做各关节的随意运动或维持某种姿势，观察运动的速度、幅度和耐久度，然后施以阻力与其对抗，判断其肌力的强弱。注意两侧肢体肌力对比，并考虑右利手或左利手所致两侧肢体肌力的生理差异，尤其是上肢。

肌力的记录常用洛维特（Lovett）0 ～ 5 级的六级肌力分级法，见表 4-8。

表 4-8　Lovett 肌力分级

级别	肌力表现
0 级	肌肉无任何收缩（完全瘫痪）
1 级	肌肉可轻微收缩，但不能活动关节，仅在触摸肌肉时感觉到
2 级	肌肉收缩可引起关节活动，但不能对抗地心引力，肢体不能抬离床面
3 级	肢体能抬离床面，但不能对抗阻力
4 级	肢体能对抗阻力，但较正常差
5 级	正常肌力

肌力减退或丧失称为瘫痪。按肌力减退的程度可分为完全性瘫痪（肌力 0 级）和不完全性瘫痪（肌力 1 ～ 4 级）。肌肉瘫痪的不同临床特点，常对病变部位有提示意义。①单瘫：单一肢体瘫痪，多见于脊髓灰质炎等。②偏瘫：一侧上、下肢瘫痪，常伴有同侧中枢性面瘫和舌瘫，多见于一侧脑出血、脑梗死、脑肿瘤等。③交叉瘫：病灶侧脑神经麻痹和对侧肢体

瘫痪，多见于脑干肿瘤、炎症和血管病变等。④截瘫：双下肢瘫痪，多见于脊髓胸腰段外伤、炎症、肿瘤等所致的脊髓横贯性损伤。⑤四肢瘫：四肢均瘫痪，多见于高颈段脊髓病变（如外伤、炎症、肿瘤等）和周围神经病变（如吉兰-巴雷综合征）等。

（三）肌张力

肌张力是指静止松弛状态下肌肉的紧张度，正常肌肉均有一定张力。肢体被动运动时，可感受到这种张力的存在。嘱受检者完全放松被检肢体，评估者通过触摸肌肉硬度，以及关节被动运动时的阻力进行判断。

1. 肌张力增高　触摸肌肉较硬，被动运动时阻力较大。①锥体束病变时（如脑血管病），上肢屈肌和下肢伸肌张力明显增高，被动运动（如拉开屈曲的肘部）开始时阻力大，终末时阻力突然变小，称为折刀样肌张力增高。②锥体外系病变时（如帕金森病），肢体伸肌和屈肌被动运动时阻力均增大，整个被动运动过程中阻力均匀一致，称为铅管样肌张力增高；合并震颤时，称为齿轮样肌张力增高。

2. 肌张力降低　触摸肌肉松弛，被动运动时阻力减小，关节活动范围增大。常见于下运动神经元病变，如多发性神经炎（如吉兰-巴雷综合征）、脊髓前角灰质炎，亦可见于小脑病变、后索病变等。

（四）不随意运动

不随意运动是指受检者在意识清晰的状况下，不受主观意志支配、无目的的异常运动，又称不自主运动。首先观察受检者有无不能随意控制的异常运动，如震颤、舞蹈样动作、手足搐搦、痉挛发作等；并询问不随意运动的发生、发展过程，与休息、活动、情绪、睡眠、气温等因素的关系，以及有无家族史等。

（五）共济运动

共济运动是指机体完成任一动作时，依赖某组肌群协调一致的运动。正常的随意运动需要大脑皮质、小脑、前庭系统、深感觉、锥体外系的共同参与。当动作协调发生障碍，造成动作笨拙，以至于不能顺利完成时，称为共济失调。评估时首先观察受检者穿衣、系纽扣、取物、写字、步态等准确性，以及言语是否流畅。

共济运动常用的检查方法还包括：

1. 指鼻试验　嘱受检者手臂外旋、伸直，用示指触碰自己的鼻尖，先慢后快，先睁眼后闭眼，重复上述动作。小脑半球病变者，病灶侧指鼻试验不准，接近鼻尖时动作变慢，睁眼、闭眼无明显差异，可出现动作性震颤。感觉性共济失调者（深感觉传导路径损害），睁眼时指鼻试验稳准，闭眼时指鼻试验很难完成。

2. 跟-膝-胫试验　受检者仰卧，嘱其高抬一侧下肢，然后将足跟置于对侧下肢的膝部，再沿胫骨前缘向下移动至足背，先睁眼后闭眼，重复进行。小脑损害者抬腿和触膝动作幅度大、不准确，贴胫骨下移时摇晃不稳。感觉性共济失调者闭眼时足跟难以准确触及膝盖，下移时不能保持和胫骨的接触。

3. 轮替试验　嘱受检者做快速、往复动作，观察其准确性和协调性。如伸直手掌做前臂快速旋前旋后动作，手掌和手背快速交替接触桌面或床面，伸指、握拳快速交替等。小脑损害者轮替动作缓慢、节律不匀、不准确。

4. 闭目难立征 嘱受检者直立，双足并拢，两臂前伸，先睁眼后闭眼，观察其姿势平衡性，若出现身体摇晃或倾斜为阳性。小脑损害者无论睁眼还是闭眼都站立不稳；一侧小脑半球病变时向患侧倾倒，小脑蚓部病变时向后倾倒。感觉性共济失调者，睁眼时能保持稳定站立，闭眼后站立不稳。

三、神经反射

神经反射是通过反射弧完成的。反射弧的组成包括：感受器→传入神经元→中间神经元→传出神经元→效应器官。反射弧中任何一环节有病变时，均可使反射活动减弱或消失；反射又受高级神经中枢控制，如锥体束以上病变，可使反射活动失去抑制而增强、亢进。评估神经反射时，应分散受检者注意力，肌肉放松，要两侧对比。神经反射包括生理反射和病理反射。正常人都具有的反射称为生理反射，根据刺激的部位，可将其分为浅反射和深反射。

（一）浅反射

1. 角膜反射 将一手的示指置于受检者眼前约 30cm 处，引导其眼睛向内上方注视，另一手用棉签上的细纤维由受检者眼外侧，从视野外向内接近并轻触角膜，注意避免触及眼睫毛、巩膜（图 4-60）。正常反应为该侧眼睑迅速闭合，称为直接角膜反射；对侧眼睑也同样出现闭合，称为间接角膜反射。直接角膜反射消失，间接角膜反射存在，见于该侧面神经瘫痪（传出障碍）；直接与间接角膜反射均消失，见于该侧三叉神经病变（传入障碍）；深昏迷患者角膜反射完全消失。

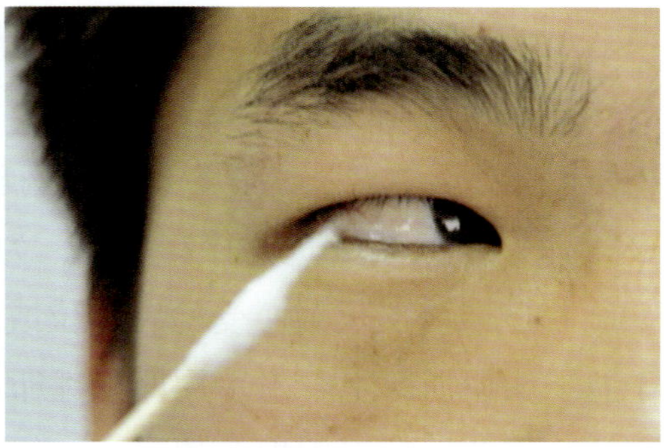

图 4-60 角膜反射

2. 咽反射 用棉签轻触受检者两侧咽后壁黏膜，正常反应为作呕、软腭上抬。一侧舌咽、迷走神经损害时，患侧咽反射减弱或消失。

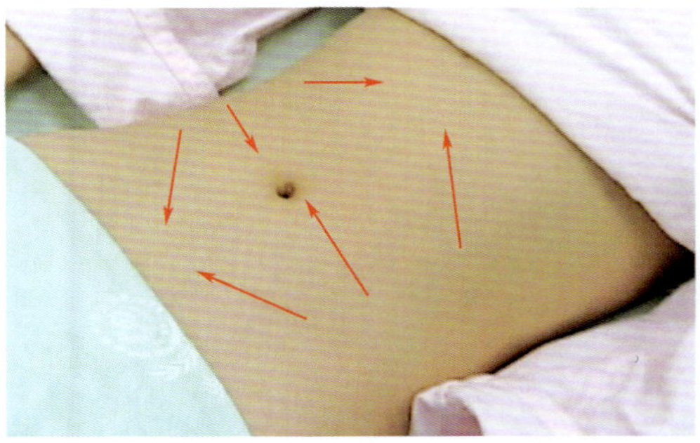

图 4-61 腹壁反射

3. 腹壁反射 嘱受检者仰卧，双下肢屈曲使腹肌松弛，评估者用棉签杆分别沿肋缘下（胸髓第 7 ～ 8 节）、平脐（胸髓第 9 ～ 10 节）、腹股沟上（胸髓第 11 ～ 12 节），由外向内、轻而快速地划过腹壁皮肤，分别称为上、中、下腹壁反射（图 4-61）。正常反应为受刺激部位腹壁肌肉收缩。

反射消失分别见于上述不同平面的胸髓病损。双侧上、中、下部反射均消失见于昏迷或急腹症患者或 1 岁以内婴儿；一侧腹壁反射消失见于同侧锥体束病损。肥胖、老年人及经产妇，腹壁反射不易引出。

4.提睾反射 嘱受检者仰卧，双下肢稍分开，用棉签杆由下向上轻划股内侧上方皮肤。

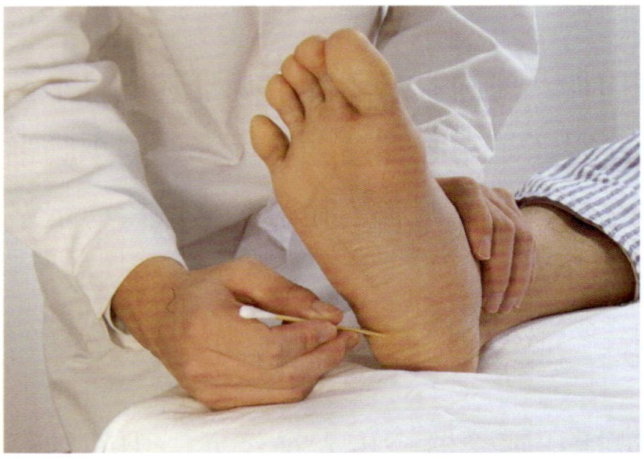

图 4-62 跖反射

正常反应为同侧睾丸肌收缩，睾丸上提。双侧反射消失见于腰髓 1～2 节病损；一侧反射减弱或消失见于锥体束受损；局部病变如腹股沟疝、阴囊水肿等，也可影响提睾反射。

5. 跖反射 受检者仰卧，双下肢伸直，评估者手持受检者踝部，用棉签杆沿足底外侧，由足跟向前划至小趾跖关节处再转向踇趾侧（图 4-62）。正常反应为足趾向跖面屈曲。反射消失见于骶髓 1～2 节损害。

（二）深反射

深反射是指刺激骨膜、肌腱的本体感受器所引起的肌肉收缩，又称腱反射。评估时受检者要合作，肢体肌肉应放松。评估者叩击力量要均等，两侧要对比。

反射强度通常分为以下几级。

0：反射消失。

+：肌肉收缩存在，但无相应关节活动，为反射减弱。

++：肌肉收缩并导致关节活动，为正常反射。

+++：反射增强，可为正常或病理情况。

++++：反射亢进并伴有阵挛，为病理情况。

1. 肱二头肌反射 受检者坐位或卧位，肘部半屈，评估者右手托扶其肘部，右手拇指置于肱二头肌肌腱上，左手用叩诊锤叩击右手拇指（图 4-63）。正常反应为肱二头肌收缩，前臂快速屈曲。反射中枢在颈髓 5、6 节。

2. 肱三头肌反射 受检者肘部屈曲，评估者左手托扶患者的肘部，右手持叩诊锤直接叩击尺骨鹰嘴上方的肱三头肌肌腱（图 4-64）。正常反应为肱三头肌收缩，前臂伸展。反射中枢为颈髓 6、7 节。

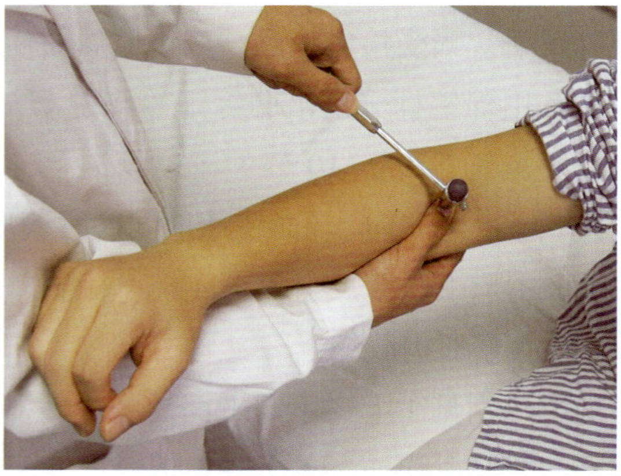

图 4-63 肱二头肌反射

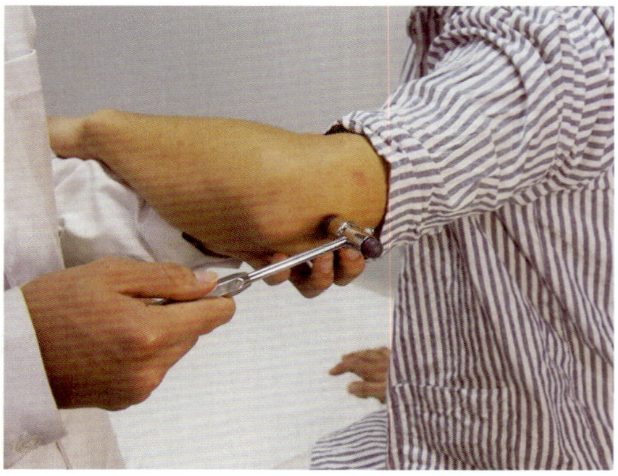

图 4-64 肱三头肌反射

3. 桡骨膜反射 受检者坐位或卧位，前臂半屈半旋前位；评估者左手托扶受检者腕部使之自然下垂，右手持叩诊锤叩击受检者桡骨茎突（图 4-65）。正常反应为肱桡肌收缩，前臂旋前，屈肘。反射中枢为颈髓 5、6 节。

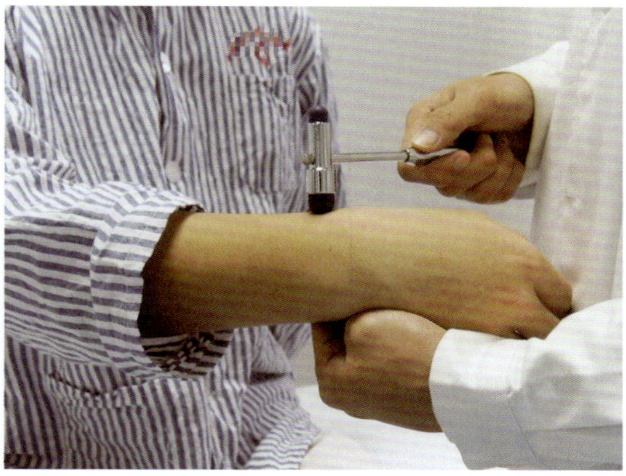
图 4-65　桡骨膜反射

4. 膝腱反射　受检者取坐位或仰卧位，坐位时，膝关节屈曲 90°，小腿自然悬垂（图 4-66A）；仰卧位时，评估者左手在受检者腘窝处托起两下肢，使膝关节屈曲约 120°，右手持叩诊锤叩击髌骨下方的股四头肌肌腱（图 4-66B）。正常反应为小腿伸展。反射中枢为腰髓 2 ～ 4 节。

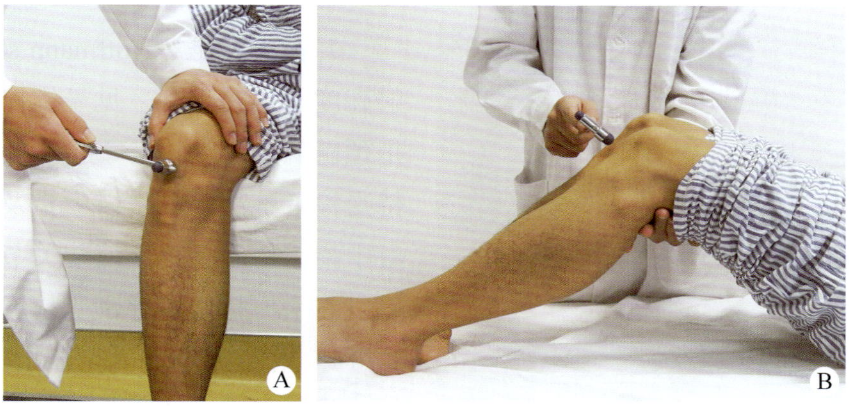

图 4-66　膝腱反射

A. 坐位；B. 仰卧位

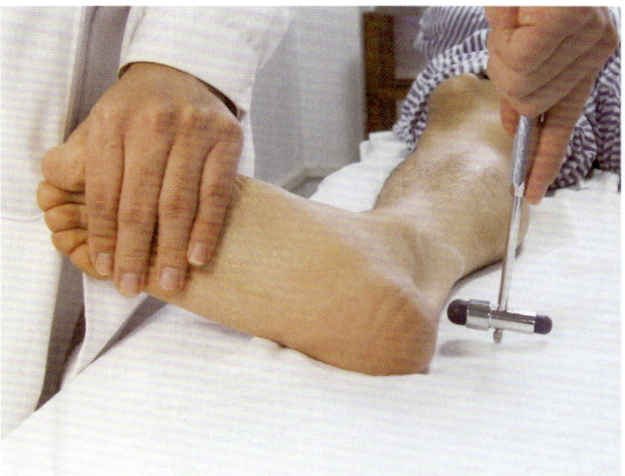
图 4-67　跟腱反射

5. 跟腱反射　受检者仰卧位，下肢取外旋、外展位，屈膝约 90°，评估者左手将受检者足部背屈成直角，右手用叩诊锤叩击跟腱（图 4-67）。正常反应为腓肠肌收缩，足向跖面屈曲。卧位不能测出者，可嘱受检者跪位，双足自然下垂，然后叩击跟腱，反应同前。反射中枢在骶髓 1、2 节。

6. 阵挛　锥体束以上损害导致深反射亢进时，用力使检查的肌肉处于持续紧张状态，该组肌肉则会发生节律性收缩，称为阵挛。常见有以下两种。

（1）踝阵挛　受检者仰卧，髋与膝关节稍屈，评估者一手持受检者小腿，一手持受检者足掌前端，突然用力使其踝关节背屈并维持（图 4-68）。阳性反应为腓肠肌与比目鱼肌持续性节律性收缩，使足部呈现交替性屈伸动作。

（2）髌阵挛　受检者仰卧，下肢伸直，评估者用拇指和示指捏住髌骨上缘，快速向下方推动数次后维持推力（图 4-69）。阳性反应为股四头肌节律性收缩，使髌骨连续上下移动。

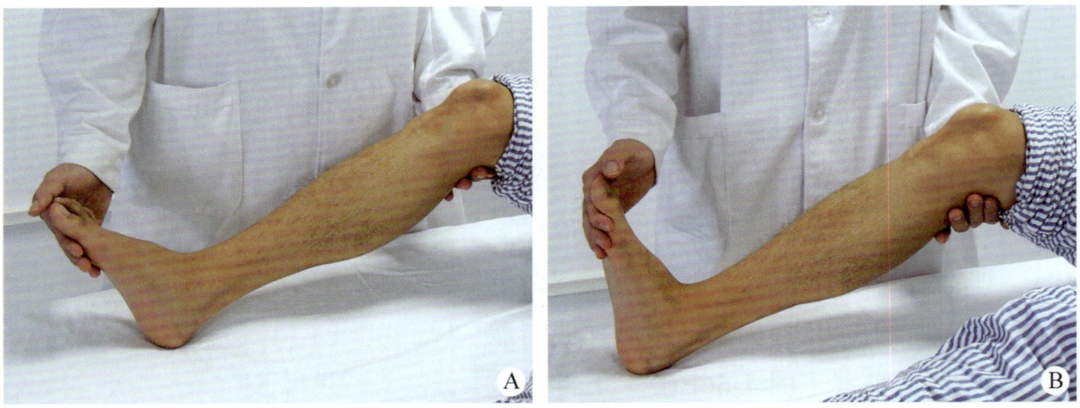

图 4-68 踝阵挛

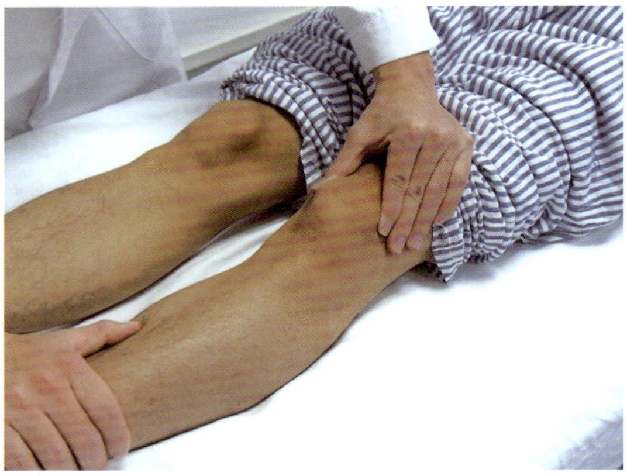

图 4-69 髌阵挛

7. 霍夫曼征（Hoffmann sign） 为深反射高度亢进的表现，见于锥体束损害，尤其是颈髓病变。受检者手指微屈，评估者左手持受检者腕部，右手以中指及示指夹持受检者中指，稍向上提，使腕关节轻度过伸，然后以右手拇指快速弹刮受检者中指指甲（图 4-70）。阳性反应为其余四指轻度掌屈。

深反射减弱或消失多系器质性病变，如末梢神经炎、神经根炎、脊髓前角灰质炎等，使反射弧遭受损害；此外深度昏迷患者深反射亦消失。深反射亢进发生于反射弧完好，由于锥体束受损，使其对反射弧抑制作用解除的结果；也可见于神经官能症、甲状腺功能亢进症等。

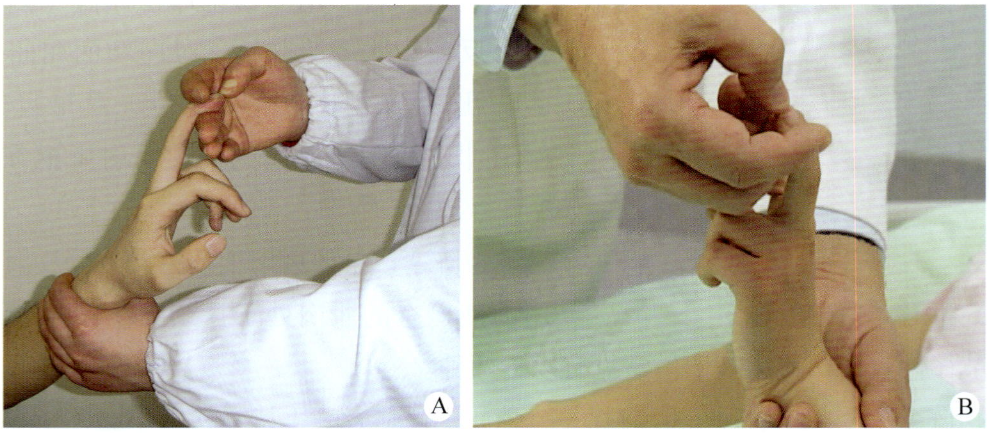

图 4-70 霍夫曼征

（三）病理反射

病理反射是当锥体束受损时，大脑失去对脑干和脊髓的抑制作用而出现的异常反射，也称锥体束征，属于原始反射的释放。1 岁半以内的婴幼儿由于锥体束尚未发育完善，可出现这种反射，不属于病理性。常见病理反射如下：

1. 巴宾斯基征（Babinski sign）　是最经典的病理反射，评估方法同跖反射。正常反应（阴性）为所有足趾向跖面屈曲；阳性反应为踇趾背伸，其他四趾呈扇形展开（图 4-71）。

考点　巴宾斯基征的阳性表现及临床意义

2. 查多克征（Chaddock sign）　受检者仰卧位，评估者用棉签杆由外踝下方向前划至足背外侧。阳性表现同巴宾斯基征（图 4-72）。

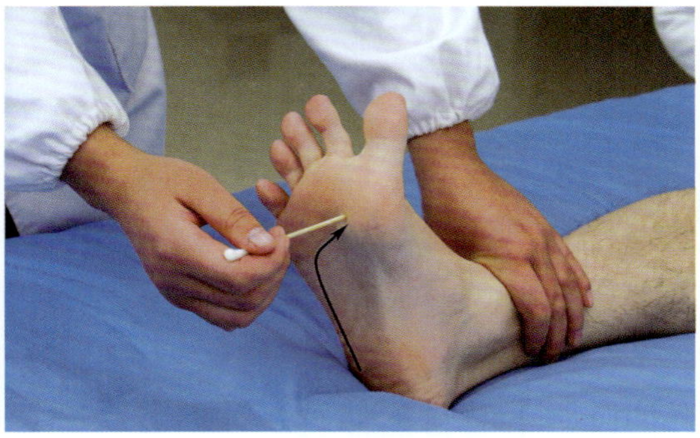

图 4-71　巴宾斯基征

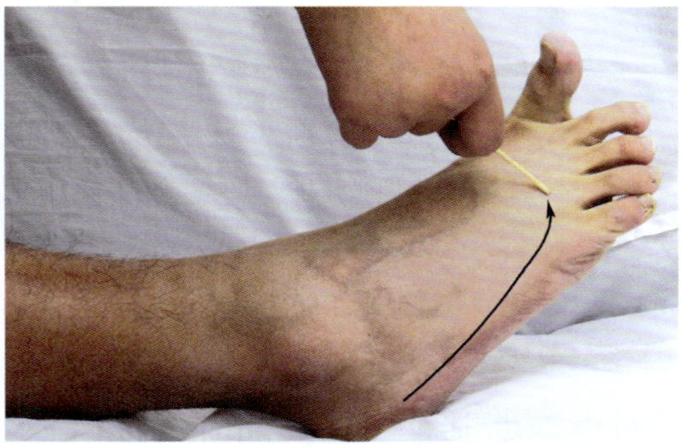

图 4-72　查多克征

3. 奥本海姆征（Oppenheim sign）　受检者仰卧位，评估者用示指及中指沿受检者胫骨前缘用力由上向下推滑。阳性表现同巴宾斯基征（图 4-73）。

4. 戈登征（Gordon sign）　评估者用手挤压受检者的腓肠肌。阳性表现同巴宾斯基征（图 4-74）。

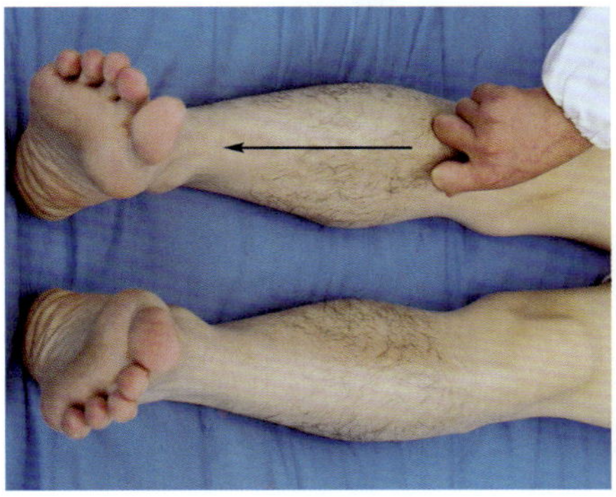

图 4-73　奥本海姆征

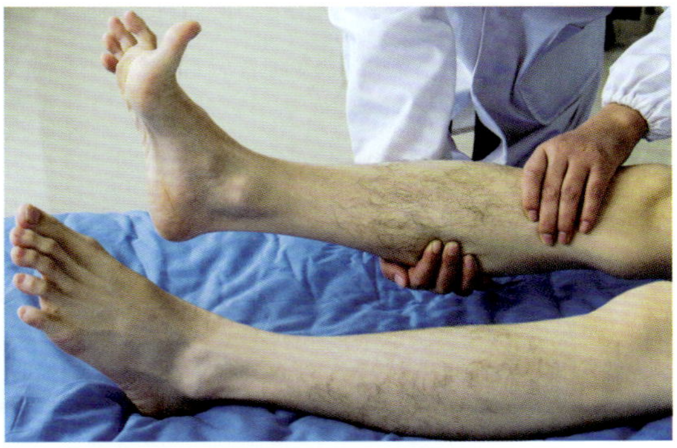

图 4-74　戈登征

（四）脑膜刺激征

脑膜刺激征是由于软脑膜和蛛网膜的炎症或蛛网膜下腔出血，使脊神经根受刺激，导致其支配的肌肉反射性痉挛，从而产生的一系列体征。

1. 颈强直　受检者仰卧，评估者一手放于其前胸，另一手托扶其枕部做被动屈颈动作。若感到有抵抗感，则为颈强直。

2. 克尼格征（Kernig sign）　受检者仰卧，评估者将一侧髋关节、膝关节屈曲成直角，然后用左手固定膝关节，右手将其小腿尽量上抬（图 4-75）。正常者膝关节可伸达 135° 以上。若伸膝受阻伴疼痛与屈肌痉挛，则为阳性。婴儿由于屈肌张力高于伸肌张力，伸膝可在 135° 以下。

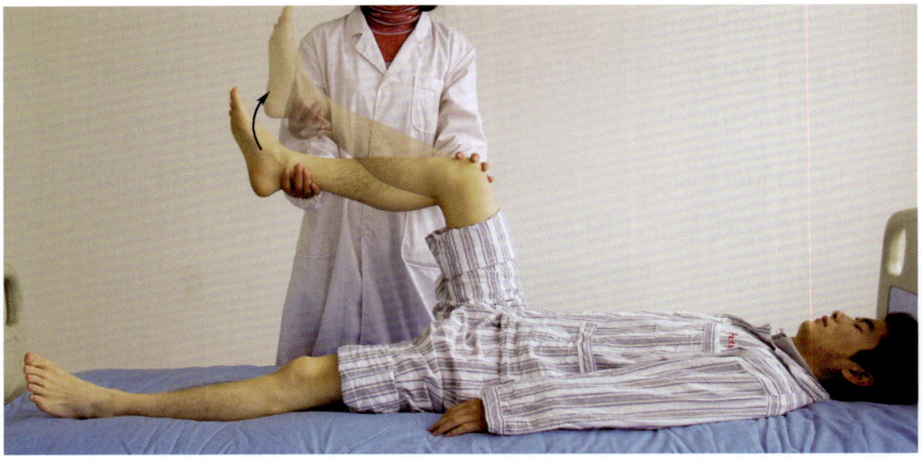

图 4-75　克尼格征

3. 布鲁津斯基征（Brudzinski sign）　受检者仰卧，下肢自然伸直。评估者一手置于受检者胸前以维持胸部位置不变，一手托扶受检者枕部使头部前屈（图 4-76）。阳性反应为双侧髋关节、膝关节同时向腹部屈曲。

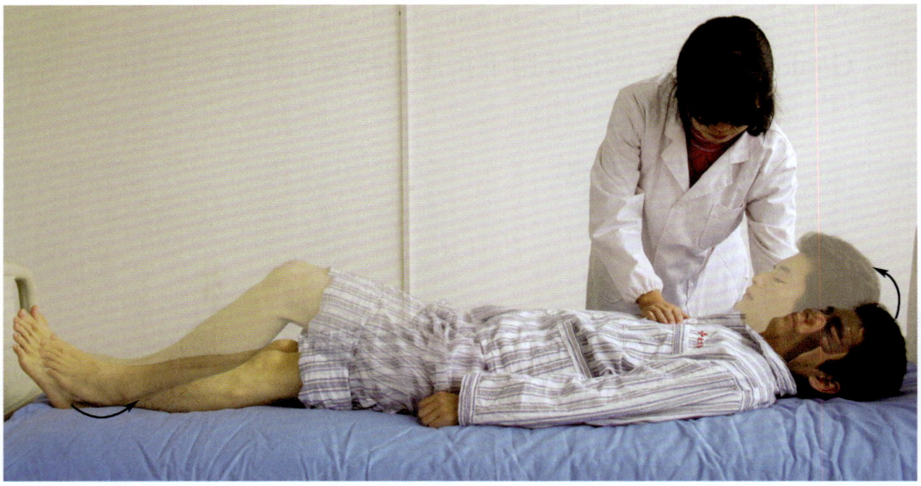

图 4-76　布鲁津斯基征

考点 脑膜刺激征的评估方法及临床意义

医者仁心

“最美乡村医生”——辛平

辛平作为乡村医生，从医近 30 年。他行走山野、躬耕行医，每年为辖区及周边村民进行门诊和出诊服务达 2000 人次，累计骑坏 6 辆摩托车。20 年前患过中风的辛平，到现在还有流泪、面部发僵、双侧关节疼痛、上楼梯负重疼痛等后遗症。即便是这样，辛平 2022 年全年只有 4 天没出诊，最多一天骑行 120 千米。作为乡村医生，辛平心里始终告诫自己，绝对不能因为自己的问题让一位村民得不到及时救治，这是他扎根乡村近 30 年的医者仁心，正是这颗初心让他在偏远的山村坚持了这么多年。

自测题

A1 型题

1. 正常肺部叩诊音是
   A. 清音 B. 浊音
   C. 实音 D. 鼓音
   E. 过清音
2. 有机磷农药中毒时呼出气味可呈
   A. 尿臭味 B. 恶臭味
   C. 腥味 D. 酒味
   E. 大蒜味
3. 判断营养状态最简便、最迅速的方法是观察
   A. 皮下脂肪 B. 皮肤弹性
   C. 皮肤色泽 D . 毛发分布
   E. 肌肉发育
4. 强迫坐位见于
   A. 心绞痛 B. 胸膜炎
   C. 脊柱疾病 D. 急性腹膜炎
   E. 左心衰竭
5. 慌张步态见于
   A. 佝偻病 B. 小脑疾病
   C. 脊髓疾病 D. 脑性瘫痪
   E. 震颤麻痹
6. 诊断器质性心脏病最可靠的体征是
   A. 心率加快 B. 收缩期杂音
   C. 心音亢进 D. 心音减弱
   E. 舒张期杂音
7. 肺动脉瓣区收缩期杂音伴第二心音减弱的是
   A. 发热 B. 贫血
   C. 健康青少年 D. 先天性肺动脉瓣狭窄
   E. 甲状腺功能亢进症
8. 提示主动脉瓣狭窄的主要体征是
   A. 心浊音界叩诊呈靴形
   B. 触到水冲脉
   C. 主动脉瓣区舒张期叹气样杂音
   D. 出现奥 - 弗（Austin-Flint）杂音
   E. 主动脉瓣区收缩期杂音
9. 心房颤动最常见于
   A. 冠心病
   B. 高原性心脏病
   C. 慢性肺源性心脏病
   D. 先天性心脏病
   E. 风湿性二尖瓣狭窄
10. 毛细血管搏动征见于
    A. 主动脉瓣关闭不全
    B. 主动脉瓣狭窄
    C. 二尖瓣关闭不全
    D. 二尖瓣狭窄
    E. 三尖瓣关闭不全
11. 舟状腹常见于
    A. 肝硬化 B. 恶病质
    C. 低血糖 D. 腹膜炎
    E. 胃扩张
12. 肠鸣音减弱或消失可见于
    A. 肠炎 B. 细菌性痢疾
    C. 肠结核 D. 肠麻痹
    E. 肠痉挛
13. 腹部揉面感多见于
    A. 腹部肿瘤 B. 急性弥漫性腹膜炎
    C. 结核性腹膜炎 D. 胃肠胀气
    E. 门脉高压
14. 腹部叩诊有移动性浊音，提示腹腔内游离液体量至少达
    A. 100ml B. 200ml
    C. 500ml D. 1000ml
    E. 1500ml
15. 关于脾肿大分度及测量方法，下列哪项错误
    A. 深吸气时，脾下缘在肋缘下 3cm 为轻度肿大
    B. 脾下缘超过 2cm 至脐水平线以上为中度肿大
    C. 脾下缘超过脐水平线为高度肿大

D. 脾右缘超过前正中线亦为高度肿大
E. 如脾高度肿大向右越过正中线，则测量脾右缘至正中线的最大距离，以“+”表示

16. 关于腹部评估的叙述，下列哪项是错误的
A. 正常可扪及腹主动脉搏动
B. 触及肝下缘说明肝肿大
C. 正常人脾脏不能触及
D. 振水音可见于幽门梗阻
E. 肠鸣音消失可见于肠麻痹

17. 关于 Murphy 征检查方法，下列叙述哪项不正确
A. 评估者以左手掌平放于患者右肋下部
B. 以拇指指腹勾压于右肋缘与腹直肌外缘交界处
C. 在吸气过程中发炎的胆囊下移时碰到用力按压的拇指，引起疼痛，此为胆囊触痛
D. 如因剧烈疼痛而致吸气中止，称 Murphy 征阳性
E. 如因剧烈疼痛而致呼气中止，称 Murphy 征阳性

18. 匙状甲多见于
A. 支气管扩张　B. 支气管肺癌
C. 缺铁性贫血　D. 风湿热
E. 甲癣

19. 支气管肺癌常出现
A. 匙状甲　B. 杵状指
C. 肢端肥大症　D. 膝内翻
E. 足外翻

20. 尺神经损伤者手部改变
A. 爪形手　B. 梭状关节
C. 垂腕　D. 指关节红肿疼痛
E. 手指震颤

21. 胸髓 11、12 节损害，下列哪项反射消失
A. 上腹壁反射　B. 中腹壁反射
C. 下腹壁反射　D. 提睾反射
E. 跟腱反射

22. 锥体束损害最早出现的重要表现是
A. 巴宾斯基征　B. 查多克征
C. 奥本海姆征　D. 戈登征
E. 霍夫曼征

23. 浅反射不包括
A. 角膜反射　B. 腹壁反射
C. 提睾反射　D. 跖反射
E. 跟腱反射

24. 深反射不包括
A. 肱二头肌反射　B. 肱三头肌反射
C. 膝腱反射　D. 跖反射
E. 跟腱反射

25. 用竹签划足底，可见踇趾背伸，其余四趾呈扇形展开，此反应为
A. 巴宾斯基征　B. 奥本海姆征
C. 查多克征　D. 戈登征
E. 霍夫曼征

A2 型题

26. 患者，男，28 岁。车祸外伤后处于沉睡状态，不易被唤醒，仅在护士给其静脉输液扎针时苏醒片刻，但答非所问，很快又入睡。意识状态应评估为
A. 意识模糊　B. 谵妄
C. 昏睡　D. 嗜睡
E. 浅昏迷

27. 患者，女，35 岁，咯血 4 天入院，面色晦暗，双颊暗红，口唇发绀，首先考虑
A. 白血病
B. 肺结核
C. 风湿性心脏病二尖瓣狭窄
D. 支气管扩张
E. 再生障碍性贫血

28. 患者，男，60 岁，自己发现左锁骨上有一个鸡蛋大小的无痛性肿块，质地坚硬。经检查确定为恶性肿瘤包块，首先考虑
A. 乳癌　B. 肺癌
C. 胃癌　D. 鼻咽癌
E. 骨肉瘤

29. 患儿，男，6 岁，在玩耍时突发严重呼吸困难、

发绀10分钟来院急诊。查体：呈吸气性呼吸困难，并有“三凹征”。应首先考虑

A. 气管内异物 B. 支气管哮喘

C. 气胸 D. 慢性支气管炎

E. 急性胸膜炎

30. 某肺气肿患者，突然呼吸困难，发绀，右胸上部叩诊呈鼓音，呼吸音消失。最可能的诊断为

A. 右侧胸腔积液 B. 右侧气胸

C. 右侧大叶性肺炎 D. 肺栓塞

E. 急性左心衰竭

31. 患者，男，44岁，车祸后1小时入院。其呼吸呈由浅慢逐渐加深加快，又由深快逐渐变为浅漫，继之暂停30秒再度出现前述状态，该患者的呼吸是

A. 鼾声呼吸 B. 比奥呼吸

C. 呼吸困难 D. 间停呼吸

E. 潮式呼吸

32. 患者，女，19岁，骑车与人碰撞后突发呼吸困难，前来急诊，考虑为左侧气胸。其触诊符合

A. 右侧呼吸增强、语颤消失

B. 右侧呼吸及语颤均消失

C. 左侧呼吸增强、语颤消失

D. 左侧呼吸及语颤均消失

E. 双侧呼吸及语颤均增强

33. 某患者体检，心率94次/分，吸气时心率增快，呼气时心率减慢，心尖部有舒张期杂音，心底部第二心音亢进。下列哪一项反映有病理变化的特征

A. 杂音 B. 心律

C. 呼吸 D. 心率

E. 第二心音

34. 患者，女，38岁，心脏叩诊左侧第3肋间心浊音界扩大，心界呈梨形，考虑为

A. 主动脉关闭不全 B. 二尖瓣狭窄

C. 心包积液 D. 高血压性心脏病

E. 二尖瓣关闭不全

35. 护士检查一名急诊患者时发现呼之不应，但压迫其眶上神经，患者有痛苦表情。该患者的意识障碍可能是

A. 嗜睡 B. 昏睡

C. 意识模糊 D. 浅昏迷

E. 深昏迷

36. 患者，男，70岁，昏迷，皮肤黏膜是樱桃红色，应首先考虑

A. 一氧化碳中毒 B. 中暑

C. 亚硝酸盐中毒 D. 有机磷农药中毒

E. 急性心肌梗死

37. 检查时发现某患者颈静脉怒张，吸气时脉搏明显减弱。考虑其最可能的诊断是

A. 主动脉瓣关闭不全 B. 左心功能不全

C. 肝硬化 D. 心包积液

E. 心肌梗死

38. 患者，女，38岁。转移性右下腹痛4小时，伴恶心、呕吐、发热。最能提示该患者是阑尾炎的体征是

A. 移动性浊音 B. 麦氏点压痛

C. 肠鸣音亢进 D. 肠型、蠕动波

E. Murphy征阳性

39. 患者，男，58岁。腹壁静脉曲张，脐以上腹壁静脉血流方向由下向上，脐以下腹壁静脉血流方向也由下向上，应考虑

A. 门静脉高压 B. 上腔静脉回流受阻

C. 下腔静脉受压 D. 大量腹水

E. 脾大

40. 某胃溃疡患者，酗酒后突感腹部剧烈疼痛，伴恶心、呕吐，腹部触诊：全腹硬如木板并有压痛和反跳痛，高度提示

A. 胃溃疡合并幽门梗阻

B. 胃溃疡合并急性穿孔

C. 胃肠胀气

D. 胃溃疡癌变

E. 胃溃疡合并上消化道出血

41. 某患者，有乙型病毒性肝炎病史10年，近来常感食欲明显减退，自觉腹部明显憋胀下坠，并有脐略向外突。下列哪项体征最符合该患者病情
A. 全腹壁紧张，呈板状腹
B. 全腹压痛、反跳痛
C. 腹壁平坦柔软
D. 可有胃肠型
E. 移动性浊音阳性
42. 某患者因上腹部饱胀不适，清晨未进食来院就诊，评估发现上腹部有振水音，该患者可能是
A. 急性胃肠炎　B. 胃溃疡出血
C. 幽门梗阻　D. 肠梗阻
E. 大量腹水
43. 患者，女，28岁，寒战、高热，伴尿频、尿急、尿痛，右肾区叩击痛1天。尿常规检查：白细胞（+++），红细胞（++）。对此患者进行腹部评估时不可能出现的体征是
A. 季肋点压痛　B. 上输尿管点压痛
C. 肋脊点压痛　D. 肋腰点压痛
E. 麦氏点压痛
44. 患儿，男，11岁，小学生，近视4年，最近家长发现其坐位和行走时，头部前倾，胸腰后凸，带其去医院就诊，脊柱拍片未见异常，应首先考虑为
A. 脊柱结核　B. 佝偻病
C. 姿势性脊柱后凸　D. 脊柱炎
E. 先天性发育不良
45. 患者，男，28岁。1小时前突然出现剧烈头痛、呕吐，继之昏迷。查体颈部有抵抗，患者还可能存在下列哪项体征
A. 奥本海姆征　B. 霍夫曼征
C. 巴宾斯基征　D. 戈登征
E. 克尼格征

A3型题

（46～49题共用题干）

患者，女，36岁。主诉心悸1个月余，既往无类似病史。查体：脉率98次/分，心率120次/分。

46. 此种脉率少于心率现象称
A. 水冲脉　B. 交替脉
C. 脱落脉　D. 奇脉
E. 脉搏短绌
47. 给此患者心脏听诊时，发现其心律绝对不等，心音强弱不等，考虑为
A. 过早搏动　B. 心房颤动
C. 三度房室传导阻滞　D. 缓脉
E. 休克
48. 此患者最可能患
A. 风湿性心脏病二尖瓣狭窄
B. 甲状腺功能亢进症
C. 冠心病
D. 先天性心脏病
E. 心脏神经官能症
49. 最可能出现的心脏杂音表现是
A. 心尖部收缩期吹风样杂音
B. 胸骨左缘第三、四肋间听到响亮而粗糙的收缩期杂音
C. 胸骨左缘第三肋间可闻及吸气样舒张期杂音
D. 心尖部舒张期隆隆样杂音不传导
E. 以上都不可能

（50、51题共用题干）

患者，女，12岁，查体：胸骨左缘第三、四肋间闻及响亮收缩期杂音，伴明显震颤，但听诊器离开胸壁则听不到杂音。

50. 其心脏杂音强度为
A. 中度　B. 3/6级
C. 4/6级　D. 5/6级
E. 6/6级
51. 其最可能的诊断是
A. 室间隔缺损　B. 主动脉瓣关闭不全
C. 二尖瓣狭窄　D. 动脉导管未闭
E. 三尖瓣狭窄

（52～54题共用题干）

患者，男，28岁，被匕首刺伤左前胸部，

后出现显著呼吸困难而急诊入院。查体：血压 100/70mmHg，呼吸 29 次 / 分，脉搏 98 次 / 分。左胸部饱满，气管偏向右侧。

52. 此患者最可能诊断为

A. 左侧肋骨骨折　B. 心脏破裂
C. 左侧气胸　D. 左侧肺炎
E. 心包积液

53. 触诊其胸部可及

A. 左侧呼吸运动及语颤均消失
B. 左侧呼吸运动增强，语颤消失
C. 右侧呼吸运动及语颤均消失
D. 右侧呼吸运动增强，语颤消失
E. 双侧呼吸运动及语颤均消失

54. 叩诊其胸部表现为

A. 右侧上胸部呈鼓音
B. 左侧上胸部呈鼓音
C. 右侧上胸部呈浊音
D. 左侧上胸部呈实音
E. 左侧下胸部呈鼓音

（55 ～ 57 题共用题干）

患者，女，16 岁，发现糖尿病 3 年，平时血糖控制良好。受凉后出现发热、神志不清、恶心、呕吐。入院查体：患者呈嗜睡状态，呼吸加深加快，皮肤干燥。

55. 该患者最可能发生

A. 急性脑炎　B. 酮症酸中毒
C. 急性肠炎　D. 急性胰腺炎
E. 低血糖

56. 该患者的呼吸节律改变称为

A. 库斯莫尔呼吸　B. 潮式呼吸
C. 叹息样呼吸　D. 深快呼吸
E. 双吸气呼吸

57. 该患者呼出气体的气味为

A. 无异味　B. 烂苹果味
C. 肝臭味　D. 刺激性大蒜味
E. 氨味

（58 ～ 60 题共用题干）

患者，女，48 岁，因“右上腹痛伴腹胀、消瘦 3 月余”入院。既往有肝硬化史。体检：肝脏肿大，表面高低不平，呈大块状结节，质地硬。

58. 该患者腹部评估最可能的外形改变是

A. 腹部膨隆　B. 腹部凹陷
C. 蛙状腹　D. 尖腹
E. 球状腹

59. 该患者腹部评估时如见腹壁静脉曲张，其血流方向为

A. 脐上向上，脐下向下
B. 脐上向下，脐下向上
C. 血流方向均向上
D. 血流方向均向下
E. 无一定规律

60. 该患者 CT 检查示：肝右叶巨大占位病变，最可能的诊断是

A. 原发性肝癌　B. 肝硬化
C. 肝脓肿　D. 脂肪肝
E. 慢性肝炎

（61、62 题共用题干）

患者，女，67 岁，双手指关节疼痛 15 年，15 年前开始双手指关节晨起僵硬、疼痛、活动不便。口服“吲哚美辛”“阿司匹林”止痛，近 3 个月用药止痛效果渐差，并出现腕关节、指关节肿胀变形。

61. 对该患者进行评估时应重点评估

A. 有无反甲　B. 有无关节僵直
C. 有无结节　D. 有无杵状指
E. 指关节有无梭样变形

62. 该患者最可能的诊断是

A. 风湿性关节炎　B. 类风湿关节炎
C. 骨性关节炎　D. 痛风
E. 反应性关节炎

（解志宏　俸善美）

第5章 心理与社会状况评估

案例 5-1

患者，女，68岁。直肠癌根治术后，做永久性结肠造瘘口（人工肛门），失眠3天，情绪低落，时而哭泣，认为自己与正常人不同而感到自卑，害怕见人，内心压抑，对恢复后日常生活丧失信心。

问题：1. 该患者的主要心理问题是什么？

2. 对该患者进行评估时可采用哪些方法？

第1节 心理评估

健康是指个体在身体、精神和社会等方面都处于良好的状态。世界卫生组织提出“健康不仅是躯体没有疾病，还要具备心理健康、社会适应良好和有道德”。所以心理评估成为健康评估的重要组成部分。

一、心理评估的目的与意义

1. 评估患者在疾病发生发展过程中的心理过程，及时发现患者心理和精神健康问题，并为患者的心理护理提供科学依据。

2. 评估各种疾病患者的不同心理行为特点以及发生发展规律；评估个体的各种心理特征和因素对疾病发生、发展以及预后的影响。

3. 评估护理人员的个性心理特征对患者康复的影响以便及时制订和修改护理计划。

二、心理评估的方法

心理评估的方法较多，常用方法有交谈法、观察法、心理测量法、医学检测法等。多种方法合理应用，有助于采集到更加完整、更为全面的健康资料。

1. 交谈法　又称为“会谈法”或“访谈法”，是双方以面对面交谈形式进行评估的方法，也是心理评估中最常用的一种方法。交谈法可以建立良好的护患关系，有助于交谈双方相互合作、相互信任，以获得个体对其心理状况和问题的自我描述，有利于进行临床干预措施。交谈法分为正式交谈和非正式交谈两种形式，前者指事先通知对方，按照提前设定好的问题提纲进行有目的、有计划、有步骤的交谈，谈话内容比较受限，但谈话的效率较高。后者指交谈双方进行开放式交谈，有助于获得较为真实的资料。

2. 观察法　通过有计划、有目的地观察、记录患者的行为、精神状态、表情、穿着等，对结果进行评估，从而获得心理健康资料的方法，是常用的心理评估方法之一。观察法包括自然观察法和控制观察法（标准情形下观察法）。

（1）自然观察法　指在自然条件下，观察并记录心理现象的外部活动，在临床护理实践中应用广泛。自然观察法观察到的范围较广，需要多与患者接触。

（2）控制观察法　指观察者在一定程度上控制、设计观察事件，将患者置于特殊设计的结构化环境下，观察患者特征的行为或反应，常用于临床心理学研究和精神心理类临床专业评估。

3. 心理测量法　是依据心理学的原理和技术，用心理测量工具对人外显的心理现象和行为进行观察和评定的方法。心理测量的原则是标准化、数量化，评估结果比较客观真实，可作为诊断依据和评价指标。按照测量工具不同，心理测量法分为心理测验法和评定量表法。

（1）心理测验法　在标准情形下，用统一的测量手段测试患者并进行定量化分析和描述。

（2）评定量表法　是指采用一套预先已标准化的测试项目（量表）来测量、分析、鉴别患者某种心理品质。

4. 医学检测法　包括患者的身体评估和各类实验室检查，如测呼吸、脉搏、血浆肾上腺皮质激素浓度等，可提供辅助的客观资料，验证资料的准确性、真实性。

三、心理评估的内容

心理评估是指依据心理学的理论与方法对人的内在和外在的心理活动，即心理现象的全面、客观、系统地评估。心理评估是心理干预的基础，是了解个体人格特征和性格、情绪等心理过程的重要方式。对个体的心理评估应该包括人的自我概念、认知水平、情绪情感状态、应急等方面的评估。

（一）自我概念评估

自我概念是个体与他人相互作用的“社会化产物”，又称为自我认知或自我意识。自我概念贯穿人类始终，自我概念紊乱会极大影响个体的健康，是心理评估的重要内容之一。

1. 自我概念的定义和组成

（1）自我概念的定义　自我概念是人们通过对自己的内在、外在特征以及他人对其反应的感知与体验而形成的自我认识与评价，是个体在心理、社会环境相互作用中形成的动态的、评价性的“自我肖像”。一个人的自我概念是基于个人的自身形象、认知功能、吸引力、解决问题的能力、特殊天赋等方面情况的感知和评价而产生的。

（2）自我概念的组成　自我概念包括个体的体像（即身体自我）、社会认同、自我认同和自尊四部分。①体像：又称为身体自我，是指个体对自己的身体外形、结构和功能的认识与评价，是自我概念的重要组成部分，如身高、体型、体态等。体像又分为客观体像和主观体像两种。②社会认同：是指个体对自己的社会人口特征方面的认识与评估，如对年龄、性别、职业、社会名誉、社会地位等方面的认识与评估。③自我认同：是指个体对自己的智力、能力、性格、道德水准等的认识与评价，如“我觉得我性格很好”等。自我认同紊乱会导致个体无法区分作为独立个体的自己。④自尊：是个体尊重自己、维护自己的尊严和人格，不容许他人随意歧视、侮辱的一种心理意识和情感体验。自尊来源于正确认识以上三种自我概念，与期望自我有关，受自我负性认识的影响。

2. 自我概念的评估方法与内容　运用交谈、观察、投射及问卷等多种方法，对自我概念四个方面进行综合评估。几种方法可以交叉运用。

（1）交谈法　是评估自我概念的一种有效手段，可通过提出问题的方式进行进一步的判断。对自我概念评估的交谈内容见表 5-1。

表 5-1　自我概念评估的主要交谈内容

体像	最喜欢身体的哪个部位？最不喜欢哪个部位？
	改变体像对你有什么影响？
社会认同	你的职业是什么？
	你的家庭、工作情况如何？
自我认同与自尊	你认为你是什么样的人？你会如何描述你自己？
	你对自己满意吗？
自我概念现存或潜在威胁	现在哪些事情让你感到痛苦？
	现在哪些事情让你感到焦虑、恐惧？
对自身健康的认知	你目前的健康状况如何？
	你认为什么是健康？

（2）观察法　通过患者的一般外表、非语言行为以及与他人的互动关系收集客观资料。具体观察内容见表 5-2。

表 5-2　自我概念评估的观察内容

外表	外表是否整洁？穿着打扮是否得体？身体哪些部位有改变？
非语言行为	是否与评估者有目光交流？面部表情如何？是否与其主诉一致？是否有不愿意见人、不愿照镜子、不愿与他人交往、不愿看体貌有改变的部位、不愿与别人讨论伤残或不愿听到这方面的谈论等行为表现？
语言行为	是否有“我很差劲”等语言流露？
情绪反应	有无心悸、恐惧、慌张、尿频等焦虑表现
生理反应	有无易疲劳、食欲减退、哭泣等表现

（3）投射法　又称为画像测试，适用于不能很好表述自己的儿童。可以让患者绘制自画像并对其进行解释，从中了解患者对自己体像改变的内心体验，反映他们对自己体像的理解与认识。

（4）评定量表测评　常用的有 Piers-Harries 儿童自我概念量表、Sears 自我概念 48 项目量表、Rosenberg 自尊量表、Michigan 青少年自我概念量表以及 Coopersmith 青少年自尊量表等。每一个量表都有其特定的适用范围，在实际操作中需要仔细甄别，适当选用。

（二）认知评估

1. 认知的定义　认知是指人们获得知识或应用知识的过程，或信息加工的过程，这是人的最基本的心理过程。人脑接受外界输入的信息，经过加工处理，转换为内在的心理活动，进而支配人的行为，这就是认知过程。认知过程包括思维、语言和定向三个方面，其中思维是认知过程的核心。

（1）思维　是人脑借助于语言对事物的概括和间接的反应过程，是人们探索与发现事物的内部本质联系和规律性的认知过程，是人类认知过程的最高形式。

（2）语言　是以语音为物质外壳，由词汇和语法构成并能表达人类思想的符号系统。语言的产生是指人们通过语言器官或者是手的活动，把所要表达的思想说出来或写出来，包括说话和书写两种形式。

（3）定向　是指个体对时间、地点、人物以及自身状态的判断认识能力，包括时间定向、地点定向、空间定向及人物定向四个方面。

2. 认知评估的内容和方法　认知评估的内容包括三个方面：思维能力、语言能力以及定向力的评估。

（1）思维能力评估　可通过记忆、注意等方面进行评估。①记忆是人脑对经历过事物的识记、保持、再现或再认，是个体高级心理活动的基础。记忆可分为短时间记忆和长时间记忆。评估短时间记忆时，可让评估对象重复一组 5 ～ 7 位的刚听过的数字。评估长时间记忆时可让评估对象说出其儿童时代的事件、家人的名字以及当天做过的事等。②注意是心理活动对一定对象的指向和集中。如对儿童可以让其完成某项任务，观察过程中的专注程度；再如可通过开关灯等周围环境变化观察患者反应，或直接询问患者是否能集中注意力做某事。

（2）语言能力评估　语言能力是判断人们认知水平的重要标志。语言能力的检测可通过陈述病史、提问、复述、阅读、书写、自发性语言、命名等方式进行。提问是临床实践中对患者进行评估的主要方法。

（3）定向力评估　定向力包括四个方面：时间、地点、空间和人物定向力。定向力评估方法见表 5-3。

表 5-3　定向力评估方法

项目	评估内容
时间定向力	询问患者“现在是几点钟？”“今天是星期几？”“今年是哪一年？”
地点定向力	询问患者“你现在住在什么地方？”
空间定向力	让患者找到一个参照物，描述环境中某物品的位置，如“床旁桌在床的左边还是右边？”“病室灯的开关在哪？”“呼叫器在哪？”
人物定向力	询问患者“你叫什么名字？”“你知道我是谁吗？”

定向障碍者不能将自己与时间、空间、地点联系起来。定向力障碍出现的先后顺序依次为时间、地点、空间和人物。

（三）情绪和情感评估

人对事物的态度体验，是人的需要得到满足与否的反映。情绪和情感有别于认识活动，它是一种人类复杂的心理过程，也是一种常见的心理现象，它具有特殊的主观体验、显著的身体 - 生理变化和外部表情行为。因此，情绪和情感是身心健康的重要标志，是健康评估不可缺少的内容之一。

1. 情绪和情感的定义与种类

（1）情绪和情感的定义　是个体对客观事物的内心体验，反映个体需求是否被满足。情绪和情感的调节对人类的身心健康有不可缺少的作用，若个体需求获得满足就会引起积极的情绪和情感，如满意、愉悦、喜欢等；反之则会引起消极的情绪和情感，如愤怒、苦闷、绝望、焦虑等。因此，客观事物与个体需求之间的关系是通过体验来反映的，体验是情绪和情感的一项基本特征。

（2）情绪和情感的区别与联系　①情绪：经常带有冲动性和比较明显的外部的表现，具有比较鲜明的情境性和短暂性，情绪与人的自然需要和有没有得到满足相关联，往往随着情境的改变和需要的满足，很快就会消失或者是减弱；②情感：是以内心体验的形式稳定地隐藏在人的个性生活当中，有非常大的稳定性、深刻性和持久性，情感与社会需要有关系。

两者虽然形式上有区别，但是它们之间也是有密切联系的，在实践活动中两者是相互统一的，情感要情绪来表达，情绪也体现着复杂的情感。

（3）情绪的种类　根据情绪的状态不同，可以把情绪分成以下三类：心境、激情、应急。①心境：是一种微弱、平静、持久的情绪状态。心境并没有特定的指向性，而是使人们的生活整体染上某种情绪色彩。一般来说，我们常常把心境称之为心情。心境的特点是弥散性和长期性，例如，生活中我们会出现“最近心情不好，有点丧”的状态，可能并没有什么具体原因，但是却体现在生活中的方方面面，并且会持续一段时间。②激情：是一种强烈、爆发、短暂的情绪状态。激情状态往往带有特定的指向性，伴随着生理变化和明显的外部行为表现，例如，中了彩票所爆发出来的欣喜和手舞足蹈，就是激情的表现。③应急：是当个体面临挑战和威胁时表现出的应对性反应。如司机开车途中突然看到有人在车前跑过，紧急踩下刹车，这时就属于应急。

（4）情感的分类　情感可分成道德感、理智感、美感三种。

1）道德感：是指用一定的道德标准去评价、衡量自己或者他人思想与言行时产生的一种情感体验。一般与道德行为或道德事件相关，例如，见义勇为之后产生的自豪感，还包括爱国感、责任感、正义感、荣誉感等。

2）理智感：是指在智力活动中，探索或维护真理的需要是否得到满足而产生的一种情感体验，一般与智力活动、求知欲、好奇心等相关，例如，解开了一道很难的数学题所产生的满足感与喜悦。

3）美感：是指用一定的审美标准来评价事物时所产生的一种情感体验。美感有自然美感、社会美感和艺术美感三种类型。美感与个体审美相关，例如，看见“淡妆浓抹总相宜”的西湖所产生心旷神怡的情感，就属于美感。

（5）常见异常情绪　人类的情绪多种多样，但对于患者来说，焦虑和抑郁是最常见的异常情绪，也是最需要护理评估和干预的异常情绪状态。

1）焦虑：是由于即将面临无力避免的危险，面对严重的、无法摆脱的威胁或发生重大事件前人们产生的一种不安紧张的情绪，是人们最为普遍的情绪体验，例如，生病即将手术、面临重大考试等情况，就会引发焦虑。焦虑表现为生理、心理和行为三方面的变化，生理方面主要有心悸、食欲减退、眩晕等；心理方面则表现为注意力不集中、思维混乱、易激惹等；行为方面表现为肢体颤抖、语速加快等。

2）抑郁：是指在个体失去某种所重视或追求的东西时产生的一种低沉、消极的情绪体验。处于抑郁状态者可出现情感、认知、意志、动机以及生理等多方面的改变。主要表现为情绪低落、心境悲观、注意力不集中、思维缓慢、过分依赖、生活懒散、易疲劳、食欲减退，严重抑郁者甚至想自杀。

2. 情绪和情感评估的方法与内容

（1）交谈法　用于收集有关情绪情感的主观资料，是评估情绪和情感最为常用的方法。评估时可通过提问的方式进行评估“如何描述你此时和平时的情绪？”“最近有什么事情使你感到特别高兴、忧虑或沮丧？”“这样的情绪存在多久了？”将问诊收集到的结果和患者家属、朋友进行核实。

（2）观察法　通过观察患者面部表情、肢体动作和言语来收集有关情绪情感的特征，呼吸系统、循环系统、内分泌系统等情绪情感生理特征的变化也可以较为客观地反映。对这些变化的观察与检测，可作为情绪情感的客观资料，印证交谈所收集的主观资料。

（3）量表评定法　是较为客观地评估情绪情感的方法。焦虑和抑郁的评估常用的有 Avillo 情绪情感形容词量表、Zung 焦虑自评量表（表 5-4）和 Zung 抑郁自评量表（表 5-5）。

表 5-4　Zung 焦虑自评量表

焦虑的身心症状	会谈纲要	偶尔	有时	经常	持续
		1	2	3	4
1. 焦虑	你觉得最近比平常容易紧张、着急吗？				
2. 害怕	你无缘无故地感到害怕吗？				
3. 惊慌	你是否感到心烦意乱或觉得心慌？				
4. 精神上不完整感	你是否有将要发疯的感觉？				
5. 忧虑	你是否感到不如意或觉得其他糟糕的事情将发生在自己身上？				
6. 颤抖	你是否感到自己发抖？				

续表

焦虑的身心症状	会谈纲要	偶尔	有时	经常	持续
		1	2	3	4
7. 疼痛	你是否常感到头痛或腰背痛？				
8. 易于疲劳	你是否感到疲乏无力？				
9. 无法休息	你是否发现自己无法静坐？				
10. 心悸	你是否感到心跳得很厉害？				
11. 头晕	你是否感到头晕？				
12. 晕厥	你是否有过晕厥或觉得要晕倒似的？				
13. 呼吸困难	你是否感到气不够用？				
14. 麻木	你是否有四肢或唇周麻木感？				
15. 恶心，呕吐	你是否感到心里难受，想吐？				
16. 尿频	你是否常常要小便？				
17. 出汗	你手心是否容易出汗？				
18. 脸红	你是否感到脸红发烫？				
19. 失眠	你是否感到无法入睡？				
20. 梦惊	你是否常做噩梦？				

使用说明：每一项目按以上四级评分。被评估者仔细阅读后，根据一周的实际情况在相应的评分处打“√”，然后将 20 项评分相加，得总分，总分乘以 1.25，取其整数部分，即得到标准总分。正常标准总分值为 50 分以下。50 ～ 59 分，轻度焦虑；60 ～ 69 分，中度焦虑；70 分以上，重度焦虑。

表 5-5　Zung 抑郁自评量表

抑郁的症状和体征	会谈纲要	偶尔	有时	经常	持续
		1	2	3	4
1. 抑郁情绪	你感到闷闷不乐、情绪低沉吗？				
2. 哭泣	你要哭或想哭吗？				
3. 心情不佳	你早晨起来心情好吗？				
4. 睡眠障碍	你的睡眠状况如何？				
5. 食欲减退	你胃口如何？				
6. 体重减轻	你感到体重减轻了吗？				
7. 性欲望的减弱	你是否对异性感兴趣？				
8. 便秘	你的排便习惯有何改变？				
9. 心动过速	你是否感到心跳得很厉害？				

续表

抑郁的症状和体征	会谈纲要	偶尔	有时	经常	持续
		1	2	3	4
10. 疲劳感	你容易感到疲劳吗?				
11. 心理运动激越	你是不是感到无法平静?				
12. 心理运动迟缓	你是否感到你做事的动作越来越慢?				
13. 混乱	你是否感到思路混乱无法思考?				
14. 空茫感	你是否感到内心空荡荡的?				
15. 无助感	你对未来是否感到无助?				
16. 不知所措感	你是否感到难以做出决定?				
17. 激惹	你容易发脾气吗?				
18. 不满	你对平常满意的事情还感到满意吗?				
19. 失去价值感	你是否感到自己是无用之辈?				
20. 自杀	你是否有轻生的念头?				

使用说明：使用方法同 Zung 焦虑自评量表。正常标准总分值为 50 分以下。50 ～ 59 分，轻度抑郁；60 ～ 69 分，中度抑郁；70 分以上，重度抑郁。

（四）应激评估

1. 概述

（1）应激　又称为压力，是指机体面临内外环境中的各种刺激时所产生的适应性和应对性反应。由于刺激不同，个体的认知评价不同，导致应对方法不同，应激反应也不同。同样应激反应也可以反向影响应对方法、认知评价和刺激事件。

（2）应激源　是指一切使机体产生应激反应的因素。应激源包括以下几种：①生理性应激源，直接作用于机体，使机体各种生理功能失调或者组织结构残缺，如窒息、疼痛、手术、衰老等；②心理性应激源，来源于脑海中的紧张性信息，表现为各种心理挫折或心理冲突，如焦虑、恐惧、孤独、缺乏自信等；③环境性应激源，指环境的改变，如射线、噪声、高热、严寒、空气污染、水源污染、生活环境改变等；④社会文化性应激源，如战争、失业、天灾人祸、退休、文化差异等。

（3）应激反应　为应激源引起的机体的非特异性适应反应，包括：①生理反应，应激性溃疡、免疫力下降、呼吸心率加快等；②心理反应：忧郁、焦虑、记忆力下降、定向力下降等；③行为反应：逃避、回避、敌对、攻击等。

（4）应激应对　人们常用的应激应对方式可分为情感式和问题式两类：①情感式应对方式常通过回避和忽视应激源的方式处理由于应激所致的情感问题；②问题式应对方式则通过采取行动，改变应激源的方式处理导致压力的情境本身。情感式可以缓解紧张情绪，问题式则更加积极有效。

2. 应激评估的内容与方法

（1）交谈法　是应激评估中的重要方法。重点是了解患者面临的应激源、应激感知、应激应对方式及应激缓解情况。可询问患者是否经历过重大事件、这些事件对其的影响及其是如何应对的等问题。

（2）量表评定法　以定量和定性的方法来衡量应激对个体健康影响的常用表有社会再适应评定量表和住院患者应激评定量表。住院患者应激评定量表用于测评患者住院期间可能经历的应激。

（3）观察与医学检测　主要是观察和检测有无应激所致的心理功能变化、认知行为改变等，如心率加快、血压升高、记忆力下降、注意力不集中等。

第2节　社会状况评估

社会状况评估是对个体的社会功能以及所属于的社会环境进行评估，例如，角色、家庭、环境、社会文化等方面的评估，明确可能对个体健康造成的影响，提供制订护理措施、促进社会适应力、判断干预效果等方面的依据。

一、社会状况评估的目的与意义

1. 评估个体的角色功能　了解个体有无角色功能紊乱、角色适应不良等问题，及时进行处理。

2. 评估个体的文化背景　了解个体的价值观、健康信念和生活习惯，以便提供符合个体文化需求的护理，避免在护理过程中发生文化冲突。

3. 评估个体的家庭　寻找影响个体健康的家庭危机，为其制订有针对性和特异性的家庭护理计划。

4. 评估个体的环境　明确环境中现存的或潜在的危险因素，进行环境预防和应对。

二、社会状况评估的方法

社会状况评估的方法和心理评估方法类似，交谈法、观察法、医学检测法、心理测量法等均可用于社会状况评估。进行环境评估时，应实地观察和抽样检查，用以判断环境中有无现存或潜在的危险因素。

三、社会状况评估的内容

（一）角色

人的一生有很多角色，可先后依次更换角色，也可同时承担多个角色，每一个人根据职业、地位、行为特征的不同而扮演不同的角色。

1. 角色的定义和分类

（1）角色的定义　角色是“与社会地位相一致的社会限度的特征和期望的集合体”，就是社会规定的与社会地位、社会身份一致的模范与行为模式，也是指个人在特定的社会环境中拥有相应的社会身份和地位，并按照一定的社会期望，运用一定的权力来履行相应的社会职责的行为。

（2）角色的分类　①第一角色：又称为基本角色，它决定了个体的主体行为，是由每个人的性别、年龄所决定的角色；②第二角色：又称为一般角色，是指个体在生长发育的特定阶段中所必须承担的、由个体所处的社会情形和职业所决定的角色；③第三角色：又称为独立角色，是指个体可以自由选择的，但也有不可选择的，如为了完成暂时性任务而临时承担的角色。角色的分类是相对而言的，在不同的情况下可以进行相互转换。

2. 患者角色　个体在患病时，即进入了患者角色，这是一个不可选择的过程。个体原有部分或全部的社会角色被患者角色所替代，以患者角色的行为来表现自己。

（1）患者角色特点　①免除一般社会角色职责：患者完全脱离或部分脱离日常生活中的其他类型角色，减轻或免除相应角色的责任与义务；②对于陷入疾病状态没有情感责任：在情感上患者对自身的疾病不需要负责，患者处于一种需要被照顾的状态；③患者角色的义务：有积极配合治疗、护理、积极促进自身健康恢复的义务；④患者角色的权利：有寻求更好的治疗、医学技术和恢复自身健康的权利，有享受相关健康服务、要求知情同意和隐私保密的权利等。

（2）患者角色适应不良的类型　患者角色可能是暂时的，也可能是持续的、永久的，由于患者角色的不可选择性，当人们承担患者角色时，常常会出现以下几种角色适应不良的情况。①患者角色冲突：是个体在适应患者角色过程中与其常态下的角色发生心理冲突和行为矛盾。例如，学生在住院期间因为担心影响学业而在病房进行学习，从而影响其治疗和休息的效果。②患者角色缺如：患者患病后没有进入患者角色，个体不承认自己生病或者对患者角色已经感到厌倦，否认和拒绝接纳患者角色，导致其不能配合相关治疗。常见于初次生病住院的年轻人、初诊为癌症的患者。③患者角色强化：是患者已经恢复健康，需从患者角色向日常一般角色进行转化时，却依旧沉溺于患者角色。④患者角色消退：某些突发原因导致已经适应了患者角色的人必须强制立即转为日常常态角色，个体在承担相应的义务与责任时，使患者角色行为产生退化，甚至消失。⑤患者角色行为异常：个体可能因为病情的折磨而对生活产生悲观、抑郁等情绪，严重者甚至出现轻生、自杀行为。

（3）患者角色适应的影响因素　不同的个体对患者角色的适应能力不同，个体的年龄、性别、文化、家庭背景、经济状况等因素均会影响患者角色的适应。例如，年轻人对患者角色相对轻视，而老年人由于体力减弱更容易发生患者角色强化。

（4）患者角色的评估方法　①交谈法：通过交谈，了解患者的日常常态角色，有无角色适应不良等，例如，询问患者“目前从事何种职业？”“现在有无头痛、头晕、抑郁、易激惹等表现？”。②观察法：观察患者的反应判断是否出现角色适应不良，例如，心悸、疲乏无力、抑郁绝望等。

（二）家庭

家庭是一种以血缘为基础、具有情感纽带的社会单元。良好的家庭结构、全面的家庭功能、和谐的家庭关系对个体在社会上的存在、发展与进步产生积极影响。

1. 家庭的定义与特征　家庭是以婚姻、血缘或收养关系为前提基础而形成的社会单元，是基本社会单位。其特征为：家庭是一个群体而不是个体，应包括两个及以上的家庭成员；组成家庭的成员应具有在一起共同生活，有较为密切的经济和情感往来的条件；婚姻既是家庭的基础，也是建立家庭的依据。

2. 家庭评估的内容和方法

（1）家庭成员基本资料　包括家庭成员的姓名、性别、年龄、教育、职业和健康史六个方面，其中最重要的是家族遗传史，可通过交谈法获取资料。

（2）家庭结构　是家庭内部的构成以及运作机制，主要包括家庭人口结构、权利结构、角色结构、沟通过程和价值观五个方面。①家庭人口结构：是指家庭的人口组成以及成员数量，又称为家庭规模或家庭类型。可分为核心家庭、主干家庭、联合家庭、单亲家庭四种类型。②家庭权利结构：是指家庭中夫妻之间、父母与子女之间在影响力、控制权和支配权方面的相互关系。家庭权利结构类型包括传统权威型、工具权威型、分享权威型和感情权威型四种。③家庭角色结构：是指家庭对每个占有特定位置的家庭成员所期待的行为规定的家庭权利、责任和义务，影响家庭角色结构的因素有家庭人口结构和价值观。④家庭沟通过程：最能反映家庭成员之间的相互作用与关系，也是家庭氛围和睦，以及家庭功能正常发挥的保证。⑤家庭价值观：是指家庭成员判断是非对错的标准与准则，对特定家庭生活的行为和生活目标的态度和信念。

（3）家庭评估的常用方法　交谈法、观察法与量表评定法。

（4）家庭生活周期　是指家庭单位经历从结婚、生产、养育后代到老年的各个阶段，从产生、发展到解体的过程。每个阶段都有特定的任务，需要每一个家庭成员合作完成，否则会对家庭成员和家庭关系的健康产生不良影响。

（5）家庭功能　是家庭评估中最为重要的部分，包括生物、经济、文化、教育和心理功能，主要功能有生育、情感、教育、经济以及健康照顾。

（6）家庭危机　是指当家庭压力超过家庭资源，导致家庭功能出现失衡的状态。家庭压力主要有：①家庭经济收入减少，如失业、破产等；②家庭成员关系的变更与终结，如离婚、丧偶等；③家庭成员角色的改变，如初为人父（母）、退休等；④家庭成员的道德颓废，如酗酒、吸毒等；⑤家庭成员生病、残障等。

（三）文化

1. 文化的定义　文化是指一个社会以及社会成员所特有的物质、精神财富的总和，即特定人群为了适应社会环境和物质环境所形成的共有的行为和价值模式。文化主要包括信仰、知识、道德、艺术、语言、习俗、信念、价值观、法律等基础要素，具有鲜明特点，例如，民族性、继承性、获得性、累积性、共享性、双重性等特征，这些决定了文化对健康的广泛影响。

由于文化对健康影响的重要性，作为护士必须了解患者的文化背景，认识患者与自己的文化差异并理解患者的思想行动，避免出现文化偏见与固执。

2. 文化要素及其评估方法

（1）文化要素　包括价值观、信念与信仰、习俗、知识、艺术等，其中价值观、信念与信仰、习俗是与健康紧密相关的要素。习俗作为文化的表达，具有很强的可视性。信念与信仰为文化的中层，而价值观是文化的基底，深沉而又抽象。

（2）文化评估方法　有交谈法和观察法。交谈法注重了解个体的价值观、信念和习俗，可以通过“你是哪个民族？”“你如何看待困难？”“你认为健康是指什么？”“你有饮食禁忌吗？”等问题来了解。而观察法通过对个体日常生活的观察来分析个体是否有吸烟、酗酒、暴饮暴食等表现，从而判断文化差异。

（四）环境

环境与人类的关系非常紧密，既相互对立，又相互依存，既相互制约，又相互转化。环境对人类的健康和生存具有非常重要的意义。早在南丁格尔时代，环境、健康与护理三者的紧密关系就已经被认识到，各种环境因素对健康有不同的影响。因此，临床护理实践中要重视评估患者的环境。

1. 环境的定义　环境是人类生存或生活的物质基础。在护理学中定义环境为影响人类生存和发展的各种自然因素和社会因素的总体，并分为内环境和外环境。人体的内环境，又称为生理 - 心理环境，它包括人体所有的组织和系统。人体的外环境包括自然环境、社会环境、文化环境和政治环境等。

2. 环境评估的内容与方法

（1）自然环境　自然环境中既存在可维持机体生命活动的、对机体有益的因素，也存在危害人类健康的因素，如病原体、噪声、农药污染等。这些有危害的因素必须被控制在一定范围内，否则不仅损害健康，还能威胁到人类生存，导致疾病的发生。可通过交谈法、实地考察和取样等方法收集资料。

（2）社会环境　不同的社会环境对个体将造成不同的影响，社会环境包括个体生活的方方面面，例如，经济、教育、文化、职业、人口等方面，其中经济、教育、生活方式、社会关系、社会支持等与健康密切相关，是社会环境评估的重点，可以通过交谈法和观察法对个体进行评估。

医者仁心

关爱患者见真情的张颖惠

张颖惠，是山西医科大学第二医院护理部副主任，每逢大疫，她总在第一时间冲向前线；平常时分，她待每一名患者都尽显温情。2019 年底，张颖惠为一名因先天性脊柱侧弯被遗弃的女孩联系手术，手术过程很顺利，这名花季女孩迎来了生活的希望。张颖惠还带领护理志愿者，走出医院，走向社区、家庭、学校、工厂等开展慢性病管理、居家护理、健康宣教、急救复苏等多种方式的志愿活动。她用生命守护生命，以行动践行誓言。

自 测 题

A1/A2 型题

1. 在自然条件下对表现心理现象的外部活动进行观察，这种心理评估方法称为
 A. 心理测量法
 B. 评定量表法
 C. 自然观察法
 D. 非正式会谈
 E. 标准情形下观察法
2. 在标准情形下，用统一的测量手段测试患者对测量项目所做出的反应，这种心理评估方法称为
 A. 心理测量法
 B. 评定量表法
 C. 自然观察法
 D. 非正式会谈
 E. 标准情形下观察法
3. 个体对自己身体外形以及身体功能的认识与评价，属于自我概念中的
 A. 体像
 B. 自我认同
 C. 身体认同
 D. 社会认同
 E. 自信
4. 认知活动包括
 A. 思维、语言、记忆
 B. 思维、行为、定向
 C. 思维、语言、定向
 D. 语言、行为、定向
 E. 语言、行为、记忆
5. 请患者重复刚刚听过的一串数字，观察患者能否正确叙述，旨在评估患者的
 A. 记忆力
 B. 理解力
 C. 推理能力
 D. 概念化能力
 E. 有意注意力
6. 用于处理导致压力的情境本身的压力应对方式是
 A. 情绪式应对
 B. 情感式应对
 C. 问题式应对
 D. 消极式应对
 E. 防御式应对
7. 记忆力下降，是压力的
 A. 生理反应
 B. 心理反应
 C. 认知反应
 D. 行为反应
 E. 特异性反应
8. 抑郁的表现为
 A. 易激惹
 B. 悲观绝望
 C. 心率加快
 D. 神经过敏
 E. 血压升高
9. 患者，男，60 岁。1 个月前行胃癌切除，术中及术后情绪低落，兴趣下降，独自流泪，有轻生之念。患者术后的情绪反应属于
 A. 焦虑　　B. 抑郁
 C. 恐惧　　D. 痛苦
 E. 内疚
10. 当个体需要同时承担 2 个或 2 个以上在时间和精力上相互冲突的角色时常可发生
 A. 患者角色缺失
 B. 患者角色冲突
 C. 患者角色消退
 D. 患者角色强化

E. 患者角色行为异常

11. 个体始终没有进入患者角色可导致

A. 患者角色缺失

B. 患者角色冲突

C. 患者角色消退

D. 患者角色强化

E. 患者角色行为异常

12. 以下哪项是文化评估中与健康紧密相关的要素

A. 价值观　B. 法律

C. 知识　D. 艺术

E. 语言符号

13. 社会评估中，护士利用个人感官主动收集社区人群的生活状况、环境特征等，采用的方法是

A. 社区实地调查　B. 重要人物访谈

C. 观察　D. 问卷调查

E. 查阅文献

14. 家庭评估包括

A. 家庭人员健康评估和家庭结构评估

B. 家庭功能评估和家庭结构评估

C. 家庭收入评估和家庭人员健康评估

D. 家庭遗传病评估和家庭功能评估

E. 以上均是

15. 由父母与两个未成婚子女组成的家庭是

A. 核心家庭　B. 主干家庭

C. 单亲家庭　D. 联合家庭

E. 混合家庭

（刘鸿业）

第 6 章 常用实验室检查

实验室检查是运用物理学、化学、生物化学、微生物与免疫学、分子生物学、细胞学等实验室检测手段，对人体的血液、体液、排泄物及组织细胞进行检测，以获得反映机体功能状态、病因及病理变化等方面的资料，对诊断疾病、判断预后以及制订防治措施都有重要作用。

第 1 节 血液检查

案例 6-1

患者，女，35 岁。为控制体重长期节食，近期出现面色苍白、头晕、乏力现象。到医院就诊后，医生初步诊断为“贫血”，拟行血常规检查。

问题：1. 血常规检查主要包括哪些项目？

2. 血常规检查项目的哪一项检查有助于贫血的诊断？

一、血液一般检查

血液一般检查即血常规检查，是临床上最基础的化验检查之一，主要包括红细胞计数和血红蛋白测定、网织红细胞计数、红细胞沉降率测定、白细胞计数及白细胞分类计数、血小板计数等检查。

（一）红细胞计数和血红蛋白测定

红细胞（RBC）计数及血红蛋白（Hb）测定是贫血诊断的主要依据之一。

1. 标本采集

（1）自动化血液分析仪法　静脉采血 1ml，抗凝。

（2）手工法　末梢血采血 1 滴，非抗凝。

2. 参考值　见表 6-1。

表 6-1　红细胞计数和血红蛋白测定的参考值

	RBC（$\times 10^{12}$/L）	Hb（g/L）
成年男性	4.3 ～ 5.8	130 ～ 175
成年女性	3.8 ～ 5.1	115 ～ 150

考点 红细胞（RBC）计数及血红蛋白（Hb）测定的参考值

3. 临床意义

（1）生理性变化　红细胞及血红蛋白可因性别、年龄、海拔、妊娠等因素发生生理性变化。

高原居民、剧烈运动后可生理性增高，老年人、妊娠中后期可生理性减少。出生 2 ～ 3 个月的婴儿可有生理性贫血。

（2）病理性变化

1）红细胞及血红蛋白增多：①相对性增多（假性增多），是血液浓缩所致，见于脱水、休克、严重吐泻及大面积烧伤、多汗等。②继发性增多（代偿性增高），见于严重的心肺疾病，如肺气肿、肺源性心脏病、先天性心脏病等。③原发性增多，见于真性红细胞增多症。

2）红细胞及血红蛋白减少：①各种原因所致的贫血，如缺铁性贫血、再生障碍性贫血、溶血性贫血和失血性贫血等。②红细胞破坏过多，如各种原因引起的溶血。③失血，如各种原因导致的急、慢性失血。

考点 红细胞（RBC）计数及血红蛋白（Hb）测定的临床意义

（二）网织红细胞计数

网织红细胞是指刚从骨髓释放入血液尚未成熟的红细胞。因胞质内残留少量核糖体，易被煌焦油蓝或新亚甲蓝染成蓝色颗粒或细网而得名。网织红细胞较成熟红细胞体积稍大，是反映骨髓造血功能的重要指标。测定单位容积血液中所含网织红细胞的数量，既反映骨髓红细胞系统增生的情况，也反映骨髓造血功能的活跃程度。

1. 标本采集

（1）自动化血液分析仪法　静脉采血 1ml，抗凝。

（2）手工法　末梢采血 1 滴，非抗凝。

2. 参考值　表 6-2。

表 6-2　网织红细胞计数参考值

	百分比（%）	绝对值（$\times 10^9$/L）
成人	0.5 ～ 1.5	24 ～ 84
新生儿	2 ～ 6	96 ～ 288

3. 临床意义

（1）判断骨髓造血功能　①网织红细胞增多：提示骨髓红细胞系增生旺盛，如溶血性贫血、急性失血。②网织红细胞减少：提示骨髓造血功能低下，如再生障碍性贫血、急性白血病等。

（2）观察贫血的疗效　缺铁性贫血及巨幼红细胞贫血分别给予铁剂或叶酸治疗 4 ～ 5 天后，网织红细胞开始升高，7 ～ 10 天达高峰，2 周后逐渐降低，提示治疗有效。

（三）红细胞沉降率测定

红细胞沉降率（ESR）简称血沉，是指红细胞在一定条件下沉降的速度。

1. 标本采集　静脉采血 1.6ml，与 3.8% 枸橼酸钠 0.4ml 充分混匀，采血后 2 小时测定完毕。

2. 参考值　成年男性 0 ～ 15mm/1h 末；成年女性 0 ～ 20mm/1h 末。

3. 临床意义

（1）生理性血沉增快　见于妊娠 3 个月以上、月经期以及老年人等。

（2）病理性血沉增快　见于急性细菌性炎症、高球蛋白血症、组织坏死、高胆固醇血症、贫血、恶性肿瘤、风湿性疾病和结核病变活动等。

（3）病理性减慢　临床意义不大，可见于严重贫血、球形红细胞增多症等。

（四）白细胞计数和白细胞分类计数

正常人外周血液中白细胞分为中性粒细胞、嗜酸性粒细胞、嗜碱性粒细胞、淋巴细胞、单核细胞5种。白细胞计数（WBC）是测定单位容积血液中各种白细胞的总数；白细胞分类计数（DC）则是将血液制成涂片，经染色后分类，检测各类型白细胞的比值。各种类型白细胞的绝对值＝白细胞计数值×白细胞分类计数的百分数。

1. 标本采集

（1）自动化血液分析仪法　静脉采血1ml，抗凝，避免使用肝素。

（2）手工法　末梢血采血1滴，非抗凝。

2. 参考值

（1）白细胞计数　成人（3.5～9.5）$\times10^9$/L。

（2）白细胞分类计数百分率及绝对值　见表6-3。

表6-3　白细胞分类计数百分率及绝对值

分类	百分率（%）	白细胞绝对值（$\times10^9$/L）	分类	百分率（%）	白细胞绝对值（$\times10^9$/L）
中性粒细胞（N）	40～75	1.8～6.3	淋巴细胞（L）	20～50	1.1～3.2
嗜酸性粒细胞（E）	0.4～8.0	0.02～0.52	单核细胞（M）	3～10	0.1～0.6
嗜碱性粒细胞（B）	0～1	0～0.06			

3. 临床意义　白细胞计数高于10.0×10^9/L称为白细胞升高，白细胞计数低于3.5×10^9/L称为白细胞减少。由于外周血中的白细胞主要以中性粒细胞为主，故白细胞增多或减少通常与中性粒细胞增多或减少有密切关系和相同意义。

（1）中性粒细胞异常

1）中性粒细胞增多：生理性增多常见于新生儿、妊娠、分娩、寒冷、饱餐、剧烈运动等。病理性增多常见于：①急性感染，是引起增多最常见的原因，尤其是化脓性球菌感染如金黄色葡萄球菌、肺炎链球菌肺炎等。②严重组织损伤或坏死，如严重烧伤、较大手术及心肌梗死等。③急性溶血。④急性中毒，如镇静催眠药中毒、有机磷农药中毒、糖尿病酮症酸中毒、尿毒症等。⑤急性大出血，如内脏破裂所致大出血等。⑥恶性肿瘤，急性和慢性粒细胞白血病、消化道恶性肿瘤等。

2）中性粒细胞减少：常见于①某些感染，如伤寒、副伤寒及流感病毒感染等。②某些血液系统疾病，如再生障碍性贫血、粒细胞缺乏症等。③慢性理化损伤，长期接触某些化学药物或电离辐射。④脾功能亢进。⑤自身免疫病，如系统性红斑狼疮等。

考点　中性粒细胞增多与减少的临床意义

3）中性粒细胞核象变化：中性粒细胞核象是指中性粒细胞的分叶状况，反映粒细胞的成熟程度，核象变化可反映疾病的病情发展和预后。正常人外周血经涂片染色后可见中性粒细胞以 2 ～ 3 叶核为主，不分叶或分叶过多者均较少。

病理情况下，中性粒细胞的核象变化可分为以下两种：①核左移，外周血中含杆状核粒细胞超过 5%，甚至出现更幼稚的粒细胞，称核左移。伴白细胞增多常见于化脓性球菌引起的急性感染、急性溶血、急性中毒、急性出血和白血病等。②核右移，外周血中分叶核粒细胞增多，且 4、5 叶核以上的粒细胞超过 3% 时，称核右移。常见于应用阿糖胞苷等抗代谢药物及炎症的恢复期。伴白细胞总数减少，常见于巨幼红细胞贫血及恶性贫血，在感染的急性期出现核右移，提示预后不良。

考点 中性粒细胞核左移概念及其临床意义

（2）嗜酸性粒细胞异常

1）嗜酸性粒细胞增多：常见于①变态反应性疾病，如支气管哮喘、风疹、食物过敏、血清病等。②寄生虫病，如蛔虫病、血吸虫病和钩虫病等。③某些皮肤病，如湿疹、剥脱性皮炎等。④某些传染病，如猩红热。⑤某些恶性肿瘤，如霍奇金病。⑥某些血液病，如慢性粒细胞白血病等。

2）嗜酸性粒细胞减少：常见于①某些传染病，如伤寒的极期。②长期使用肾上腺皮质激素及肾上腺皮质功能亢进。

（3）嗜碱性粒细胞异常

1）嗜碱性粒细胞增多：常见于慢性粒细胞白血病、嗜碱性粒细胞白血病、骨髓纤维化或某些转移癌等。

2）嗜碱性粒细胞减少：无临床意义。

（4）淋巴细胞异常

1）淋巴细胞增多：①生理性增多，见于出生 1 周至 6 ～ 7 岁的儿童。②病理性增多，见于病毒或某些细菌感染，如风疹、流行性腮腺炎、传染性单核细胞增多症、百日咳等；某些慢性感染如结核病及急、慢性淋巴细胞白血病。

2）淋巴细胞减少：①绝对减少：见于长期应用肾上腺皮质激素、长期接触放射线、细胞免疫缺陷病等。②相对减少：急性化脓性感染时，中性粒细胞明显增多，淋巴细胞比例相对减少。

（5）单核细胞异常

1）单核细胞增多：①生理性增多，见于婴幼儿及儿童。②病理性增多，见于某些感染（如疟疾、黑热病、结核活动期、亚急性感染性心内膜炎）、粒细胞缺乏症恢复期、淋巴瘤、骨髓增生异常综合征、单核细胞性白血病等。

2）单核细胞减少：无临床意义。

（五）血小板计数

血小板计数（PC 或 PLT）是测定单位容积（L）周围血液中血小板的含量，是评估出血和血栓的重要指标之一。

1. 标本采集

（1）自动化血液分析仪法　静脉采血 1ml，EDTA 抗凝。

（2）手工法　末梢血采血 1 滴，非抗凝，使用塑料试管。

2. 参考值　（125 ～ 350）$\times 10^9$/L。

3. 临床意义

（1）生理性变化　血小板生理性增高常见于午后、妊娠中晚期、饱餐及剧烈运动后等。同一患者同时静脉采血和毛细血管采血测定，静脉采血结果血小板计数比较高。血小板生理性减少见于新生儿、女性月经期第一天。

（2）病理性变化

1）血小板增多：血小板计数超过 400×10^9/L 称为血小板增多。见于反应性增多如急性失血或溶血、急性或慢性炎症等；骨髓增生性疾病如真性红细胞增多症、特发性血小板增多症、慢性粒细胞白血病等；脾切除术后。

2）血小板减少：血小板计数低于 100×10^9/L 称血小板减少，低于 50×10^9/L 可能出现自发性出血。见于①血小板生成障碍，如再生障碍性贫血、急性白血病、放射病、化疗药物作用等；②血小板破坏增加，如特发性血小板减少性紫癜、脾功能亢进等；③血小板消耗过多，如弥散性血管内凝血；④血小板分布异常，如右心衰竭脾肿大时，过多血小板淤积在脾内。

二、止血与凝血功能检查

（一）出血时间

出血时间（BT）指皮肤毛细血管人工刺破后血液自然流出至自然停止所需的时间，是反映血小板止血功能和毛细血管壁功能的常用检查。

1. 标本采集　用采血针在指端刺出约 3mm 小伤口，从血液自然流出时开始计量，每隔 30 秒用干燥滤纸或棉球吸去流出的血液，直至流血自然停止。注意所刺伤口不要太深，伤口切勿挤压。

2. 参考值　（6.9±2.1）分钟，超过 9 分钟为异常。

3. 临床意义　出血时间延长可见于原发性或继发性血小板减少性紫癜、血小板无力症、毛细血管扩张症、血管性血友病、服用抗凝药物过量、尿毒症等。

（二）凝血时间

凝血时间（CT）指血液离开血管，在体外发生凝固的时间。凝血时间长短与各种凝血因子的含量和功能有关，是反映内源性凝血系统状况的筛选试验。

1. 标本采集　抽取静脉血 3ml，除去针头后将血液沿试管壁缓缓注入 3 个含抗凝剂的试管，每管 1ml，采血后标本在记录时间后低温保存，尽快送检。

2. 参考值　4 ～ 12 分钟。

3. 临床意义

（1）凝血时间延长　见于严重肝脏损害、各型血友病、阻塞性黄疸、先天性纤维蛋白原缺乏血症或使用了抗凝药物等。

（2）凝血时间缩短　见于血液高凝状态等。

（三）凝血酶原时间

凝血酶原时间（PT）是指在被检血浆中加入组织凝血活酶和钙离子后血浆凝固所需要的时间。用于检测外源性凝血系统功能。

1. 标本采集　早晨空腹静脉采血1.8ml，注入含3.8%枸橼酸钠溶液0.2ml的干燥抗凝试管内，颠倒5～8次充分混匀，1小时内送检。

2. 参考值　11～13秒，超过正常对照值3秒及以上有诊断价值。

3. 临床意义

（1）凝血酶原时间延长　见于凝血因子（Ⅱ、Ⅴ、Ⅶ、Ⅹ及纤维蛋白原）缺乏，如严重肝脏疾病、维生素K缺乏、弥散性血管内凝血晚期、纤维蛋白溶解亢进或使用抗凝药物等。

（2）凝血酶原时间缩短　见于血液高凝状态如弥散性血管内凝血早期、血栓性疾病、多发性骨髓瘤及心肌梗死等。

三、血液生化检查

（一）空腹血糖测定

血糖是指血液中的葡萄糖。空腹血糖（FBG）可判断糖代谢情况，是目前诊断糖尿病的主要依据，也是判断糖尿病病情和控制程度的主要指标。

1. 标本采集　抽取早晨空腹静脉血1ml，注入抗凝试管内。采血前8小时禁饮食、停用胰岛素和降糖药。

2. 参考值　葡萄糖氧化酶法为3.9～6.1mmol/L；邻甲苯胺法为3.9～6.4mmol/L。

3. 临床意义

（1）血糖增高　空腹血糖增高而未达到诊断糖尿病标准时，称为空腹血糖增高。生理性增高见于高糖饮食、剧烈运动、情绪紧张等。病理性增高见于糖尿病、内分泌疾病、肝和胰腺疾病、应激性高血糖、药物影响等。

（2）血糖降低　空腹血糖＜2.8mmol/L，称为血糖降低。生理性降低见于饥饿、妊娠、剧烈运动等。病理性降低见于胰岛素及口服降糖药过量，抗胰岛素激素分泌不足，肝糖原储存缺乏性疾病，严重营养不良等。

（二）口服葡萄糖耐量试验

口服葡萄糖耐量试验（OGTT）是检查人体血糖调节功能的葡萄糖负荷试验，主要用于诊断可疑的糖尿病。

正常人一次口服75g葡萄糖粉，血糖浓度略升高，且2小时后即恢复正常，称为耐糖现象。当糖代谢紊乱时，口服同样剂量的葡萄糖粉后，血糖水平急剧增高，且短时间内不能降至正常水平，称为糖耐量异常。

1. 标本采集　晨7～9时开始，受试者空腹8～10小时后口服溶于300ml水内的无水葡萄糖粉75g，如用1分子水葡萄糖则为82.5g。儿童则予每千克体重1.75g，总量不超过75g。糖水在5分钟之内服完。从服糖第1口开始计时，于服糖前和服糖后2小时分别在前臂采血测血糖。试验过程中，受试者不喝茶及咖啡，不吸烟，不做剧烈运动，但也无需绝对卧床。血标本应尽早送检。试验前 3 天内，每日碳水化合物摄入量不少于 150g。试验前停用能影响 OGTT 的药物如避孕药、利尿剂或苯妥英钠等 3 ～ 7 天。

2. 参考值 空腹血糖＜ 6.1mmol/L，服糖后 0.5 ～ 1 小时血糖浓度达高峰，一般为 7.8 ～ 9.0mmol/L，峰值＜ 11.1mmol/L，服糖后 2 小时血糖≤ 7.8mmol/L，服糖后 3 小时血糖应恢复至空腹水平。各检测时间点的尿糖均应为阴性。

3. 临床意义

（1）诊断糖尿病 ①空腹血糖≥ 7.0mmol/L；②或服糖后 2 小时血糖≥ 11.1mmol/L；③随机血糖≥ 11.1mmol/L。符合以上三点的任一点，复查一次，结果仍符合，可诊断为糖尿病。

（2）判断糖耐量是否异常

1）糖耐量减低 指空腹血糖＜ 7.0mmol/L；服糖后 2 小时血糖浓度为 7.8 ～ 11.0mmol/L；血糖高峰时间延至 1 小时后，血糖恢复正常延至 2 ～ 3 小时后，伴尿糖阳性。多见于 2 型糖尿病、肥胖症、甲状腺功能亢进症及皮质醇增多症等。

2）糖耐量增高 空腹血糖降低，服糖后血糖上升不明显，2 小时后血糖仍处于低水平。常见于胰岛 B 细胞瘤、腺垂体功能减退症和肾上腺皮质功能减退症等。

四、动脉血气分析

动脉血气分析是指对血液中的二氧化碳分压、酸碱度及氧分压等相关指标进行测定，用来判断有无呼吸衰竭和有无酸碱平衡失调的检查方法，是抢救危重患者和进行术中监护的重要指标之一。常用指标、参考值及临床意义见表 6-4。

表 6-4 动脉血气分析参考值及临床意义

测定项目	参考值	临床意义
动脉血氧分压（PaO_2）	95 ～ 100mmHg	判断有无缺氧和缺氧的程度，判断有无呼吸衰竭。缺氧时 PaO_2 降低，呼吸衰竭时 PaO_2 ＜ 60mmHg
动脉血二氧化碳分压（$PaCO_2$）	35 ～ 45mmHg，平均 40mmHg	$PaCO_2$ ＞ 45mmHg 提示呼吸性酸中毒，$PaCO_2$ ＜ 35mmHg 提示呼吸性碱中毒，Ⅱ型呼吸衰竭 $PaCO_2$ ＞ 50mmHg，肺性脑病 $PaCO_2$ ＞ 70mmHg
动脉血氧饱和度（SaO_2）	95% ～ 98%	降低提示缺氧。PaO_2 在 60mmHg 以下时，SaO_2 快速下降
动脉血 pH	7.35 ～ 7.45，平均 7.40	pH ＜ 7.35 为失代偿性酸中毒，pH ＞ 7.45 为失代偿性碱中毒，代偿性酸碱失衡、混合性酸碱失衡的 pH 可正常
标准碳酸氢盐（SB）	22 ～ 27mmol/L，平均 24mmol/L	增高见于代谢性碱中毒，降低见于代谢性酸中毒，是准确地反映代谢性酸碱平衡的指标
实际碳酸氢盐（AB）	22 ～ 27mmol/L	增高见于代谢性碱中毒和代偿性呼吸性酸中毒；降低见于代谢性酸中毒和代偿性呼吸性碱中毒
剩余碱（BE）	（0±2.3）mmol/L	增高提示代谢性碱中毒，降低提示代谢性酸中毒

第 2 节 尿液检查

案例 6-2

患者，女，39 岁。因晨起眼睑水肿、高血压、尿少到医院就诊。门诊医生怀疑“急性肾小球肾炎”，为其开尿常规化验单。

问题：1. 护士应收集何种尿标本？

2. 如果镜检红细胞数＞3 个 / 高倍视野（HP），如何评估患者的病情？

一、一般性状检查

尿液一般性状检查包括尿量、颜色及透明度、气味、酸碱度及比重等。

（一）尿量

1. 标本采集　收集 24 小时尿，测定容积。

2. 参考值　正常成人每 24 小时尿量为 1000 ～ 2000ml。

3. 临床意义

（1）多尿　成人每 24 小时尿量超过 2500ml 称为多尿。①生理性多尿见于饮水过多、输液过多、精神紧张、应用利尿剂等。②病理性多尿见于糖尿病、尿崩症、慢性肾炎、急性肾衰竭多尿期等。

（2）少尿或无尿　成人每 24 小时尿量少于 400ml 或每小时尿量持续少于 17ml 称为少尿，成人 24 小时尿量少于 100ml 称为无尿。

1）生理性少尿见于出汗过多、水分摄入不足等。

2）病理性少尿或无尿，见于①肾前性少尿：如休克、严重脱水引起的有效循环血量不足。②肾性少尿：如急、慢性肾小球肾炎，慢性肾衰竭及肾移植后急性排斥等。③肾后性少尿：如泌尿系统肿瘤、结石等所致的尿路梗阻。

考点 尿量变化的临床意义

（二）颜色及透明度

1. 标本采集　收集新鲜晨尿或随机尿 20ml，即刻送检。

2. 参考值　正常新鲜尿液为多呈淡黄色至深黄色的清澈透明液体。其颜色变化受尿量、食物、药物的影响。

3. 临床意义　常见的异常尿液如下。

（1）血尿　尿内含有一定量的红细胞，称为血尿。根据出血量不同，尿液可呈淡红色、洗肉水样、红色或混有血凝块。每升尿含血量超过 1ml 时呈淡红色，称为肉眼血尿。如尿液外观无变化，离心沉淀后，镜检红细胞数＞3 个 / 高倍视野（HP），称为镜下血尿。血尿提示泌尿系统出血，可见于泌尿系统炎症、肿瘤等，如急性肾小球肾炎、肾结核、膀胱癌；也可见于出血性疾病如血小板减少性紫癜等。

（2）血红蛋白尿　尿中含一定量的游离血红蛋白，称为血红蛋白尿。尿液呈酱油色或浓茶色，镜检不一定见到红细胞，但隐血试验呈阳性。见于严重的血管内溶血，如阵发性睡眠性血红蛋白尿、蚕豆病、血型不合的输血反应等。

（3）胆红素尿　尿中含有大量的胆红素，称胆红素尿。尿液呈深黄色，振荡后有黄色泡沫，胆红素定性试验阳性。见于肝细胞性黄疸、阻塞性黄疸、急性重型肝炎等。

（4）乳糜尿　尿内含有大量乳糜微粒，称为乳糜尿。尿液呈乳白色，见于丝虫病、肾周围淋巴管阻塞、腹腔肿瘤等。

（5）脓尿或菌尿　尿中含大量脓细胞或细菌渗出物，称为脓尿或菌尿。尿液呈灰白色或黄白色，镜检可见大量白细胞。离心尿液镜检白细胞＞5个/高倍视野（HP），称为镜下白细胞尿或镜下脓尿。主要见于泌尿系统感染如肾盂肾炎、膀胱炎和尿道炎等。

考点 尿色与疾病的关系

（三）气味

1. 标本采集　采集新鲜晨尿或随机尿20ml，即刻送检。

2. 临床意义　正常新鲜尿液无味，有时呈挥发性酸味，久置后可出现氨味。进食较多葱、蒜或韭菜后，尿液亦可有特殊气味。新鲜尿液如出现氨味，则提示慢性膀胱炎及尿潴留等。糖尿病酮症酸中毒时，尿液有烂苹果气味；有机磷农药中毒时，有蒜臭味；苯丙酮尿症时，尿液有鼠尿味。

（四）酸碱度

1. 标本采集　正常饮食，晨尿或随机尿20ml，即刻送检。

2. 参考值　正常人普通饮食时，尿pH约为6.5，波动范围为pH4.5～8.0。

3. 临床意义

（1）生理性尿pH变化　久置的尿液、高蛋白饮食者尿液偏酸性，多素食者尿液偏碱性。

（2）病理性尿pH变化　①病理性尿pH降低：见于酸中毒、糖尿病、发热、肾炎、痛风、白血病及服用大量酸性药物等。②病理性尿pH升高：见于碱中毒、膀胱炎、严重呕吐及服用大量碱性药物等。

（五）比重

尿比重受饮水、排汗影响较大，连续测定可粗略判断肾小管浓缩和稀释功能。

1. 标本采集　晨尿或随机尿20ml，即刻送检。

2. 参考值　正常成人尿比重为1.015～1.025，最大波动范围为1.003～1.030，晨尿比重最高，一般大于1.020。新生儿尿比重在1.002～1.004波动。

3. 临床意义

（1）尿比重增高　见于高热、脱水、周围循环衰竭等导致的血容量不足或糖尿病、急性肾小球肾炎、肾病综合征等。

（2）尿比重降低　见于急、慢性肾衰竭，尿崩症，大量饮水等，如尿比重持续在1.010左右，提示肾实质严重损害。

二、化学检查

尿液的化学检查主要包括尿蛋白、尿糖、尿酮体、尿胆原、尿胆红素和尿亚硝酸盐检查。

（一）尿蛋白检查

1. 标本采集　留取清晨首次中段尿或餐后 2 小时尿液，立即送检。

2. 参考值　定性试验为阴性反应；定量试验为＜ 80mg/24h。

3. 临床意义　尿蛋白定性试验呈阳性，尿蛋白定量试验＞ 150mg/24h，称为蛋白尿。

（1）生理性蛋白尿　尿蛋白定量常＜ 0.5g/24h，常见于高蛋白饮食、剧烈运动、精神紧张、寒冷、妊娠及长时间站立后等，无器质性病变。

（2）病理性蛋白尿　①肾小球性蛋白尿：尿蛋白定量常＞ 1g/24h，常见于肾病综合征、原发性或继发性肾小球疾病等。②肾小管性蛋白尿：尿蛋白定量常＜ 1g/24h，常见于肾盂肾炎、间质性肾炎、急性肾小管坏死和肾移植排斥反应等。③混合型蛋白尿：见于肾小球和肾小管均受损的疾病，如慢性肾炎、糖尿病肾损害和系统性红斑狼疮等。④溢出性蛋白尿：肾小管不能完全重吸收血浆中的小分子蛋白质，如溶血性贫血形成的血红蛋白尿、挤压综合征形成的肌红蛋白尿等。⑤组织性蛋白尿：是指来源于肾小管代谢产生、组织破坏分解、炎症或药物刺激泌尿系统分泌进入尿液而形成的蛋白尿。

（二）尿糖检查

1. 标本采集

（1）定性检查　留取晨尿或随机尿液 50 ～ 100ml 于清洁干燥容器内，立即送检。

（2）定量检查　留取 24 小时尿液，加适量的防腐剂（如甲苯）。

2. 参考值　定性试验为阴性；定量试验为 0.56 ～ 5.00mmol/24h。

3. 临床意义　尿糖定性试验呈阳性称为糖尿，糖尿常见于以下几种。

（1）暂时性糖尿　①生理性糖尿：因食糖或输注葡萄糖溶液过多过快引起。②应激性糖尿：如颅脑外伤、脑出血、急性心肌梗死等，出现暂时性血糖升高和糖尿。③精神性糖尿：见于精神过度紧张。

（2）持续性糖尿　①血糖正常性糖尿：也称肾性糖尿，是指血糖浓度正常，肾小管病变导致葡萄糖的重吸收降低，尿糖定性试验阳性。常见于慢性肾小球肾炎、肾病综合征、间质性肾炎和家族性糖尿等。②血糖增高性糖尿：常见于糖尿病、甲状腺功能亢进症、皮质醇增多症、嗜铬细胞瘤、肢端肥大症、胰腺炎、肝硬化等。

（3）假性糖尿　尿中还原性物质如维生素 C、葡糖醛酸、尿酸等增多，或使用某些药物如异烟肼、链霉素、阿司匹林等均可出现尿糖定性试验假阳性。

（4）其他　血中乳糖、半乳糖、果糖增多，可出现糖尿。

（三）尿酮体检查

酮体是乙酰乙酸、β- 羟丁酸和丙酮的总称，是体内脂肪代谢的中间产物。

1. 标本采集　晨尿或随机尿 20ml，即刻送检。

2. 参考值　定性试验为阴性。

3. 临床意义　尿酮体定性试验为阳性的尿液称为酮尿。

（1）糖尿病性酮尿　见于糖尿病酮症酸中毒。

（2）非糖尿病性酮尿　见于长期饥饿、高热、剧烈呕吐、严重腹泻、酒精性肝炎等。

（四）尿胆原及尿胆红素试验

正常人尿中有少量尿胆原排出，极微量尿胆红素排出。

1. 标本采集　晨尿或随机尿 20ml，即刻送检。

2. 参考值　尿胆原（UBG）定性试验为阴性或弱阳性反应，尿胆红素（BIL）定性试验为阴性反应。

3. 临床意义　各种原因引起胆红素代谢障碍，血中胆红素浓度增高，可出现尿胆原或尿胆红素异常，或伴有皮肤黏膜黄染，临床主要用于黄疸类型的鉴别，见表 6-5。

表 6-5　三种类型黄疸的尿胆原及尿胆红素定性结果

分类	尿胆红素定性	尿胆原定性
溶血性黄疸	阴性	强阳性
阻塞性黄疸	强阳性	阴性
肝细胞性黄疸	阳性	阳性

（五）尿亚硝酸盐检查

1. 标本采集　晨尿或随机尿 20ml，即刻送检。

2. 参考值　定性试验为阴性。

3. 临床意义　尿亚硝酸盐阳性见于尿路感染，但阴性不能排除尿路感染。

三、显微镜检查

尿液显微镜检查是指用显微镜对新鲜尿标本中的沉渣进行镜检，观察细胞、管型、结晶及尿沉渣定量检测。

标本采集：首选晨尿，随机尿也可，最好取清洁中段尿，一次性尿杯取 20ml，立即送检。

（一）细胞

正常人的尿液经离心沉淀可有少量上皮细胞和白细胞，无或偶见红细胞。

1. 红细胞

（1）参考值　显微镜下正常男性尿中无红细胞，女性＜ 3 个 / 高倍视野。

（2）临床意义　显微镜下尿中红细胞＞ 3 个 / 高倍视野称为镜下血尿。常见于急性肾小球肾炎、狼疮性肾炎，还见于泌尿系统感染、结石、结核、肿瘤等。

2. 白细胞

（1）参考值　正常尿中可见少量白细胞，男性 0 ～ 2 个 / 高倍视野，女性 0 ～ 4 个 / 高倍视野。

（2）临床意义　显微镜下尿液中白细胞＞ 5 个 / 高倍视野称为镜下脓尿，常见于泌尿系统感染，如肾盂肾炎、膀胱炎、尿道炎、肾结核、前列腺炎等。

3. 上皮细胞

（1）参考值　正常尿液中可见少量扁平上皮细胞和移行上皮细胞。

（2）临床意义　①上皮细胞明显增多伴白细胞，见于泌尿生殖系统炎症，如肾盂肾炎、膀胱炎等。②肾小管上皮细胞出现则提示肾实质损害，见于急性肾小球肾炎、慢性肾小球肾炎、肾移植后排异反应期、肾小管坏死等。

（二）管型

管型是蛋白质、细胞及其破碎产物在肾小管、集合管内凝固而形成的圆柱状体。

1. 参考值　正常人经过离心沉淀的尿液中无管型或偶见透明管型。

2. 临床意义

（1）透明管型　偶见于正常人的晨尿中。运动、重体力劳动、发热等可使透明管型一过性增多。经常或大量出现提示肾小球毛细血管内膜有损伤，多见于急性肾小球肾炎、慢性肾小球肾炎、肾动脉硬化等，肾炎晚期可出现异常粗大的透明管型。

（2）颗粒管型　见于肾实质性病变，如急性肾小球肾炎后期、慢性肾小球肾炎、慢性肾盂肾炎、中毒性肾小管损伤或肾病综合征。

（3）细胞管型　提示病变在急性期。①红细胞管型：表示肾内有出血，常见于急性肾小球肾炎、慢性肾炎急性发作、急性肾小管坏死等。②白细胞管型：常见于急性肾盂肾炎、间质性肾炎，也可见于狼疮性肾炎。③上皮细胞管型：常见于急性肾小管坏死、重金属中毒、肾移植急性排斥反应等。

（4）蜡样管型　见于慢性肾炎晚期、慢性肾衰竭、肾淀粉变性等，提示预后较差。

（5）其他管型　脂肪管型常见于类脂质肾病、慢性肾炎晚期，常提示预后不良；色素管型常见于血红蛋白尿、肌红蛋白尿等；肾衰竭管型在急性肾衰竭多尿期可大量出现，慢性肾衰竭出现此种管型，提示预后不良。

（三）结晶

1. 参考值　正常尿液中有时可见盐类结晶。

2. 临床意义　新鲜尿液中经常出现盐类结晶体并伴有较多红细胞，提示尿路结石。亮氨酸结晶见于严重的肝实质损伤；酪氨酸结晶见于氨基酸代谢障碍；服用解热镇痛药如阿司匹林、氨基水杨酸可在尿中出现双折射性斜方形结晶体。服用磺胺类药物后，若尿中有大量磺胺结晶体伴红细胞，提示肾损伤。

第3节　粪便检查

案例 6-3

患者，男，29 岁。消化性溃疡病史 2 年，近日因病情加重而到医院就诊，医生为其开“粪便隐血试验”化验单。

问题：1. 如粪便隐血试验使用化学检查法，收集粪便标本前，护士应如何交代患者？

2. 如果患者粪便隐血试验连续 2 个多月均为阳性，如何评价这个检查结果？

正常粪便由食物残渣、消化道分泌物、细菌和水分等组成。粪便检查主要用于了解消化系统功能状况，协助诊断消化系统疾病。

一、一般性状检查

1. 量 排便量受食物种类、进食量、消化器官功能影响。正常成人大多每日排便一次，为 100 ～ 300g。进食大量粗纤维食物，胃肠、胰腺功能紊乱或有炎症时，排便量增多或伴随异常成分。

2. 颜色和形状 正常成人粪便为黄褐色成形软便，婴儿粪便呈黄色或金黄色。常见的异常粪便如下。①鲜血便，常见于下消化道出血。②柏油样便，常见于上消化道出血。③果酱样便，常见于阿米巴痢疾及肠套叠患儿等。④球形硬便，常见于便秘。⑤米泔水样便，常见于霍乱。⑥黏液脓血便，常见于细菌性痢疾、溃疡性结肠炎、结肠癌或直肠癌等。⑦乳凝块状便，常见于小儿消化不良。⑧粥样或稀水样便，常见于感染性或非感染性腹泻。伪膜性肠炎排出黄绿色稀汁样便含膜状物，出血性坏死性肠炎排出红豆汤样便，艾滋病患者伴发肠道隐孢子虫感染时排出稀水样便，小儿肠炎排出绿色稀糊状便，蛋花汤样便常见于肠道轮状病毒感染。⑨白陶土样便，常见于胆汁淤积性黄疸等。⑩细条状、扁平状便，提示直肠狭窄，常见于直肠癌。

考点 粪便颜色及性状变化与疾病的关系

3. 气味 正常粪便含蛋白分解产物如吲哚及粪臭素而有臭味。慢性肠炎、胰腺疾病及直肠癌继发感染患者粪便有恶臭，阿米巴痢疾有血腥臭味，脂肪或糖类消化不良有酸臭味。

4. 寄生虫 正常粪便不含寄生虫。寄生虫感染患者，粪便中蛔虫、蛲虫及绦虫节片等较大虫体肉眼可见，粪便冲洗过筛后可见钩虫虫体。

二、化学检查

（一）粪便隐血检查

消化道少量出血，肉眼及显微镜均不能发现称为隐血。临床上隐血试验的方法分为两大类：一类是化学检查法，目前常用邻甲苯胺法；另一类是免疫学方法，其特异性高，不需要控制饮食。

1. 标本采集 用化学检查法做粪便隐血试验，检查前 3 天禁食铁剂及维生素 C、动物血、瘦肉、动物肝脏及富含叶绿素的食物，停服铁剂，勿咽下口咽部的血液（如牙龈出血），以免发生假阳性。免疫学方法检查则不必做此准备。检查日采集自然排出的新鲜粪便 10g，立即送检。

2. 参考值 定性检测阴性。

3. 临床意义 粪便隐血试验阳性见于上消化道出血，如消化性溃疡、消化道肿瘤等，常提示上消化道出血量达到了 5ml。胃癌患者隐血试验可持续阳性；消化性溃疡患者隐血试验可呈间断阳性，活动期常呈阳性，静止期则呈阴性。

（二）胆色素

1. 参考值 粪胆红素定性试验阴性；粪胆原及粪胆素定性试验阳性。

2. 临床意义

（1）粪胆红素阳性或强阳性 见于肠道炎症、腹泻等肠蠕动加速及婴儿。

（2）粪胆原、粪胆素　①强阳性：见于溶血性黄疸，阵发性睡眠性血红蛋白尿症、恶性贫血、地中海贫血、再生障碍性贫血、组织内出血等红细胞破坏显著增多。②弱阳性：见于胆道部分梗阻。③阴性：见于胆道完全梗阻，如胆总管结石、肿瘤等致完全阻塞时，粪便中因无胆色素呈白陶土色。④肝细胞性黄疸时，粪胆原可增加或减少，视肝内梗阻情况而定。

三、显微镜检查

1. 细胞　正常人粪便中无红细胞，不见或偶见白细胞。①红细胞，见于下消化道出血、阿米巴痢疾、溃疡性结肠炎、结肠癌和直肠癌等。②大量白细胞或脓细胞，见于肠道炎症。③肠黏膜上皮细胞，见于假膜性肠炎。④嗜酸性粒细胞增多，见于过敏性肠炎和肠道寄生虫病等。⑤巨噬细胞，见于细菌性痢疾、直肠炎患者等。⑥癌细胞，见于结肠癌和直肠癌患者等消化道恶性肿瘤。

2. 寄生虫虫卵和原虫　正常粪便中不含寄生虫虫体及虫卵。在粪便中查到各种寄生虫虫体、虫卵，可确诊肠道寄生虫病和原虫病。

3. 食物残渣　正常粪便中的食物残渣经充分消化形成无定形的细小颗粒。如肌纤维、淀粉颗粒、脂肪小滴等大量出现，提示消化不良、胰腺功能不全等。

四、细菌学检查

正常粪便中可含有大量细菌，多数属肠道正常菌群，无临床意义。肠道致病菌检测主要通过粪便细菌培养分离和鉴定或直接涂片镜检，粪便培养用于肠道感染性疾病的确诊和菌种鉴定。

第 4 节　肝功能检查

案例 6-4

王先生，49 岁，嗜酒，乙型肝炎病史 20 多年。因反复牙龈出血 1 年，皮肤黄染 1 个月就诊。查体：全身皮肤、黏膜黄染，颈部及胸部有蜘蛛痣，移动性浊音阳性。实验室检查：血红蛋白 75g/L，白细胞 4.0×10^9/L，血小板 57×10^9/L，丙氨酸转移酶 50U，白蛋白 35g/L，球蛋白 133g/L。初步诊断：肝硬化。

问题：1. 该患者血标本采集有哪些要求？

2. 该患者肝功能检查哪些数值异常？

肝功能检查是临床上重要的辅助检查方法之一，可以协助诊断各种肝脏疾病，估计肝脏受损程度，分析黄疸的类型，选择治疗的药物，术前评价患者耐受能力，评估病情及预后，确定治疗方案。肝脏疾病实验室检查项目较多，主要包括血清蛋白质、胆红素、酶学的检查。

一、标本采集

患者采血前 1 天晚餐后禁食 8 ～ 12 小时，于清晨采集空腹静脉血 2ml，注入干燥试管中送检，不抗凝。丙氨酸氨基转移酶（ALT）检查采血前 3 天禁酒，避免大量运动。血清胆红素检查前避免使用类固醇药物。

链接

肝功能检查为什么要空腹采血?

许多生化检验比如肝功能检查的正常值，是以正常人的空腹血所测得的数值经统计学处理后获得的，因而每项检验结果都有一项正常范围。空腹血是指清晨未进餐前所抽取的静脉血，各种生化成分比较稳定，测得的数值可以真实地反映出机体的生化变化。如果进食后采血，血液中的生化成分会出现暂时性的变化，测得的各项结果不能反映机体的真实情况，无法与空腹血所测得的正常值进行比较，就不能做出准确的临床判断。

二、血清蛋白质检查

肝脏是合成蛋白质的重要器官，血液中全部清蛋白、部分 α 球蛋白及 β 球蛋白均由肝脏合成，血清蛋白质水平及各蛋白质的比例主要反映肝脏合成蛋白质的功能。

（一）血清总蛋白、白蛋白、球蛋白测定

1. 参考值　总蛋白（TP）为 65 ～ 85g/L；白蛋白（A）为 40 ～ 55g/L；球蛋白（G）为 20 ～ 30g/L；白蛋白（A）/ 球蛋白（G）为（1.2 ～ 2.4）：1。

2. 临床意义

（1）总蛋白（TP）

1）总蛋白增高：TP ＞ 85g/L 称为高蛋白血症。见于蛋白质合成增加或血液浓缩（如严重呕吐、腹泻、高热等）。

2）总蛋白降低：TP ＜ 65g/L 称为低蛋白血症。见于营养不良、输液过多造成血浆被稀释、肝细胞损害、蛋白质合成障碍或蛋白质大量丢失等。

（2）白蛋白（A）

1）白蛋白增高：见于血液浓缩如大面积烧伤、原发性慢性肾上腺皮质功能减退症［也称艾迪生病（Addison 病）］等。

2）白蛋白降低：见于白蛋白合成减少、白蛋白吸收减少、消耗过多、丢失过多及血液稀释等。白蛋白降低常伴 γ- 球蛋白增高。若白蛋白持续低于 30g/L，则预后较差。

（3）球蛋白（G）

1）球蛋白增高：当血清球蛋白＞ 35g/L，称为高球蛋白血症。其中以 γ- 球蛋白增高为主。见于肝肾疾病及巨球蛋白血症、自身免疫病、多发性骨髓瘤等。

2）球蛋白降低：见于 3 岁以下婴幼儿、长期应用肾上腺皮质激素或免疫抑制剂、先天性低 γ- 球蛋白血症等。

（4）白蛋白与球蛋白的比值　白蛋白降低和（或）球蛋白增高可使 A/G 降低或倒置，常见于严重肝功能损害，如慢性肝炎、肝硬化、肝癌、多发性骨髓瘤及原发性巨球蛋白血症等。

考点 总蛋白、白蛋白、球蛋白测定的正常参考值及临床意义

（二）血清蛋白电泳

在 pH 8.6 缓冲液中，血清蛋白均带有负电荷，在电场中向阳极泳动。由于血清中各种蛋白质分子颗粒大小、等电点及所带电荷不同，在电场中泳动的速度也不同，据此可将血清蛋白分离。

1. 参考值（醋酸纤维素膜法）　白蛋白 62% ～ 71%；α_1 球蛋白 3% ～ 4%；α_2 球蛋白 6% ～ 10%；β 球蛋白 7% ～ 11%；γ 球蛋白 9% ～ 18%。

2. 临床意义

（1）肝脏疾病　如慢性肝炎、肝硬化、肝细胞癌时，白蛋白降低，α_1 球蛋白、α_2 球蛋白、β 球蛋白减少，γ 球蛋白增高。γ 球蛋白增高与肝炎的严重程度成正比。肝硬化有典型的蛋白电泳图形，γ 球蛋白明显增加，γ 和 β 球蛋白连成一片不易分开，形成 β-γ 桥。

（2）骨髓瘤　γ 球蛋白增高，呈现特异的电泳图形，大多在 γ 球蛋白区（个别在 β 球蛋白区）出现一狭窄而深染区带，称为 M 蛋白。

（3）肾病综合征、糖尿病肾病　有特异的电泳图形，白蛋白及 γ 球蛋白下降，α_2 球蛋白增高及 β 球蛋白增高。

三、血清胆红素检查

血清中的胆红素大部分由衰老红细胞被破坏后产生出来的血红蛋白衍化而成，在肝内经过葡糖醛酸化的称为直接胆红素（DBIL），未在肝内经过葡糖醛酸化的称为间接胆红素（IBIL），两者合称为总胆红素（TBIL）。

1. 参考值　总胆红素（TBIL）为 3.4 ～ 17.1μmol/L；直接胆红素（DBIL）为 0 ～ 6.8μmol/L；间接胆红素（IBIL）为 1.7 ～ 10.2μmol/L。

2. 临床意义

（1）用于黄疸的判断　总胆红素为 17.1 ～ 34.2μmol/L 的黄疸，视诊不易查出，称为隐性黄疸；当总胆红素＞ 34.2μmol/L 时，皮肤、黏膜、巩膜出现黄染，称为显性黄疸。总胆红素在 34.2 ～ 170μmol/L 为轻度黄疸；在 171 ～ 342μmol/L 为中度黄疸；＞ 342μmol/L 为重度黄疸。

（2）鉴别黄疸类型　溶血性黄疸、阻塞性黄疸及肝细胞性黄疸胆红素代谢的区别，见表 6-6。

表 6-6　溶血性黄疸、阻塞性黄疸及肝细胞性黄疸胆红素代谢的区别

黄疸类型	TBIL	IBIL	DBIL	DBIL/TBIL
溶血性黄疸	增高	明显增高	轻度增高	＜ 0.2
阻塞性黄疸	增高	轻度增高	明显增高	＞ 0.5
肝细胞性黄疸	增高	中度增高	中度增高	0.2 ～ 0.5

考点　根据胆红素升高的情况鉴别黄疸的类型

四、血清酶学检查

肝细胞代谢活跃，主要和肝细胞中含有丰富的酶类有关。当肝细胞损伤时，细胞内酶释放到血清中，可导致相关血清酶含量的变化。因此，临床上用这些酶含量的变化来作为判断肝细胞损伤的指标。

（一）丙氨酸转氨酶（ALT）

1. 参考值　速率法（37℃）男性 15 ～ 45U/L，女性 13 ～ 40U/L。

2. 临床意义　在病毒性肝炎早期，ALT 最早升高。主要见于急性肝炎、慢性肝炎、肝硬化、中毒性肝炎、脂肪肝、胆囊炎等。ALT 是肝功能损害最敏感的检测指标。

（二）天冬氨酸转氨酶（AST）

1. 参考值　速率法（37℃）男性 45 ～ 125U/L，女性（20 ～ 49 岁）35 ～ 100U/L，女性（50 ～ 79 岁）50 ～ 135U/L。

2. 临床意义　AST 升高主要见于心肌梗死、急性肝炎或某些大手术。急性重症肝炎初期，AST 明显增高，表明肝细胞严重损伤。若胆红素持续增高，转氨酶却降低，出现“胆 - 酶分离”现象，提示肝细胞严重坏死，预后不良。

考点 ALT、AST 测定的正常参考值及临床意义

（三）碱性磷酸酶（ALP）

1. 参考值　磷酸硝基苯酚连续监测法（37℃）：成年男性 45 ～ 125U/L，成年女性 20 ～ 49 岁为 35 ～ 100U/L，50 ～ 79 岁为 50 ～ 135U/L。

2. 临床意义

（1）肝胆疾病　梗阻性胆道疾病和肝细胞损伤，如急慢性黄疸性肝炎、肝癌等，血清 ALP 升高，在升高幅度上肝外梗阻＞肝内梗阻，完全梗阻＞不完全梗阻，恶性肿瘤＞胆石症。原发性肝癌和 90% 转移性肝癌 ALP 升高最明显。

（2）骨骼疾病　纤维性骨炎、骨肉瘤、骨软化症、佝偻病、骨折恢复期等均可引起 ALP 不同程度升高。

（3）鉴别黄疸　ALP、TBIL、ALT 同时测定可鉴别黄疸类型，见表 6-7。

表 6-7　ALP、TBIL、ALT 同时测定鉴别黄疸

	胆汁淤积性黄疸	肝细胞性黄疸	溶血性黄疸
ALP	明显增高	正常或稍增高	正常
TBIL	明显增高	中度增高	增高或明显增高
ALT	轻度增高	明显增高	正常

（四）γ- 谷氨酰转移酶（GGT）

1. 参考值　硝基苯酚速率法（37℃）男性 10 ～ 60U/L，女性 7 ～ 45U/L。

2. 临床意义

（1）正常　可见于正常人或慢性肝炎、肝硬化的非活动期。

（2）轻度增高　见于胰腺癌、前列腺癌、脂肪肝、胆道感染、胆石症、急性胰腺炎、嗜酒等。急性肝炎 GGT 增高，若持续升高，提示肝炎病变活动或病情恶化。

（3）明显或中度以上升高（300 ～ 1000U/L）　见于酒精性肝炎、药物性肝炎。

第 5 节　肾功能检查

案例 6-5

患者，女，37 岁。有慢性肾小球肾炎病史 15 年，近日，病情加重入院就诊。医生为其开“肾功能检查”化验单。

问题：1. 测定该患者的内生肌酐清除率，应如何进行标本采集？

2. 如何判断肾小球滤过功能受损程度？

肾脏是泌尿器官，主要功能是生成尿液，排泄体内多余的水分、代谢废物和有毒物质，维持体内水、电解质和酸碱平衡。肾功能检查对判断肾脏疾病的严重程度和评估预后，确定治疗方案及调整某些药物的用药剂量等具有重要价值。

一、肾小球功能试验

（一）内生肌酐清除率测定

肾在单位时间将若干毫升血浆中的内生肌酐全部清除出去，称为内生肌酐清除率（Ccr）。是测定肾小球滤过功能最常用、最敏感的方法。

1. 标本采集　连续 3 天低蛋白饮食（＜ 40g/d），禁食鱼、肉类，禁饮咖啡、茶，禁服含高肌酐的药物，避免剧烈运动。于第 4 日晨 8 时排净尿液，收集此后至次晨 8 时的 24 小时尿液，并加甲苯 4 ～ 5ml 防腐。在同一天内任何时间，抽取静脉血 2 ～ 3ml，注入抗凝管内，充分混匀。将血标本和 24 小时尿标本同时送检。测定血液及尿液中的肌酐浓度。

2. 参考值　成人 80 ～ 120ml/min，新生儿 40 ～ 65ml/min。

3. 临床意义

（1）反映肾小球滤过功能　Ccr 是反映肾小球滤过功能的敏感指标，成人 Ccr ＜ 80ml/min 提示肾小球滤过功能下降。急性肾小球肾炎患者首先出现 Ccr 下降，并随病情好转而回升。慢性肾小球损害，Ccr 呈进行性下降。

（2）判断肾小球滤过功能下降程度　Ccr 在 51 ～ 80ml/min 为肾衰竭代偿期，Ccr 在 20 ～ 50ml/min 为肾衰竭失代偿期，Ccr 在 10 ～ 19ml/min 为肾衰竭期，Ccr ＜ 10ml/min 为尿毒症期或肾衰竭终末期。

（3）指导治疗　① Ccr ＜ 40ml/min 时，应限制蛋白质摄入。② Ccr ＜ 30ml/min 时，使用噻嗪类利尿剂治疗常无效。③ Ccr ＜ 10ml/min 时，应进行透析治疗。

（4）观察肾移植术的疗效　如肾移植手术成功，Ccr 逐渐回升，反之 Ccr 不回升。若发生急性排异反应，Ccr 可再度下降。

（二）血清尿素氮

血清尿素氮（BUN）是体内氨基酸分解代谢的最终产物之一，主要由肾小球滤过随尿排出，当肾实质损害，肾小球滤过率降低，血中尿素氮浓度增加。

1. 标本采集　抽取空腹静脉血 3ml，注入干燥试管，不抗凝。

2. 参考值　男性 3.1 ～ 9.5mmol/L，女性 2.6 ～ 8.8mmol/L。

3. 临床意义　血中尿素氮增高见于以下两个方面。

（1）生理性因素　蛋白质摄入量增加，血清尿素氮增高，反之则减少。男性比女性平均高 1.4 ～ 2.2mmol/L，随年龄增长有增高的倾向。成人日间平均值为 2.8mmol/L。

（2）病理性因素　血清尿素氮增高的原因①肾灌注不足：主要见于循环功能衰竭、大出血、大面积烧伤、脱水等引起的血容量不足，造成肾血流量减少，肾小球滤过率降低，导致血中尿素氮潴留而升高，但肌酐增高不明显。②肾脏疾病：如慢性肾炎、肾动脉硬化、肾盂肾炎、肾结核或肾肿瘤等疾病晚期肾单位减少，肾小球滤过率严重降低。③蛋白质分解过多：如上消化道出血、甲状腺功能亢进症、高热及应用大剂量肾上腺皮质激素等。

考点　内生肌酐清除率（Ccr）、血清尿素氮（BUN）测定的临床意义

（三）血肌酐

1. 标本采集　抽取空腹静脉血 3ml，注入含抗凝剂的抗凝管中。

2. 参考值　男性 57 ～ 111μmol/L，女性 41 ～ 81μmol/L。

3. 临床意义

（1）提示肾小球滤过功能减退　血肌酐（Cr）升高见于各种严重、晚期的肾脏疾病造成的肾小球滤过功能减退，慢性肾衰竭时，血肌酐升高程度与病变严重程度成正比。

（2）鉴别病变脏器　肾源性肾功能不全，血肌酐常超过 200μmol/L。心力衰竭时，肾血流量减少，血肌酐上升一般不超过 200μmol/L。若血肌酐与尿素氮均升高，则说明肾损害明显，若只有尿素氮升高，血肌酐正常，则可能是肾外因素所致。

考点　血肌酐测定的临床意义

二、肾小管功能试验

（一）尿液浓缩稀释试验

在正常或特定饮食条件下，通过观察患者尿量及尿比重的变化，来判断肾浓缩与稀释功能的方法，称为尿液浓缩稀释试验。

1. 参考值

（1）尿量　1000 ～ 2000ml/24h，日尿量＞夜尿量，日、夜尿量之比为（3 ～ 4）：1，12 小时夜尿量＜ 750ml。

（2）比重　最高比重＞ 1.020，最高比重与最低比重之差值＞ 0.009。

2. 临床意义

（1）尿量多　①夜尿量多于 750ml，夜尿量＞日尿总量，提示早期肾功能不全。②多尿、夜尿增多、低比重尿或比重固定在 1.010，提示肾浓缩功能不全，见于慢性肾盂肾炎、慢性

肾小球肾炎、慢性肾衰竭或急性肾衰竭多尿期。③尿量超过 4000ml/24h，且各次比重均低于 1.006，见于尿崩症。

（2）尿量少 尿量少而比重高，见于血容量不足而引起的肾前性少尿。

（二）尿渗量和血浆渗量测定

尿渗量是指尿液全部溶质的微粒总数，血浆渗量是指血液全部溶质的微粒总数。

1. 参考值

（1）尿渗量（Uosm） 为 600 ～ 1000mOsm/（kg • H_2O）。

（2）血浆渗量（Posm） 为 275 ～ 305mOsm/（kg • H_2O）。

Uosm/Posm 为（3 ～ 4.5）：1。

2. 临床意义

1）Uosm 在 300mOsm/（kg • H_2O）左右时，称为等渗尿。Uosm ＜ 300mOsm/（kg • H_2O）称为低渗尿；正常人禁饮 8 小时后 Uosm ＜ 600mOsm/（kg • H_2O），且 Uosm/Posm 的比值小于等于 1，提示肾脏浓缩功能受损，可见于慢性肾炎后期、慢性肾盂肾炎及多囊肾等。

2）鉴别肾前性少尿和肾性少尿：肾前性少尿时，Uosm 常大于 450mOsm/（kg • H_2O）；肾性少尿时，Uosm 常小于 300mOsm/（kg • H_2O）。

第 6 节 脑脊液检查

案例 6-6

患儿，男，7 岁，因高热、皮肤黏膜出血点、头痛 2 天入院，门诊以“流行性脑脊髓膜炎”收入院。

问题： 1. 试述脑脊液标本的采集方法。

2. 化脓性脑膜炎的脑脊液有什么特点？

脑脊液是血液流经脑室脉络丛等处时滤过生成的一种无色透明液体，循环流动在脑和脊髓表面，对脑和脊髓起到保护、营养等多重作用。中枢神经系统任何部位发生感染、外伤、水肿、出血、肿瘤等病变都可以引起脑脊液成分和（或）压力的改变，检查脑脊液对神经系统疾病的诊断、疗效观察和预后判断均有重要意义。

一、标本采集与处理

脑脊液标本应由经过专科培训的临床医生按照标准操作程序采集，一般行腰椎穿刺，穿刺成功后先测脑脊液压力。特殊情况可从小脑延髓池或侧脑室穿刺采集。脑脊液标本采集宜使用无菌试管（用于细胞学检查的标本不宜使用玻璃材质的容器），若能采集足量标本，应将其分装至 3 ～ 4 支试管，每管宜取 3 ～ 5ml，一般无需使用抗凝剂。第 1 管用于化学和免疫学检查如蛋白质、葡萄糖等，第 2 管用于微生物学检查，第 3 管用于细胞计数和分类计数。如需要做细胞病理学检查，宜采集第 4 管标本。若第 1 管混有穿刺出血，不可用于以蛋白质检查作为主要依据的疾病诊断，如多发性硬化症。

若无法采集足量标本，可不进行分装，由医生决定检查项目。若需要进行微生物学检查，宜优先进行，再尽快进行其他检查。脑脊液标本应在室温条件下尽快运送，细胞计数和分类计数宜在1小时内完成检查，以免细胞破损。只有用于蛋白质和核酸分析的标本，可贮存于冷冻条件下（–20℃以下）。脑脊液微生物学检查标本不可冷藏，在室温条件下立即送检或在患者床旁接种。

二、检查项目及临床意义

脑脊液的检查项目主要包括一般性状检查（颜色及透明度、凝固性、压力）、化学检查（蛋白质定性和定量检查、葡萄糖检查、氯化物检查）、显微镜检查（细胞计数和白细胞分类）及病原体检查。

正常人及常见疾病的脑脊液特点见表6-8。

表6-8 正常人及常见疾病脑脊液特点

项目	压力（mmH_2O）	外观	蛋白质		葡萄糖（mmol/L）	氯化物（mmol/L）	细胞计数与分类	细菌
			定性	定量（g/L）				
正常	80～180	无色透明	—	0.20～0.45	2.5～4.5	120～130	（0～8）$\times10^6$/L，淋巴细胞为主	无
化脓性脑膜炎	明显增高	混浊、脓性可有凝块	+++～++++	显著增高	明显减少或消失	轻度减少	（1000～2000）$\times10^6$/L，以中性粒细胞为主	化脓菌
结核性脑膜炎	增高	微浊、毛玻璃样，静置后有薄膜	+～+++	增高	减少	减少	＜500$\times10^6$/L，早期以中性粒细胞为主，后期以淋巴细胞为主	抗酸杆菌
病毒性脑膜炎	轻度增高	清晰或混浊	+～++	轻度增高	正常或稍高	正常	增加，以淋巴细胞为主	无
脑肿瘤	增高	无色或黄色	+～++	增高	正常	正常	正常或轻度增加，以淋巴细胞为主	无
蛛网膜下腔出血	轻度增高	均匀血性	+～++	轻度增高	增高	正常	增加，以红细胞为主	无

第7节 浆膜腔积液检查

人体胸腔、腹腔和心包腔统称为浆膜腔。生理情况下，腔内有少量液体起润滑作用。病理状态下，腔内液体量明显增多，称为浆膜腔积液。根据浆膜腔积液产生的原因及性质不同，分为渗出液和漏出液。渗出液多为炎症性积液，多由炎症引起，也可因恶性肿瘤、风湿病、外伤、化学性刺激等引起。漏出液为非炎症性积液，常见于慢性充血性心力衰竭、肝硬化、肾病综合征、重度营养不良及丝虫病等。

案例 6-7

患者，男，56 岁，有慢性乙型肝炎病史 25 年，肝硬化病史 7 年。近 1 个月来出现消瘦、肝脏进行性肿大及持续性肝区疼痛，腹水呈血性，医生诊断为“原发性肝癌”。

问题：1. 如何进行腹水标本的采集？

2. 该患者腹水是漏出液还是渗出液？如何鉴别渗出液和漏出液？

一、标本采集

在无菌操作下，协助医生在相应的部位行浆膜腔穿刺，抽取积液 10 ～ 20ml，注入 4 支干燥无菌容器中，分别进行一般性状检查、化学检查、显微镜检查和细菌学检查。化学检查和细菌学检查标本中应加入抗凝剂。

二、检查项目及临床意义

浆膜腔积液的检查项目包括颜色及透明度、凝固性、比重、黏蛋白定性试验、蛋白质定量试验、葡萄糖测定、乳酸脱氢酶测定、细胞计数及分类、脱落细胞学检查和细菌学检查等。区别浆膜腔积液的性质，对疾病的诊断和治疗具有重要意义。漏出液和渗出液的鉴别要点见表 6-9。

表 6-9 漏出液与渗出液主要鉴别要点

项目	漏出液	渗出液
原因	非炎症	炎症、肿瘤、理化因素刺激
颜色、性质	淡黄、浆液性	不定、黄色、血性、脓性
透明度	透明或微混	大多混浊
凝固性	不易凝固	易凝固
比重	＜ 1.018	＞ 1.018
Rivalta 试验	阴性	阳性
蛋白总量	＜ 25g/L	＞ 30g/L
蛋白定量 / 血清蛋白	＜ 0.5	＞ 0.5
葡萄糖定量	与血糖相近	低于血糖
乳酸脱氢酶（LDH）	＜ 200U/L	＞ 200U/L
积液 LDH/ 血清 LDH	＜ 0.6	＞ 0.6
细胞总数	＜ 100×10^6/L	＞ 500×10^6/L
有核细胞分类计数	以淋巴细胞和间皮细胞为主	急性感染以中性粒细胞为主，慢性感染以淋巴细胞为主。肿瘤可有肿瘤细胞
细菌检查	阴性	可找到致病菌
肿瘤细胞	无	可找到肿瘤细胞

Rivalta 试验：即里瓦尔塔试验。炎症过程中由于血管壁通透性升高等原因，从血管内渗出到间质、体腔或体表的液体含有较多的蛋白质（包括大分子的纤维蛋白原）和细胞成分，肉眼见混浊，能自凝，比重大于 1.018，为 Rivalta 试验阳性。

考点 漏出液与渗出液主要鉴别要点

第 8 节　常用免疫学检查

案例 6-8

患者，男，55 岁。既往乙型肝炎病史 35 年，肝硬化病史 5 年。近日，右上腹疼痛进行性加重，AFP 55μg/L，医生拟诊“肝癌”。

问题：1. 哪项肿瘤标志物对原发性肝癌有诊断价值？

2. AFP 增高对诊断原发性肝癌有什么意义？

一、肿瘤标志物检查

肿瘤标志物是由肿瘤细胞合成、释放或机体对肿瘤细胞反应而产生的一类物质，主要包括蛋白质类、糖类和酶类等。肿瘤标志物对肿瘤的普查、诊断、疗效、复发的监测及预后具有一定的价值。

（一）血清甲胎蛋白测定

甲胎蛋白（AFP）是胚胎早期由肝合成的一种糖蛋白，出生后甲胎蛋白的合成明显受抑制而迅速降低，当肝细胞或生殖腺胚胎组织发生恶性病变时，原已丧失合成甲胎蛋白功能的细胞又重新开始合成，使血中甲胎蛋白含量增高。

1. 标本采集与处理　抽取空腹静脉血 3ml，注入干燥试管内，勿使其溶血。

（1）采血前准备　采血前 3 天保持正常生活习惯，不做剧烈运动和重体力劳动；采血前 1 天晚餐后至第 2 天上午采血前禁食，禁食时间 8 ～ 14 小时。

（2）采血　受检者取坐位，采血前静息 15 分钟，使用血清分离胶管，采用真空采血方式，自肘前静脉采血。

（3）血液样品处理　样品在采集后 2 小时内及时分离血清，检查并剔除溶血、黄疸或乳糜样品，血清分离后 2 小时内进行分析。

2. 参考值　定性试验为阴性；定量试验成人＜ 25μg/L。

3. 临床意义

（1）生理性增高　妊娠 3 ～ 4 个月甲胎蛋白升高，7 ～ 8 个月达高峰，但一般＜ 300μg/L，分娩后 3 周恢复正常。

（2）病理性增高　见于①原发性肝细胞癌：约 90% 的原发性肝细胞癌患者血清甲胎蛋白增高，超过 30μg/L 有诊断价值，血清甲胎蛋白是原发性肝癌确诊率高而又简便的检查。但原发性胆管细胞癌和肝脏转移癌血清甲胎蛋白含量不增高。②慢性肝病：病毒性肝炎、肝硬化时。③生殖腺胚胎瘤、胃癌或胰腺癌等，血清甲胎蛋白也有不同程度的增高。

（二）血清癌胚抗原测定

癌胚抗原（CEA）是一种广谱性肿瘤标志物，可在多种肿瘤中出现，脏器特异性低。

1. 标本采集与处理　抽取空腹静脉血 3ml，注入干燥试管内，勿使其溶血。

（1）采血前准备　采血前 3 天保持正常生活习惯，不做剧烈运动和重体力劳动；采血前 1 天晚餐后至第 2 天上午采血前禁食，禁食时间 8 ～ 14 小时。

（2）采血　受检者取坐位，采血前静息 15 分钟，使用血清分离胶管，采用真空采血方式，自肘前静脉采血。

（3）血液样品处理　样品在采集后 2 小时内及时分离血清，检查并剔除溶血、黄疸或乳糜样品，血清分离后 2 小时内进行分析。

2. 参考值　ELISA 法和 RIA 法：癌胚抗原＜ 5μg/L。

3. 临床意义　癌胚抗原测定主要用于辅助恶性肿瘤的诊断、判断疗效和预后，监测肿瘤是否复发等。癌胚抗原升高主要见于①明显升高：胰腺癌、结肠癌、直肠癌、胃癌、肺癌、乳腺癌等患者，病情加重时可升高，病情好转时降低。②轻度升高：胰腺炎、溃疡性结肠炎、肝脏疾病、肺气肿及支气管哮喘等；大量吸烟者，偶可有癌胚抗原轻度升高。③原发性肝癌中癌胚抗原升高者不超过 9%，转移性肝癌中癌胚抗原升高者超过 90%，而且绝对值明显升高。

二、乙型肝炎病毒免疫标志物

乙型肝炎病毒免疫标志物有乙型肝炎病毒表面抗原（HBsAg）、乙型肝炎病毒表面抗体（抗 -HBs）、乙型肝炎病毒 e 抗原（HBeAg）、乙型肝炎病毒 e 抗体（抗 -HBe）、乙型肝炎病毒核心抗原（HBcAg）、乙型肝炎病毒核心抗体（抗 -HBc）、前 SI 抗原（HB-PreSI-Ag）。

1. 参考值　血清 HBsAg、抗 -HBs、HBeAg、抗 -HBe、HBcAg、抗 -HBc 及 HB-PreSI-Ag 均为阴性。

2. 临床意义　见表 6-10。

表 6-10　乙型肝炎病毒血清五项免疫标志物检查结果的临床意义

HBsAg	抗 -HBs	HBeAg	抗 -HBe	抗 -HBc	临床意义
－	－	－	－	－	未感染 HBV
＋	－	－	－	－	急性乙型肝炎潜伏后期，慢性 HBV 感染，HBV 携带者
－	＋	－	－	－	乙型肝炎恢复期，注射乙型肝炎疫苗或抗 -HBs 免疫球蛋白后
－	－	－	－	＋	急性乙型肝炎早期，既往感染 HBV
＋	－	＋	－	－	急性乙型肝炎早期，病毒复制，传染性强
＋	－	－	－	＋	急性或慢性乙型肝炎
－	＋	－	＋	＋	乙型肝炎恢复期，开始产生免疫力
－	＋	－	－	＋	乙型肝炎恢复期，已经产生免疫力
－	－	－	＋	＋	乙型肝炎恢复期，尚未产生抗 -HBs
＋	－	＋	－	＋	急、慢性乙型肝炎，病毒复制，传染性强
＋	－	－	＋	＋	急性乙型肝炎趋向恢复，慢性携带者，传染性低
＋	－	＋	＋	＋	急性或慢性乙型肝炎，传染性中度

考点 乙型肝炎病毒免疫标志物测定的临床意义

自测题

A1 型题

1. 粪便隐血试验阳性常提示上消化道出血量达到了

A. 1ml　　B. 2ml

C. 5ml　　D. 50ml

E. 60ml

2. 生理性贫血出现在小儿出生后

A. 2 个月以内　　B. 2 ～ 3 个月

C. 4 ～ 6 个月　　D. 6 ～ 8 个月

E. 8 个月以后

3. 采用铁制剂治疗一段时间后，其疗效指标最早出现的是

A. 血红蛋白上升

B. 红细胞计数上升

C. 红细胞体积上升

D. 红细胞直径增大

E. 网织红细胞数上升

4. 尿常规检查时，留取尿标本的时间正确的是

A. 饭前半小时　　B. 全天尿液

C. 早晨第一次尿　　D. 随时收集尿液

E. 饭后半小时

5. 肠套叠患儿的大便性状是

A. 黏液便　　B. 果酱样便

C. 脓血便　　D. 柏油便

E. 蛋花汤样便

6. 尿液呈酱油色的疾病是

A. 阻塞性黄疸　　B. 急性溶血

C. 肝细胞性黄疸　　D. 恶性痢疾

E. 晚期血丝虫病

7. 急性肾盂肾炎最具特征的尿异常是

A. 血红蛋白尿　　B. 胆色素尿

C. 脓尿　　D. 晶体尿

E. 脂质尿

8. 尿液检查正确的说法是

A. 镜下血尿＞ 3 个红细胞 / 高倍视野

B. 镜下脓尿＞ 1 ～ 3 个白细胞 / 高倍视野

C. 管型中不含有细胞

D. 大量上皮细胞属于正常

E. 进素食者尿液呈中性或弱酸性

9. 正常人的尿比重为

A. 1.010 ～ 1.020　　B. 1.015 ～ 1.025

C. 1.020 ～ 1.030　　D. 1.025 ～ 1.035

E. 1.050 ～ 1.090

10. 对原发性肝癌确诊率高而又简便的检查是

A. 甲胎蛋白测定　　B. 乙肝五项

C. CT 检查　　D. 肝功能

E. 磁共振

11. 诊断结核性脑膜炎的可靠依据是

A. 发热、盗汗、乏力、消瘦，脑膜刺激征

B. 脑脊液中找到结核杆菌

C. 脑脊液生化糖、氯均降低

D. 发现肺部原发病灶

E. 结核菌素试验强阳性

12. 血常规检查指标中提示炎症的是

A. 红细胞　　B. 中性粒细胞

C. 淋巴细胞　　D. 血小板

E. 单核细胞

A2 型题

13. 患儿，女，11 个月。腹泻 3 天。大便为蛋花汤样，带黏液，无腥臭味。无尿 8 小时，眼窝凹陷极明显。血钠 125mmol/L。诊断为小儿秋季腹泻。该患儿感染的病原体主要是

A. 变形杆菌　　B. 柯萨奇病毒

C. 轮状病毒　　D. 金黄色葡萄球菌

E. 致病性大肠埃希菌

14. 患者，女，28 岁。乏力、心悸、头晕 2 个月就诊。患者面色苍白，皮肤干燥。医嘱血常规检查。护士在解释该检查目的时的正确说法是

A. 检查是否有感染
B. 检查是否有出凝血功能障碍
C. 检查是否有贫血及其程度
D. 检查肝脏功能是否有损害
E. 检查肾脏功能是否有损害

15. 患者，男，38 岁。因腹泻、腹痛 2 年，被诊断为“溃疡性结肠炎”，本次急性加重 5 天入院。患者大便检查粪便的形态是
A. 米泔水样便　B. 黑粪
C. 羊屎便　D. 白陶土样便
E. 黏液脓血便

16. 患者，男，62 岁。诊断为 2 型糖尿病，坚持口服降糖药治疗，血糖控制良好。患者拟计划春游，出发时测量血糖低于哪个值时应注意低血糖
A. 3.9mmol/L　B. 4.9mmol/L
C. 5.9mmol/L　D. 6.9mmol/L
E. 7.9mmol/L

17. 患者，男，48 岁。诊断为糖尿病，患者拟在家中自行检测血糖。护士应告知其餐后 2 小时血糖的正常值是
A. ＜ 4.8mmo1/L　B. ＜ 5.8mmo1/L
C. ＜ 6.8mmo1/L　D. ＜ 7.7mmo1/L
E. ＜ 8.8mmo1/L

18. 患者行粪便隐血试验前，医生应告知患者下列哪种食物不要吃
A. 大米稀饭　B. 面包
C. 油条　D. 瘦肉
E. 豆角

19. 患者，女，26 岁。突然发热，一天后出现肉眼血尿，无尿频、尿痛，实验室检查尿常规蛋白（+），红细胞 30 ～ 40 个 /HP，白细胞 10 ～ 20 个 /HP。为尽早明确诊断，检查应首选
A. 尿细菌培养　B. 血常规检查
C. 尿蛋白定性　D. 膀胱镜
E. 肾盂造影

20. 患者，女，27 岁。因寒战、高热、咳嗽、胸痛入急诊诊断为肺炎球菌性肺炎，其血常规结果可能是
A. 嗜酸性粒细胞增加
B. 淋巴细胞减少
C. 中性粒细胞增加
D. 单核细胞增加
E. 嗜碱性粒细胞增加

21. 患者，男，71 岁。诊断为肺源性心脏病入院，为判断是否为呼吸衰竭，监测肺换气功能首选的检查是
A. 脑电图　B. 心电图
C. 血尿素氮　D. 动脉血气分析
E. 脑 CT

22. 患者，男，53 岁。慢性咳嗽、咳痰病史 20 余年，近 3 日来咳嗽咳痰加重，伴呼吸困难、发绀、发热、表情淡漠、嗜睡。血气分析 PaO_2 45mmHg，$PaCO_2$ 71mmHg。最确切的诊断是
A. 心力衰竭　B. 呼吸衰竭
C. 肺性脑病　D. 代谢性酸中毒
E. DIC

23. 患儿，男，5 岁。1 周前流涕。继之高热、头痛、嗜睡、精神异常、意识障碍。口唇有疱疹。白细胞正常。实验室检查脑脊液基本正常。首先应考虑
A. 结核性脑膜炎　B. 化脓性脑膜炎
C. 病毒性脑膜炎　D. 脑脓肿
E. 脑栓塞

24. 病毒性脑膜炎患儿的脑脊液检查结果中可出现
A. 外观混浊　B. 压力降低
C. 细胞数减少　D. 蛋白质正常
E. 糖和氯化物正常

25. 患儿，男，3 岁。因突然高热、进行性呼吸困难入院，怀疑为中毒型痢疾。为早日检出痢疾杆菌，护士留取大便正确的做法是
A. 标本多次采集，集中送检

B. 可用开塞露灌肠取便

C. 患儿无大便时，口服泻剂留取大便

D. 如标本难以采集，可取其隔日大便送检

E. 选取大便黏液脓血部分送检

26. 患者，男，67 岁。有长期的酗酒史，因肝硬化多次住院。此次因腹水和黄疸再次入院，查体：体温 36.1℃，脉搏 92 次 / 分，呼吸 26 次 / 分，血压 140/80mmHg。根据其现病史，他的实验室检查结果可能有

A. 血钾增高

B. 血氨降低

C. 凝血时间延长

D. ALT 水平降低

E. 白细胞增高

（张立红）

第 7 章 心电图检查

第 1 节　心电图的基本知识

一、心电图产生原理

心电图（electrocardiogram，ECG）是利用心电图机从体表记录心脏每个心动周期所产生电活动变化的曲线图形。

心肌细胞静息状态下，膜外排列带正电荷阳离子，膜内排列同等比例带负电荷的阴离子，保持平衡的极化状态，无电位变化。当细胞一端的细胞膜受到刺激时，细胞内外正、负离子的分布发生逆转，受刺激部位的细胞膜出现除极化，直至整个心肌细胞除极完毕。此时心肌细胞膜内带正电荷，膜外带负电荷，称为除极状态。此后，由于细胞的代谢作用，使细胞膜又逐渐复原到极化状态，这种恢复过程称为复极过程（图 7-1）。

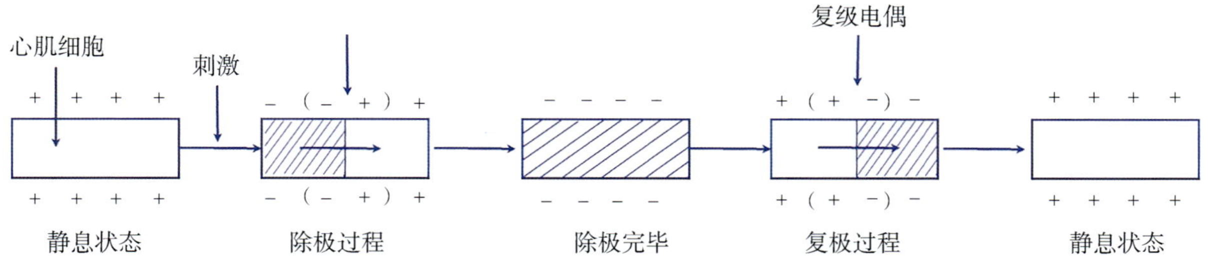

图 7-1　单个心肌细胞的除极和复极过程所产生的电偶变化

就单个细胞而言，在除极时，检测电极面对除极方向产生向上的波形，背离除极方向产生向下的波形，在细胞中部则记录出双向波形。复极过程与除极过程方向相同，但因复极化过程的电偶是电穴在前、电源在后，因此记录的复极波方向与除极波相反（图 7-2）。

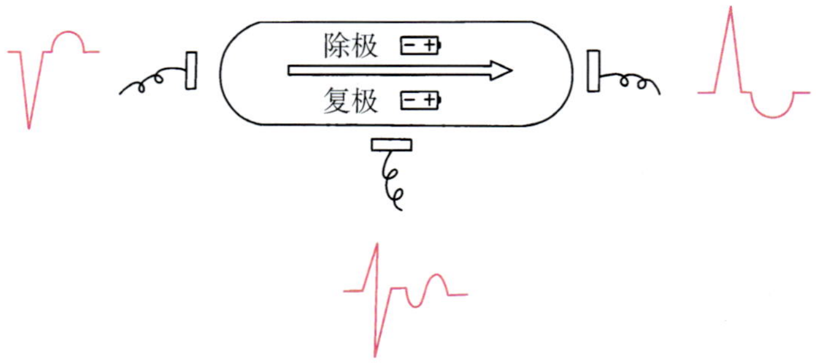

图 7-2　单个心肌细胞除极、复极波形特点

二、心电图导联体系

在人体不同部位放置电极，并通过导联线与心电图机电流计的正负极相连，这种记录心

电图的电路连接方法称心电图导联体系。电极位置和连接方法不同，可组成不同的导联。

（一）肢体导联

肢体导联包括双极肢体导联Ⅰ、Ⅱ、Ⅲ及加压导联aVR、aVL、aVF。肢体导联电极主要放置于右臂（RA）、左臂（LA）、左腿（LL），连接此三点即成为所谓艾因特霍芬（Einthoven）三角（图7-3）。

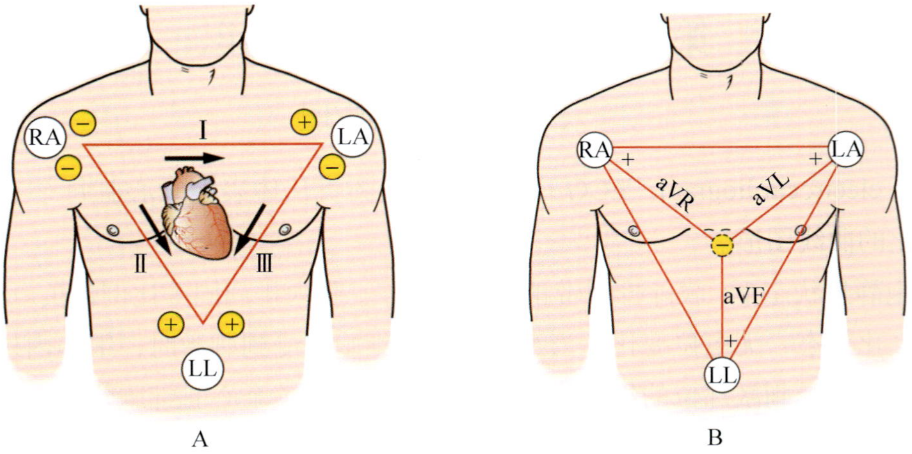

图7-3 肢体导联的导联轴

A. 双极肢体导联；B. 加压导联

（二）胸导联

胸导联包括 V_1 ~ V_6 导联。检测的正电极应安放于胸壁规定的部位，另将肢体导联3个电极分别通过5K电阻与负极连接构成中心电端。胸导联检测电极具体安放的位置见图7-4，表7-1。

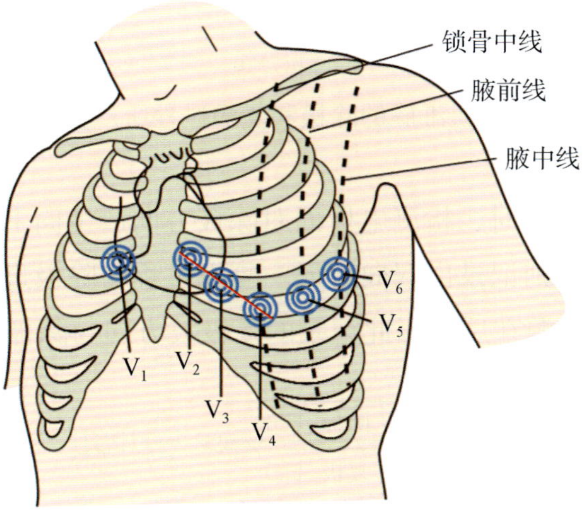

图7-4 胸导联检测电极的位置

表7-1 胸导联正电极的位置

胸导联	颜色	正电极位置	胸导联	颜色	正电极位置
V_1	红	胸骨右缘第4肋间	V_4	棕	左锁骨中线与第5肋间相交处
V_2	黄	胸骨左缘第4肋间	V_5	黑	左腋前线平 V_4 水平处
V_3	绿	V_2 与 V_4 连线的中点	V_6	紫	左腋中线平 V_4 水平处

临床上诊断后壁心肌梗死还常选用 $V_7 \sim V_9$ 导联：V_7 位于左腋后线 V_4 水平处；V_8 位于左肩胛下角线 V_4 水平处；V_9 位于左脊旁线 V_4 水平处。小儿心电图或诊断右心病变（如右心室心肌梗死）有时需要选用 $V_{3R} \sim V_{6R}$ 导联，电极放置于右胸部与 $V_3 \sim V_6$ 导联对称处。

（三）心电监护仪导联

临床常在冠心病监护病房、重症监护病房、手术及麻醉中监测心脏情况时使用心电监护仪。通常使用五导联的心电监护仪，电极片放置位置见图 7-5，表 7-2。

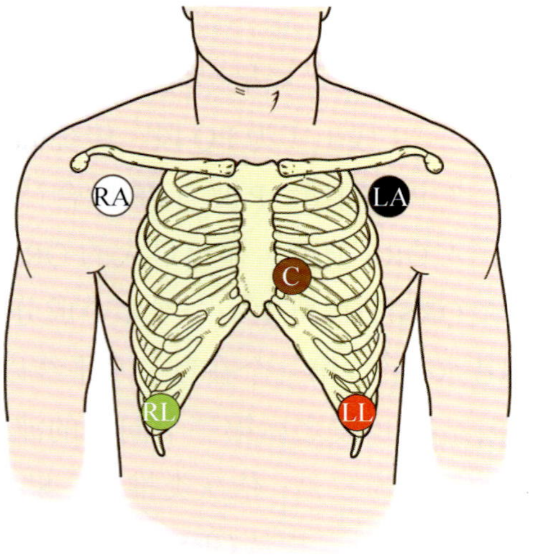

图 7-5　五导联心电监护仪监护电极放置位置

表 7-2　五导联心电监护仪监护电极放置位置

部位	标号	颜色	放置位置	部位	标号	颜色	放置位置
右上	RA	白色	右锁骨中线第 1 肋间	左下	LL	红色	左锁骨中线肋缘处
左上	LA	黑色	左锁骨中线第 1 肋间	右下	RL	绿色	右锁骨中线肋缘处
中间	C	棕色	胸骨左缘第 4 肋间				

三、心电图各波段的组成与命名

（一）心电图各波段的组成

正常心电活动始于窦房结，兴奋心房的同时经结间束传导至房室结，然后循希氏束、左右束支、浦肯野纤维顺序传导，最后兴奋心室。心脏这种先后有序的电激动的传播，引起一系列电位改变，形成了心电图上的相应的波段（图 7-6）。在心电图上一个正常完整的心动周期包括 P 波、QRS 波、T 波、U 波（四波）；PR 段、ST 段（两段）；P-R 间期、Q-T 间期（两间期）。

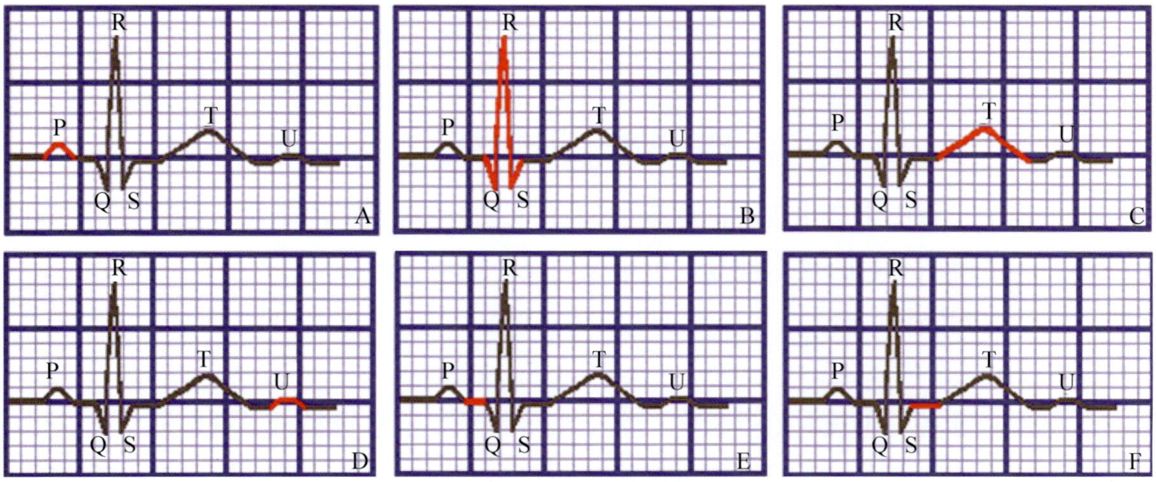

图 7-6　心电图各波段示意图

考点　心电图各波段组成（四波两段两间期）

（二）心电图各波段的形成及意义

1. P 波　是最早出现的幅度较小的波，代表心房肌除极的电位变化。

2. PR 段（实为 PQ 段，传统称为 PR 段）　反映心房复极过程及房室结、希氏束电活动。

3. P-R 间期　P 波与 PR 段合计为 P-R 间期，反映自心房开始除极至心室开始除极的时间。

4. QRS 波群　振幅最大的 QRS 波群，反映心室肌除极的电位变化。

QRS 波群可由一个或多个成分组成。确定 QRS 波群成分时，应以 QRS 波起始部位作为参考水平线。第一个在参考水平线以上的 QRS 波成分称为 R 波；R 波之前向下的波称为 Q 波；S 波是继 R 波之后第一个向下的波；R′ 波是继 S 波之后向上的波；如 R′ 波后又发生一个向下的波称为 S′ 波；依次类推 R″、S″ 波等。如 QRS 波群只有向下的波，则称为 QS 波（图 7-7）。

5. ST 段　指从 QRS 波群终点到 T 波起点的间段，反映心室肌的缓慢复极过程的电位变化。

6. T 波　是 QRS 波后一个较平缓的波形，反映心室肌快速复极过程的电位变化。

7.Q-T 间期　指从 QRS 波群起点到 T 波终点的时间，为心室肌开始除极至心室肌复极完毕全过程的时间。

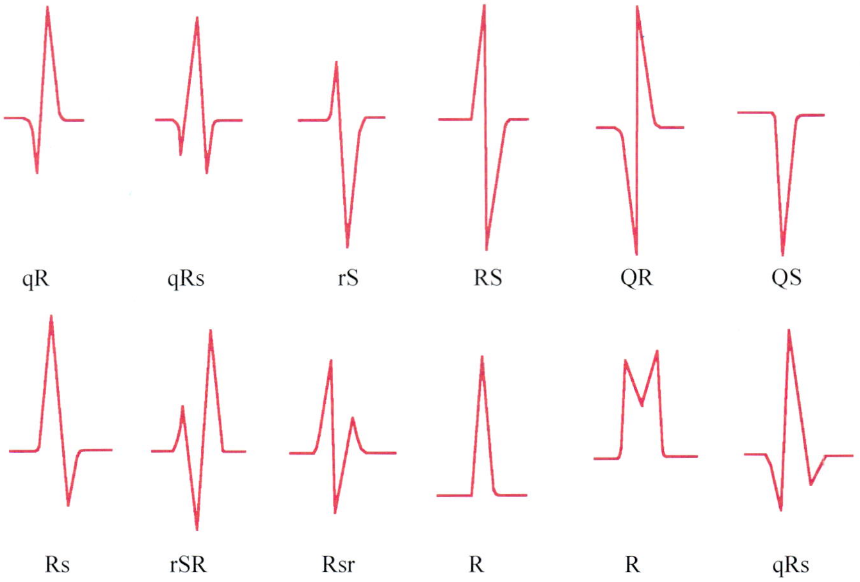

图 7-7　QRS 波群命名

四、心电图描记要求

心电图描记过程中常会出现不同程度的失真，往往来源于噪声干扰、温度过高、操作方法不当等。严格遵循心电图操作规范，可避免失真，提高图形质量。

（一）心电图描记

1. 准备工作

（1）操作者准备　①核对好受检者姓名、编号等重要信息资料，了解申请检查的目的，了解对描记有无特殊要求；②检查心电图机各条线缆的连接是否正确，导联线保持顺畅，勿缠绕；③对初次受检者，做好沟通解释工作。

（2）受检者准备　①接受心电图检查前，应稍事休息，保持平静，避免紧张；②检查前

2 小时不吸烟，不饮浓茶、咖啡等刺激性饮品；③尽量穿着宽松，方便心电图检查；④放置电极部位的皮肤如有污垢，应先进行皮肤清洁。

2. 心电图电极安放　在被检查者两手腕关节上方、两侧内踝上部及胸部涂抹导电介质，按照顺序放置好电极片和连接导联线。

3. 正确描记心电图　单通道心电图机，描记顺序一般为Ⅰ、Ⅱ、Ⅲ、aVR、aVL、aVF、V_1、V_2、V_3、V_4、V_5、V_6。心电图采集标准时间是 10 秒。当操作过程中发现房性早搏、心房颤动、室性早搏等异常心电图现象时，可延长心电图采集时间，以利于诊断和鉴别诊断。

（二）心电图检查注意事项

1. 确认各导联与肢体连接正确及导电性能良好。

2. 体位对 12 导联心电图电压及振幅有影响，受试者一般取平卧位（特殊情况下采取坐位、半坐位、左侧卧位或右侧卧位等时，应予以注明）。

3. 描记心电图时，如出现振幅超出心电图纸范围时及时调整电压至合理范围。

4. 进行心电图检查时，发现特殊心电图异常改变（急性改变）应及时与临床医生联系，并限制患者活动。

第 2 节　正常心电图

一、心电图测量方法

心电图多描记在特殊的记录纸上（图 7-8）。心电图记录纸由纵线和横线划分成各为 1mm 的小方格。当走纸速度为 25mm/s 时，每两条纵线间（1mm）表示 0.04 秒（即 40 毫秒），当标准电压 1mV=10mm 时，两条横线间（1mm）表示 0.1mV。每 25 个小方格可以构成一个大方格，大方格依然是一个正方形，它的横坐标代表的时间则是 0.2 秒（200 毫秒），而纵坐标代表的电压则是 0.5mV。

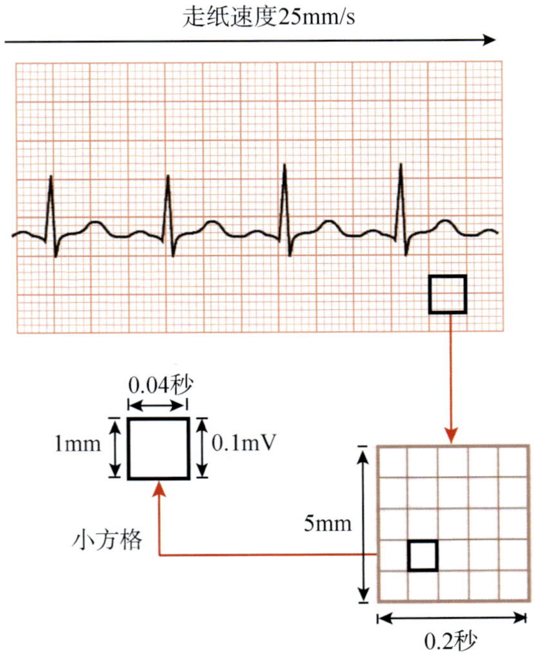

图 7-8　心电图测量

（一）心率的测量

在安静清醒的状态下，正常心率范围在 60 ～ 100 次 / 分。测量心率时，根据心脏节律是否规整，可采取不同的测量方法。在心脏节律规整的情况下，只需要测量一个 RR（或 PP）间期的秒数，然后被 60 除即可求出心率。例如，相邻 RR 波间距为 4 个大格（0.8 秒），则心率为 60/0.8=75 次 / 分。常见心率与心电图大格数的关系见图 7-9。

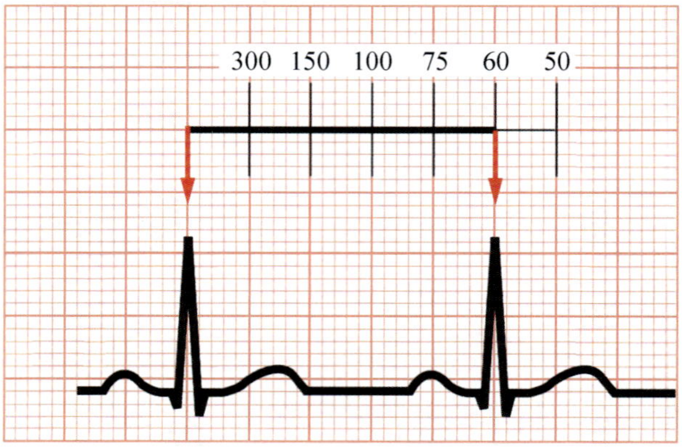

图 7-9　相邻 RR 波间距大格数与心率的关系

考点 心率的测量

（二）各波段振幅的测量

P 波振幅测量的参考水平应以 P 波起始前的水平线为准。测量 QRS 波群 J 点、ST 段、T 波和 U 波振幅，统一采用 QRS 起始部水平线作为参考水平。测量正向波形的高度时，应以参考水平线上缘垂直地测量到波的顶端；测量负向波形的深度时，应以参考水平线下缘垂直地测量到波的底端。

（三）各波段时间的测量

测量各波的时间应选择波形比较清晰的导联。测量各波时间应自波形起点的内缘测至波形终点的内缘。

（四）平均心电轴

1. 概念　心电轴通常指的是平均 QRS 心电轴，它是心室除极过程中全部瞬间向量的综合（平均 QRS 向量），借以说明心室在除极过程这一段总时间内的平均电势方向和强度。

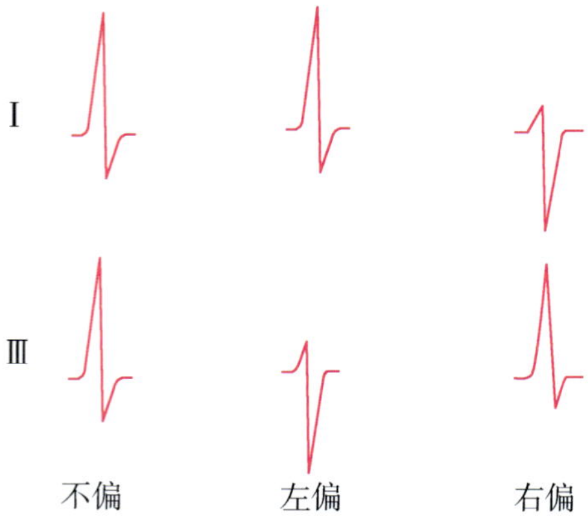

图 7-10　目测法估计心电轴的偏移

2. 目测法　一般通过观察Ⅰ与Ⅲ导联 QRS 波群的主波方向，可以大致估计心电轴的偏移情况。如Ⅰ和Ⅲ导联的主波都向上，心电轴在 0° ～ 90°，表示电轴不偏；如Ⅰ导联的主波向上，Ⅲ导联的主波向下，为电轴左偏；如Ⅰ导联的主波向下，Ⅲ导联的主波向上，则为电轴右偏（图 7-10）。

3. 临床意义　正常心电轴的范围在 –30° ～ +90°，心电轴在 –30° ～ –90° 者为心电轴左偏；心电轴在

+90° ～ +180° 者为心电轴右偏；位于 –90° ～ –180° 为不确定心电轴。心电轴的偏移，一般受心脏在胸腔内的解剖位置，心室传导系统的功能等因素影响，体型也可影响心电轴。心电轴左偏常见于横位心（肥胖、妊娠晚期、大量腹水等）及左心室肥大、左前分支阻滞等；心电轴右偏常见于正常垂位心、右心室肥大及左后分支阻滞等。

二、心电图各波段特点和正常值

正常 12 导联心电图波形特点见图 7-11。

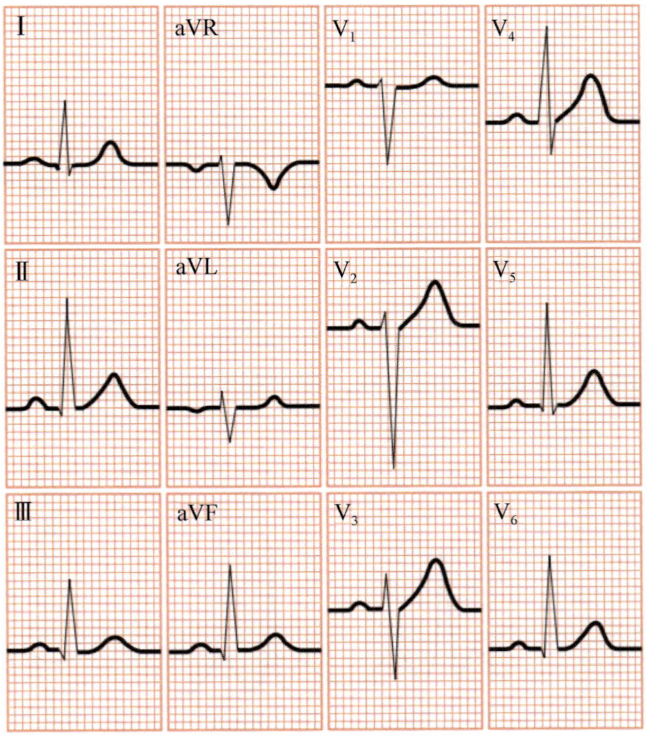

图 7-11 正常 12 导联心电图波形

1. P 波　正常人 P 波方向在Ⅰ、Ⅱ、aVF、V_4 ～ V_6 导联中均向上，在 aVR 中导联向下，其余导联呈双向、倒置、低平均可；P 波时间小于 0.12 秒，振幅在肢体导联小于 0.25mV，胸导联小于 0.2mV。

2. P-R 间期　成年人的 P-R 间期为 0.12 ～ 0.20 秒。

3. QRS 波群　正常值为 0.06 ～ 0.10 秒，最宽不超过 0.11 秒。正常人 V_1、V_2 导联多呈 rS 型，V_1 的 R 波一般不超过 1.0mV；V_5、V_6 导联可呈 qR、qRs、Rs 或 R 型，R 波一般不超过 2.5mV；胸导联 R 波自 V_1 ～ V_6 逐渐增高，S 波逐渐变小。Q 波：除 aVR 导联外，正常的 Q 波振幅应小于同导联中 R 波的 1/4，时间应小于 0.04 秒。

4. ST 段　在任何导联，ST 段下移一般不应超过 0.05mV。

5. T 波　T 波的方向大多与 QRS 主波的方向一致。以 R 波为主的各导联中 T 波振幅一般不应低于同导联 R 波的 1/10。

6. Q-T 间期　其长短与心率有关，心率在 60 ～ 100 次 / 分时，Q-T 间期的正常范围应为

0.32 ～ 0.44 秒。

7. U 波　在 T 波之后 0.02 ～ 0.04 秒出现的振幅很低小的波，其产生机制至今仍未完全清楚。方向与 T 波相同，以 V_3 ～ V_4 导联较明显。

考点 心电图各波段正常值

第 3 节　异常心电图

一、心房肥大

心房肥大多表现为心房的扩大而较少表现为心房肌肥厚。心房扩大引起心房肌纤维增长变粗以及房间传导束牵拉和损伤，导致整个心房肌除极综合向量的振幅和方向发生变化。心电图上主要表现为 P 波振幅、除极时间及形态改变。

（一）左心房肥大

由于左心房最后除极，当左心房肥大时，心电图主要表现为心房除极时间延长。

心电图表现：P 波增宽，时间≥ 0.12 秒，顶部呈双峰切迹，峰间距≥ 0.04 秒，又称“二尖瓣型 P 波”。多见于二尖瓣狭窄（图 7-12）。

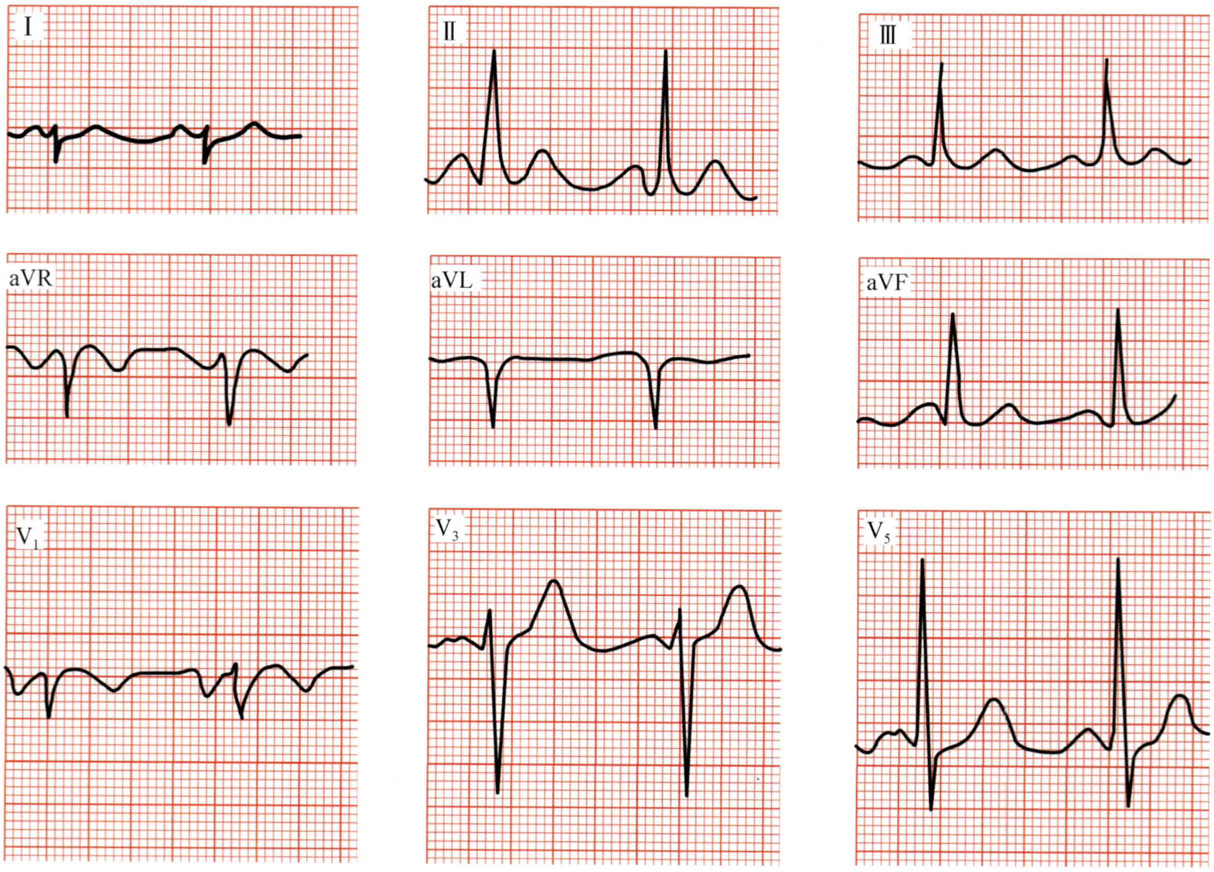

图 7-12　左心房肥大

（二）右心房肥大

正常情况下右心房先除极，左心房后除极。当右心房肥大时，除极时间延长，往往与稍后除极的左心房时间重叠，心电图主要表现为心房除极波振幅增高。

心电图表现：P 波尖锐高耸，在Ⅱ、Ⅲ、aVF 导联表现最为突出，其振幅≥ 0.25mV，又称“肺型 P 波”；V_1 导联 P 波直立时，振幅≥ 0.15mV，P 波呈双向时，其振幅的算术和≥ 0.20mV。常见于慢性肺源性心脏病（图 7-13）。

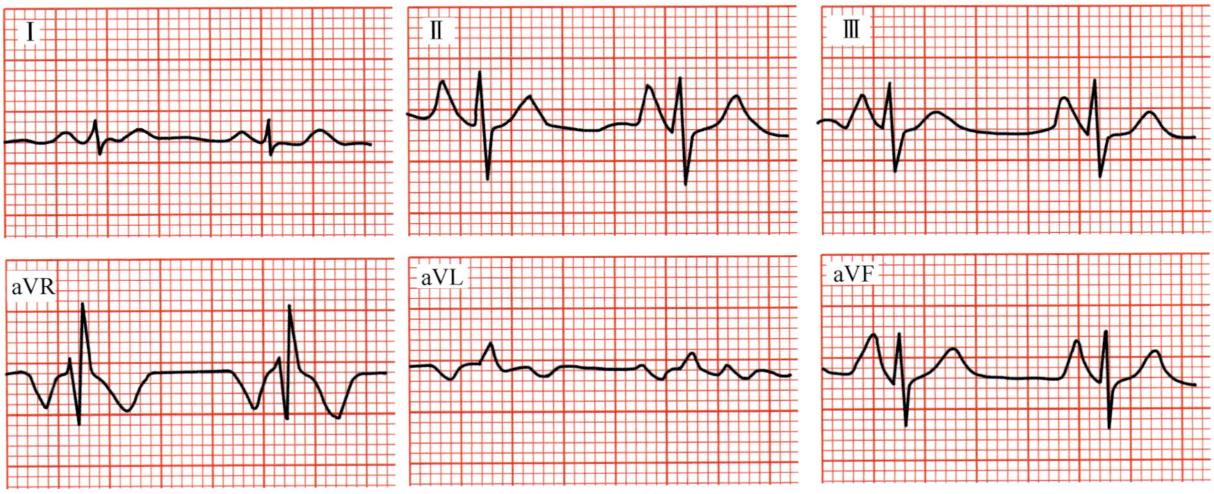

图 7-13 右心房肥大

（三）双侧心房肥大

P 波时间≥ 0.12s，振幅≥ 0.25mV；V_1 导联 P 波高大双向，上下振幅均超过正常范围。多见于严重的先天性心脏病、风湿性心脏病联合瓣膜病。

二、心室肥厚

左心室的心肌明显厚于右心室，正常时综合心电向量表现为左心室占优势。当左心室发生肥大时，左心室占优势的特征表现更为突出；当右心室肥大时，正常左心室占优势的情况可能逆转为右心室占优势。

（一）左心室肥厚

1. 左心室高电压

（1）胸导联：R_{V_5} 或 R_{V_6} ＞ 2.5mV；$R_{V_5}+S_{V_1}$ ＞ 4.0mV（男性）或＞ 3.5mV（女性）。

（2）肢体导联：R_{I} ＞ 1.5mV；R_{aVL} ＞ 1.2mV；R_{aVF} ＞ 2.0mV；$R_{I}+S_{III}$ ＞ 2.5mV。

2. 心电轴左偏。

3. QRS 波群时间延长到 0.10 ～ 0.11 秒。

4. 以 R 波为主的导联（如 V_5、V_6 导联）上，其 ST 段可呈下斜型压低达 0.05mV 以上，T 波低平，双向或倒置。以 S 波为主的导联（如 V_1 导联）上，可见到直立的 T 波（图 7-14）。

（二）右心室肥厚

1. V_1 导联 R/S ≥ 1，呈 R 型或 Rs 型，重度右心室肥厚可使 V_1 导联呈 qR 型（除外心肌梗死）；V_5 导联 R/S ≤ 1 或 S 波比正常加深；aVR 导联以 R 波为主，R/S 或 R/q ≥ 1。

2. $R_{V_1}+S_{V_5}$ > 1.05mV（重症者 > 1.2mV）；R_{aVR} > 0.5mV。

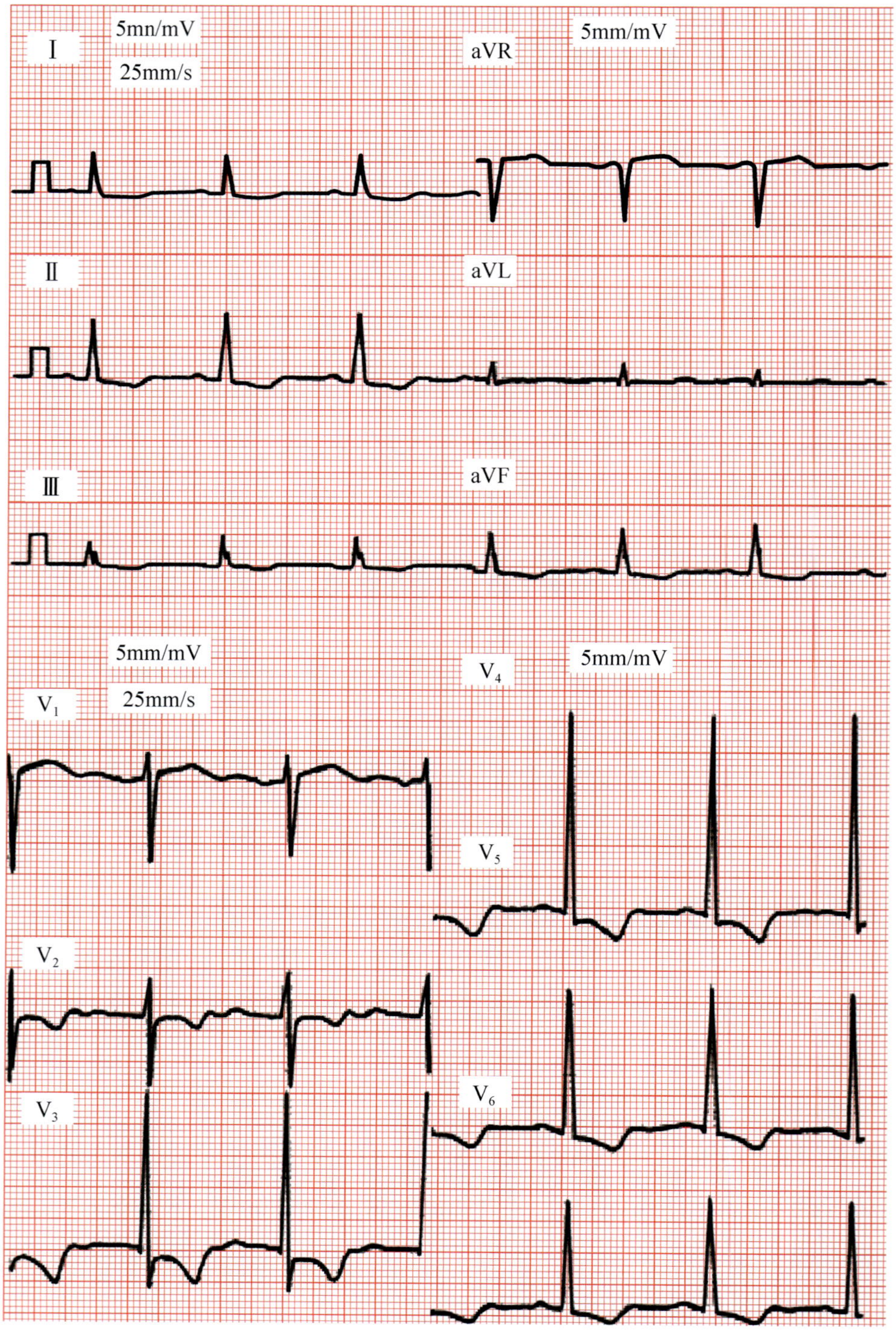

图 7-14　左心室肥厚

3. 电轴右偏 ≥ +90°（重症者可 > +110°）。

4. 常同时伴有右胸导联（V_1、V_2）ST 段压低及 T 波倒置（图 7-15）。

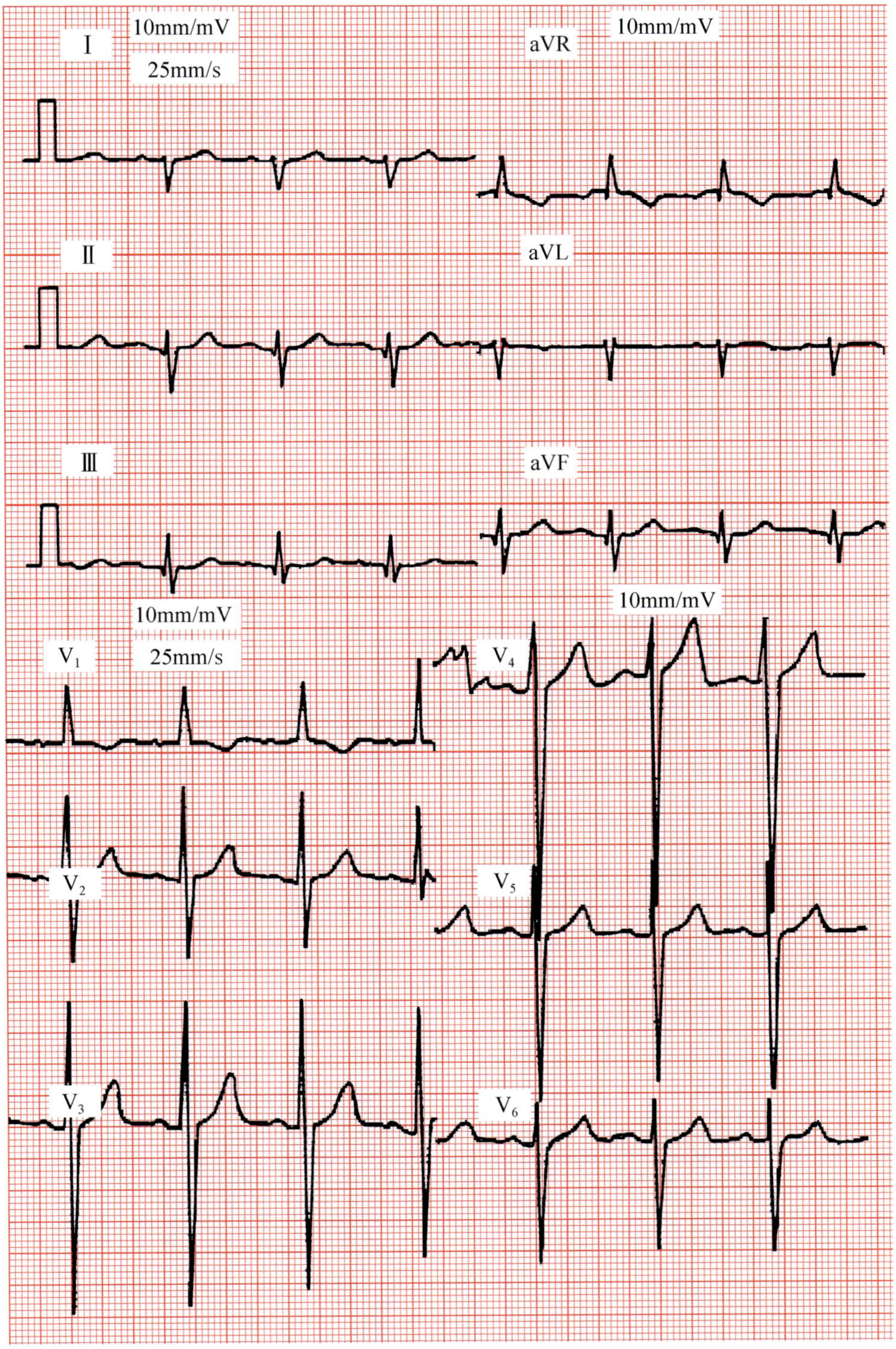

图 7-15　右心室肥厚

三、心肌缺血

心肌缺血通常发生在冠状动脉粥样硬化基础上。当心肌某一部分缺血时，将影响到心室复极的正常进行，并可使缺血区相关导联发生 ST-T 异常改变。心肌缺血的心电图改变类型取决于缺血的严重程度，持续时间和缺血发生部位。

（一）T 波改变

1. 心内膜下心肌缺血　当心内膜下心肌缺血时，心肌复极较正常时更为延迟，以至于最后的心内膜下心肌复极时，已没有其他与之相抗衡的心电向量存在，致使心内膜下的心肌复极显得异常突出，产生了与QRS主波方向一致的高大T波。当下壁心内膜心肌缺血时，在Ⅱ、Ⅲ、aVF导联上可出现高大的正向T波；当前壁心内膜心肌缺血时，在V_3～V_5导联上可出现高大的正向T波，其方向与QRS-T波群主波方向一致，上升支和下降支对称（图7-16）。

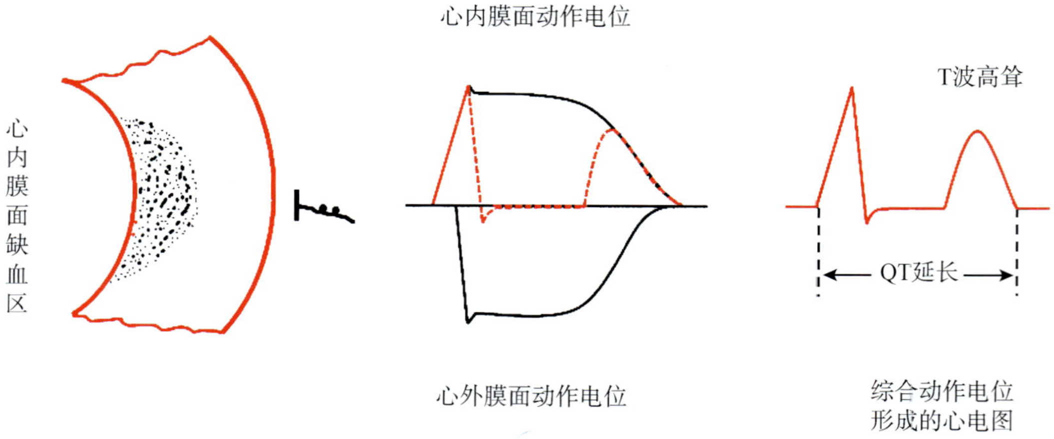

图 7-16　心内膜下心肌缺血

2. 心外膜下心肌缺血　心外膜面发生心肌缺血（包括透壁性心肌缺血）时，心肌复极顺序发生逆转，转为心内膜复极在先，心外膜复极在后，于是出现了与正常方向相反的T向量，心电图上即表现为与QRS主波方向相反的T向量。当下壁心外膜心肌缺血时，在Ⅱ、Ⅲ、aVF导联上可出现深而倒置的T波；当前壁心外膜心肌缺血时，在胸前导联上出现T波倒置（图7-17）。

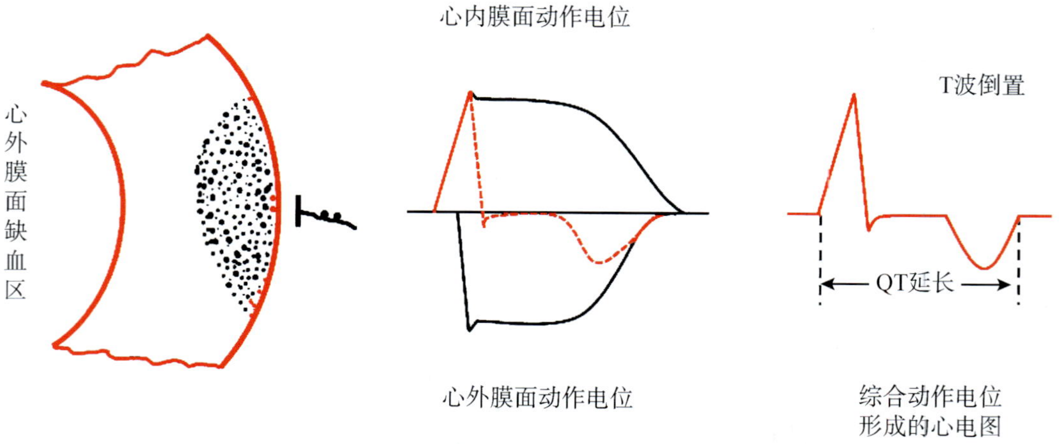

图 7-17　心外膜下心肌缺血

（二）ST段改变

1. ST段移位　当心内膜下心肌缺血时，ST段下移＞0.05mV；而当心外膜下心肌缺血时，ST段抬高＞0.1～0.3mV。

2.ST段形态改变　常见的ST段下移类型有三种：上斜型下移（图7-18A）、水平型下移（图7-18B）和下斜型下移（图7-18C）。其中水平型下移对心肌缺血的诊断意义最大，其次是下斜型下移。

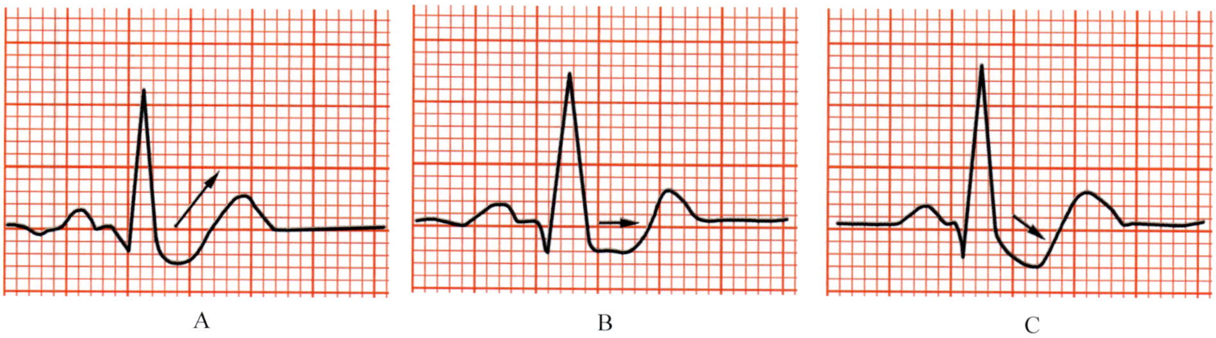

图 7-18　心肌缺血 ST 段下移类型

A. 上斜型；B. 水平型；C. 下斜型

四、心律失常

正常心脏起搏点位于窦房结，而且按照正常传导系统顺序激动心房和心室，称为窦性心律。如果心脏激动的起源异常和（或）传导异常，称为心律失常。

（一）窦性心律及窦性心律失常

1. 正常窦性心律　P 波规律出现；P 波形态表明激动来自窦房结（即 P 波在 Ⅰ、Ⅱ、aVF、V_4 ～ V_6 导联直立，在 aVR 导联倒置）；P-R 间期在 0.12 ～ 0.20 秒；心率在 60 ～ 100 次 / 分（图 7-19）。

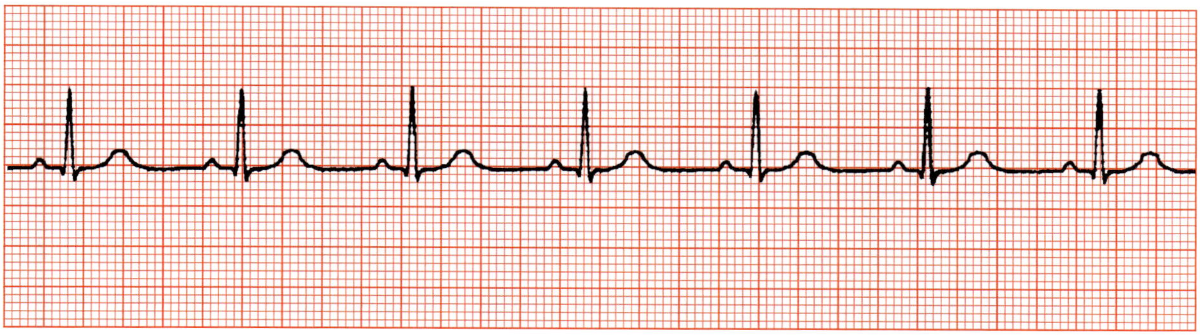

图 7-19　正常窦性心律

2. 窦性心动过速　成人窦性心律，心率＞ 100 次 / 分，称为窦性心动过速。常见于运动、精神紧张、发热、甲状腺功能亢进、贫血、应用拟肾上腺素类药物等情况。心电图表现：①具有窦性心律特点；②心率＞ 100 次 / 分，一般＜ 160 次 / 分（图 7-20）。

3. 窦性心动过缓　成人窦性心律，心率＜ 60 次 / 分，称为窦性心动过缓。见于老年人，运动员；病理状态下的颅内压增高、甲状腺功能减退、病态窦房结综合征及使用 β 受体阻滞剂等。心电图表现：①具有窦性心律特点；②心率＜ 60 次 / 分，一般＞ 40 次 / 分（图 7-21）。

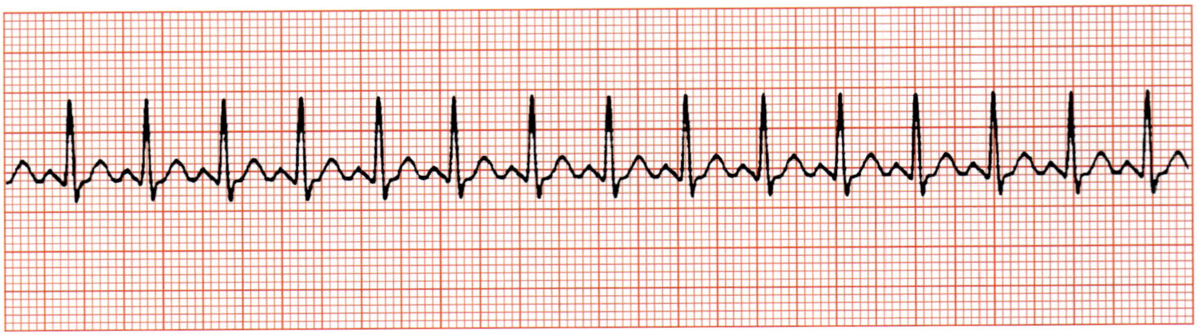

图 7-20 窦性心动过速

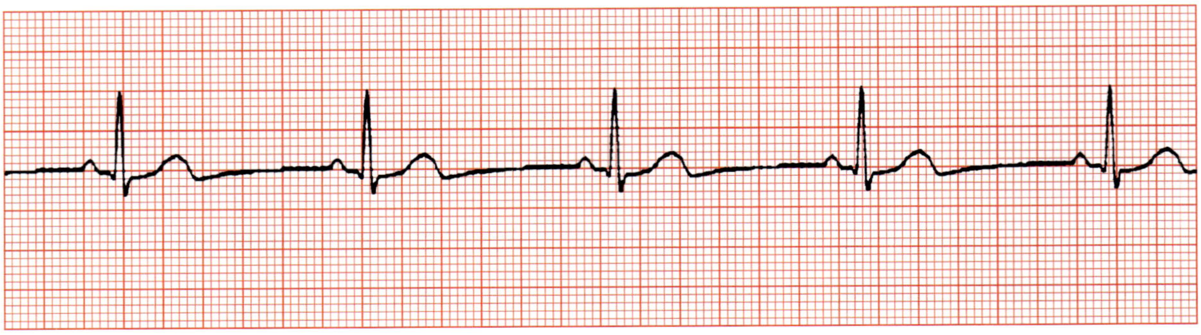

图 7-21 窦性心动过缓

（二）期前收缩

期前收缩是指起源于窦房结以外的异位起搏点提前发出的激动，又称过早搏动（早搏）。根据异位起搏点的位置不同分为房性期前收缩、交界性期前收缩、室性期前收缩 3 种类型。最常见的是室性期前收缩。期前收缩可以偶发（＜ 5 次 / 分），亦可频发（≥ 5 次 / 分）。在每个正常心脏搏动之后出现一次期前收缩，称为二联律；两次正常心脏搏动之后出现一次期前收缩，称为三联律。由多个异位起搏点触发，在同一导联上提前出现的 QRS 波群具有多种形态，称为多源性期前收缩。

1. 房性期前收缩　异位起搏点的激动来源于心房，心电图表现：①提前出现的异位 P′ 波，其形态与窦性 P 波略有不同；② P′-R 间期＞ 0.12 秒；③ QRS 波群形态和时间基本正常；④多为不完全代偿间歇（即期前收缩前后两个窦性 P 波之间的间距小于正常 P-P 间距的 2 倍）（图 7-22）。

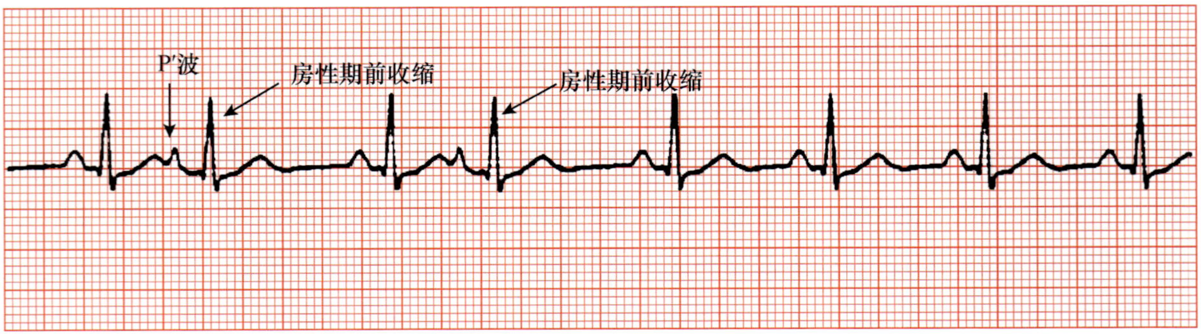

图 7-22 房性期前收缩

2. 室性期前收缩　异位起搏点的激动来源于心室。心电图表现：①提前出现宽大、畸形的 QRS 波群，其前无相应的 P 波；② QRS 时间＞ 0.12 秒；③ T 波方向与 QRS 主波方向相反；④伴有完全性的代偿间歇（即期前收缩前后两个窦性 P 波之间的间距等于正常 P-P 间距的 2 倍）（图 7-23、图 7-24）。

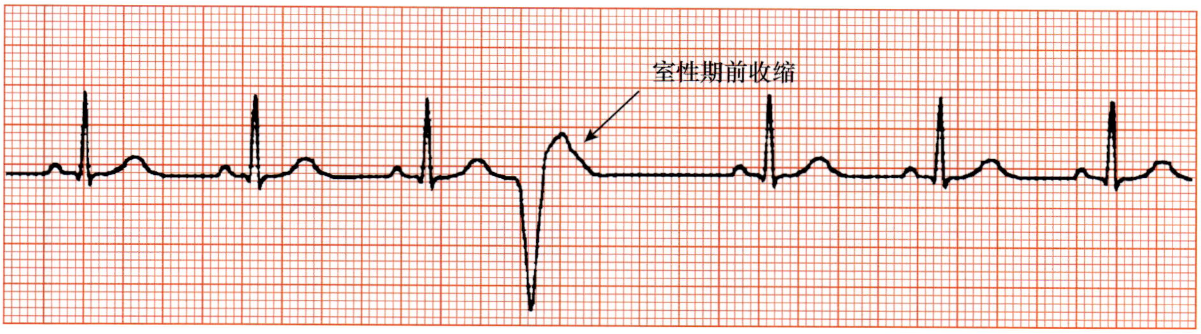

图 7-23　室性期前收缩

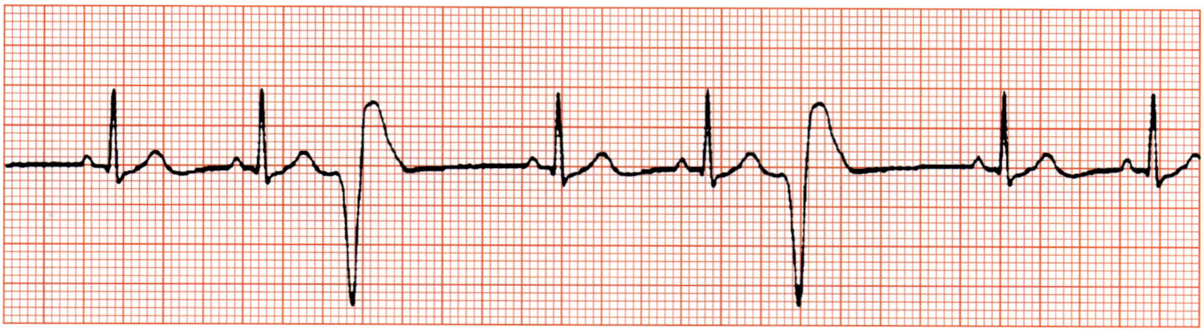

图 7-24　室性期前收缩三联律

（三）异位性心动过速

异位性心动过速是指异位起搏点兴奋性增高或折返激动引起的快速异位心律（期前收缩连续出现3次或3次以上）。根据异位节律点发生的部位，可分为房性、交界性及室性心动过速。

1. 阵发性室上性心动过速　为连续发生的 3 个或 3 个以上的房性或交界性期前收缩。理应分为房性及交界性阵发性心动过速，但常因 P′ 波不易辨别，故统称为阵发性室上性心动过速。心电图表现：①发作具有突发突止的特点；② QRS 波群形态一般正常；③心室率为 160 ～ 250 次 / 分，绝对匀齐（图 7-25）。

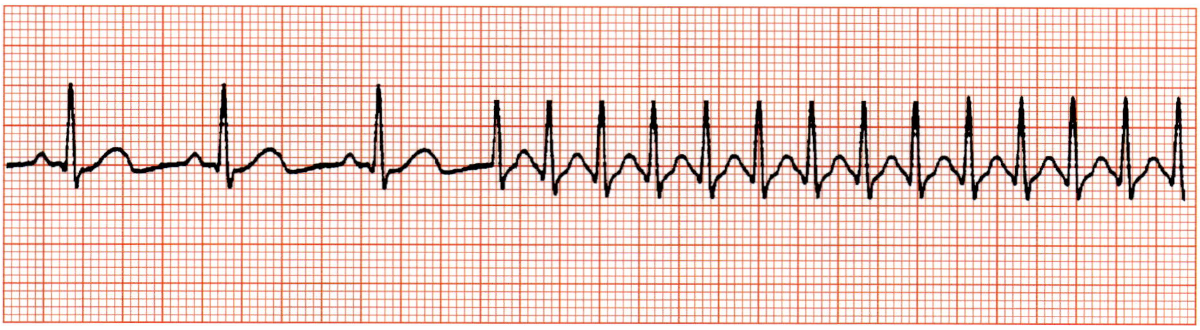

图 7-25　阵发性室上性心动过速

2. 室性心动过速　为连续发生的 3 个或 3 个以上的室性期前收缩。室性心动过速多见于严重器质性心脏病，以心肌梗死为多，也可见于心肌炎、心肌病等。心电图表现：①心室率为 140 ～ 200 次 / 分，节律可稍不齐；②为连续发生的宽大畸形的 QRS 波群，时限通常＞0.12 秒；③如能发现 P 波，且 P 波频率慢于 QRS 波群频率，PR 无固定关系（房室分离），则可明确诊断；④偶尔心房激动夺获心室或发生室性融合波，也支持室性心动过速诊断（图 7-26）。

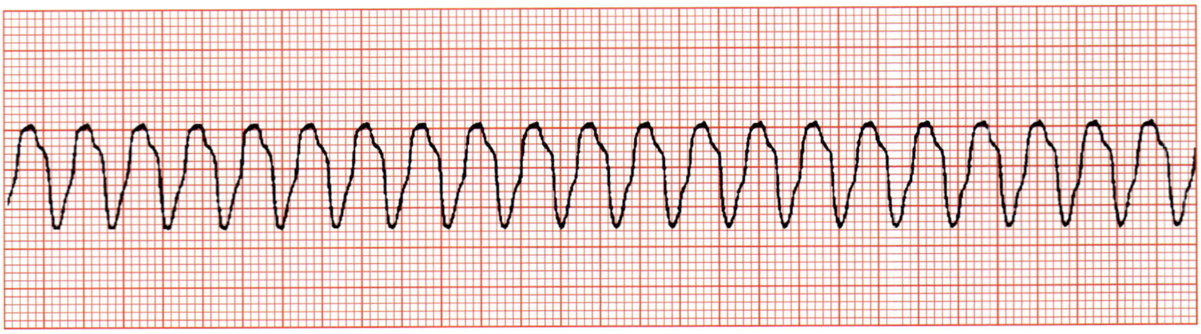

图 7-26　室性心动过速

（四）颤动

颤动可出现于心房或心室，主要是由于心肌的兴奋性增高，不应期缩短，但有一定的传导障碍，形成环形激动及多发微折返所致。

1. 心房颤动　常见于瓣膜性心脏病、冠心病、甲状腺功能亢进症等疾病。其发病机制为多个小折返激动所致。心电图表现：①正常 P 波消失，代之以大小、形态及时限均不规则的颤动波（f 波），通常 V_1 导联最明显；② f 波频率为 350 ～ 600 次 / 分；③ R-R 间期间距绝对不规则；④ QRS 波群形态和时间多正常（图 7-27）。

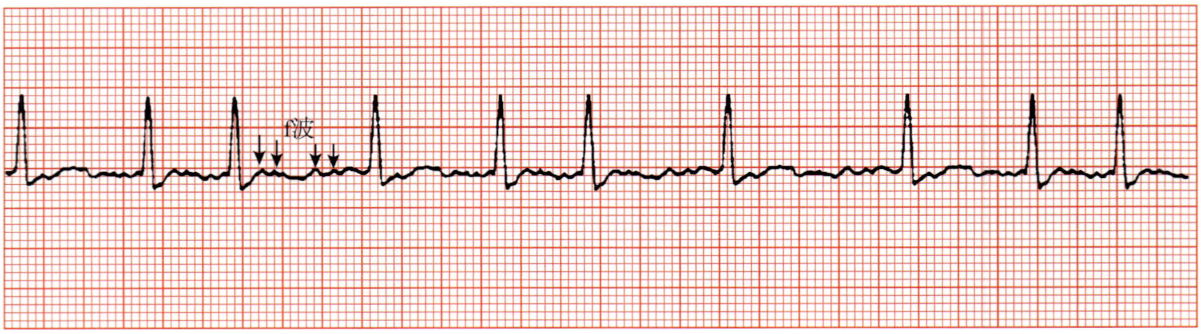

图 7-27　心房颤动

考点　心房颤动的心电图特点

2. 心室颤动　是最严重的心律失常，是猝死的最常见原因，心脏完全失去排血功能，常见于心肌梗死等。心电图表现：① QRS-T 波群完全消失；②出现大小不等，极不匀齐的低小波；③频率为 200 ～ 500 次 / 分（图 7-28）。

考点　心室颤动的心电图特点

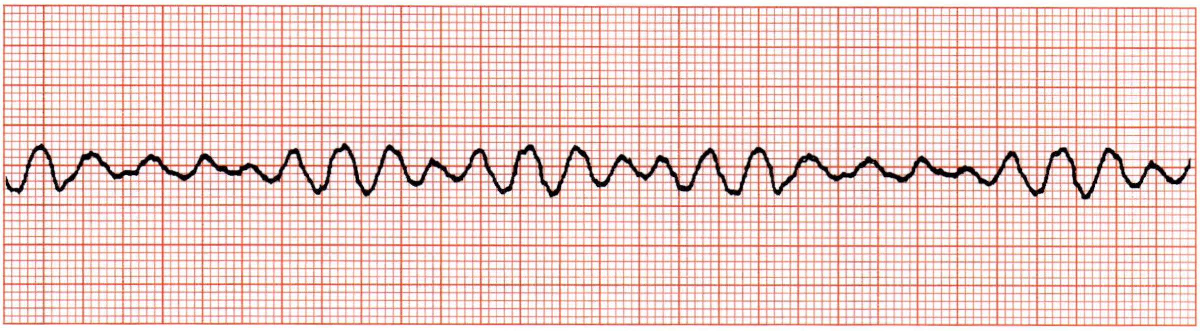

图 7-28　心室颤动

（五）房室传导阻滞

房室传导阻滞是临床上常见的一种心脏传导阻滞，多数是由器质性心脏病所致，少数可见于迷走神经张力增高的正常人。

1. 一度房室传导阻滞　心电图主要表现为 PR 间期延长（成人 PR 间期＞ 0.20 秒）；P 波后无 QRS 波脱落（图 7-29）。

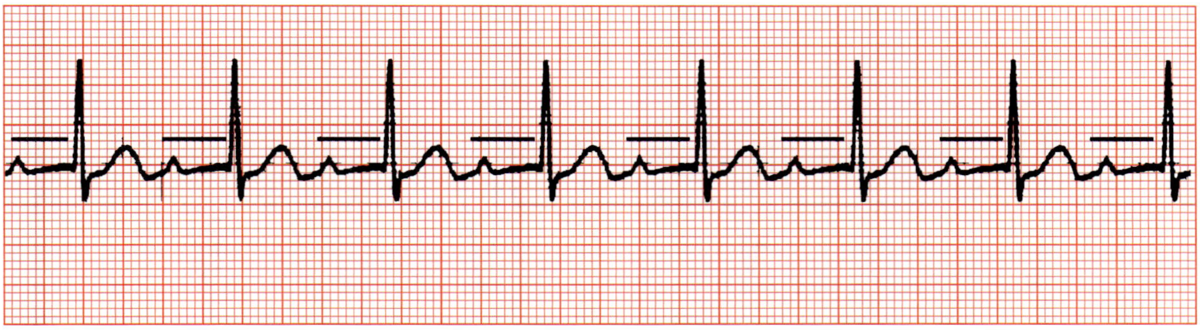

图 7-29　一度房室传导阻滞

2. 二度房室传导阻滞　出现部分心房激动不能下传到心室，心电图主要表现为部分 P 波后 QRS 脱落，分两种类型。

（1）二度Ⅰ型房室传导阻滞（称 Morbiz Ⅰ型）　表现为 P 波规律的出现，PR 间期逐渐延长，直至 1 个 P 波后 QRS 波群脱落，漏搏后房室传导阻滞得到一定改善，PR 间期又趋缩短，之后又复逐渐延长，如此周而复始地出现，称为文氏现象（图 7-30）。

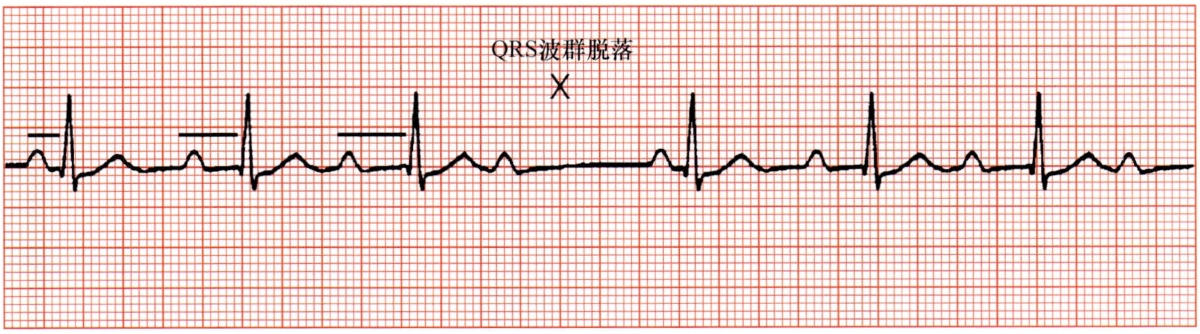

图 7-30　二度Ⅰ型房室传导阻滞（称 Morbiz Ⅰ型）

（2）二度Ⅱ型房室传导阻滞（称 Morbiz Ⅱ型） 表现为 PR 间期恒定（正常或延长），部分 P 波后无 QRS 波群（图 7-31）。

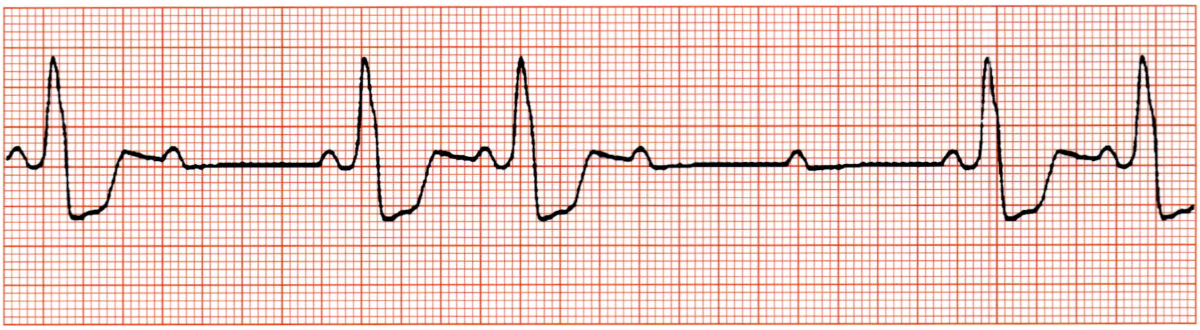

图 7-31 二度Ⅱ型房室传导阻滞（称 Morbiz Ⅱ型）

3. 三度房室传导阻滞 又称完全性传导阻滞，心房激动完全不能下传到心室，心房与心室各自激动，心电图表现为 P 波与 QRS 波群毫无相关性，各自保持自身节律；心房率高于心室率（图 7-32）。

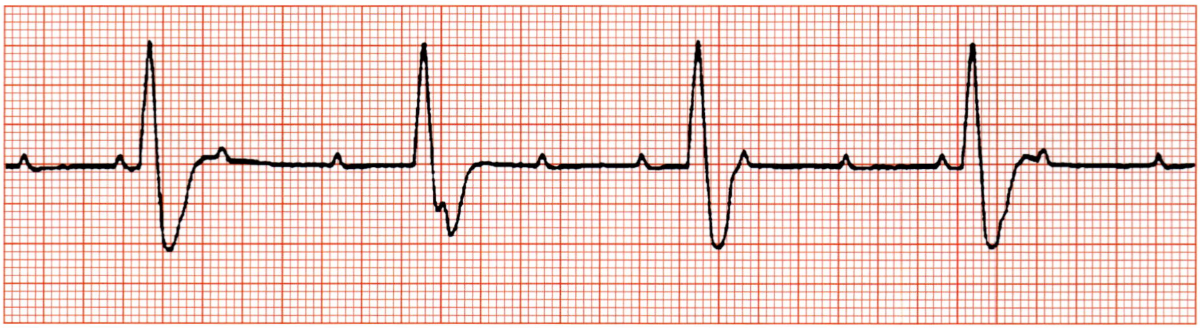

图 7-32 三度房室传导阻滞

考点 三度房室传导阻滞心电图特点

自测题

A1 型题

1. 成人正常窦房结冲动的频率是
   A. 80 ～ 100 次 / 分　B. 60 ～ 100 次 / 分
   C. 100 ～ 150 次 / 分　D. 160 ～ 200 次 / 分
   E. 200 ～ 250 次 / 分
2. 以下心电图波段中，由心房激动产生的是
   A. P 波　B.QRS 波
   C. ST 段　D. T 波
   E. U 波
3. P 波高尖、振幅＞ 0.25mV 常见于
   A. 左心房肥大　B. 右心房肥大
   C. 左心室肥大　D. 右心室肥大
   E. 双心房肥大
4. 心电图出现 P 波增宽＞ 0.12 秒，常呈双峰型改变，应首先考虑
   A. 右心房肥大　B. 左心室肥大
   C. 右心室肥大　D. 左心房肥大
   E. 双心房肥大

5. 最严重的心律失常为
A. 窦性心动过速
B. 阵发性室上性心动过速
C. 一度房室传导阻滞
D. 心房颤动
E. 心室颤动
6. 下列描述中，属于房性期前收缩心电图特点的是
A. QRS 波群形态与正常窦性心律的形态不同
B. P-R 间期大于 0.20 秒
C. P 波提早出现，形态与窦性 P 波相同
D. 期前收缩的代偿间歇多不完全
E. 房性期前收缩的 P 波后可无 QRS 波群
7. 关于室性期前收缩的心电图特点，叙述正确的是
A. QRS 波群前出现倒 P 波
B. 提前出现的 QRS 波群宽大畸形
C. 具有不完全性代偿间歇
D.T 波与 QRS 主波方向相同
E. 室性融合波
8. 窦性心律 P-R 间期正常范围为
A. 0.06 ～ 0.10 秒　　B. 0.10 ～ 0.12 秒
C. 0.12 ～ 0.20 秒　　D. 0.20 ～ 0.25 秒
E. 0.25 ～ 0.30 秒
9. 频发性室性期前收缩的定义是
A. 室性期前收缩≥ 60 次 / 分
B. 室性期前收缩≥ 30 次 / 分
C. 室性期前收缩≥ 20 次 / 分
D. 室性期前收缩≥ 10 次 / 分
E. 室性期前收缩≥ 5 次 / 分
10. 以下诊断为二度 I 型房室传导阻滞的是
A. P-R 间期逐渐延长，直到 P 波受阻，QRS 波群脱落
B. P-R 间期逐渐缩短，直到 P 波受阻，QRS 波群脱落
C. P 波与 QRS 波群无关，P-P 间期 < R-R 间期
D. PR 间期不变且大多正常，P 波突然受阻，QRS 波群脱落
E. PR 间期 > 0.20 秒，每个 P 波后均有 QRS 波群

A2 型题

11. 风湿性心脏病二尖瓣狭窄患者，心脏听诊除有杂音外，心率为 110 次 / 分，心律不齐，第一心音强弱不等。心电图检查示：R-R 间期绝对不等，P 波消失，代之以大小不等、形态不一的 f 波，其频率为 500 次 / 分。该患者并发的心律失常是
A. 心室颤动　　B. 心房颤动
C. 室性期前收缩　　D. 房性期前收缩
E. 房室交界性期前收缩
12. 患者，女，50 岁。突发心悸。无力、面色苍白、出冷汗，血压 72/40mmHg，心率 160 次 / 分，略有不齐，心电图示：QRS 波群宽大畸形，时限 > 0.12 秒，T 波与主波方向相反。患者有冠心病病史，最可能的诊断为
A. 窦性心动过速
B. 阵发性室上性心动过速
C. 阵发性室性心动过速
D. 心房颤动
E. 房室传导阻滞
13. 患者，男，38 岁。自诉突然心慌、胸闷 1 小时。心电图示：心率 200/ 次分，心律齐，QRS 波群形态正常。血压尚正常。患者最可能诊断是
A. 窦性心动过速　　B. 室性心动过速
C. 室上性心动过速　　D. 心房颤动
E. 心室颤动

（刘楠楠）

第 8 章 影像学检查

影像学检查是借助一定成像手段，使人体的某些器官结构显像，以此判断其解剖特点、生理与病理变化，从而达到协助诊断与治疗的检查方法。影像学检查包括计算机 X 线成像（computed radiography，CR）、数字 X 线摄影（digital radiography，DR）、计算机体层成像（computed tomography，CT）、磁共振成像（magnetic resonance imaging，MRI）、超声成像（ultrasonography，USG）等。了解各种影像学检查的特点，熟悉其临床应用，指导并帮助患者做好检查前准备和检查后的护理，是护理专业人员必须具备的基本技能。

第 1 节　放射学检查

案例 8-1

王某，男，53 岁。既往有高血压病史，8 小时前突发剧烈头痛，伴喷射状呕吐，肢体活动无障碍。

问题： 该患者应首选哪种影像学检查？检查前，应如何做好患者的健康教育及准备工作？检查过程中，应如何注意防护？

一、概　述

放射学检查作为影像学检查的重要组成部分，在传统 X 线检查的基础上，又包含了 CT、数字减影血管造影（DSA）、MRI 等先进成像手段，同时由传统的模拟成像转变为数字化成像，极大地促进了临床工作。

（一）X 线检查

X 线检查是利用 X 线的特性，使人体内部结构和器官形成某种影像，并根据各自影像特点判断有无病变及病变性质的一种临床诊断方法。

1. X 线的特性　X 线是高速运动的电子流在真空条件下撞击障碍物（靶面）而产生的。X 线诊断常用的波长范围为 0.008 ～ 0.310nm。X 线具备以下基本特性：

（1）穿透性　X 线对物体有很强的穿透能力，能穿透普通光线所不能穿透的物质，如人体、衣服等，这是 X 线成像的基础。

（2）荧光效应　X 线能激发荧光物质（如铂氰化钡、钨酸钙等）产生荧光，从而将不可见的 X 线转变为可见光线。利用荧光效应是 X 线透视的基础。

（3）感光效应　X 线能使涂有溴化银的胶片感光，经显影、定影处理产生黑白对比的影像。感光作用是 X 线摄片的基础。

（4）生物效应　X 线照射生物机体后，可使机体细胞受损而发生一系列病理变化，从而使细胞生长受到抑制，甚至死亡，此即生物效应。X 线的生物效应是 X 线治疗学和 X 线防护学的基础。

2. X 线成像的基本原理　X 线的成像是利用 X 线的穿透性、荧光效应和感光效应的特性，以及人体不同密度的组织对 X 线吸收不同的原理或者借助造影剂产生组织密度差别而达到成像的目的。当 X 线穿过人体各种不同组织结构时，密度高、组织厚的部分吸收 X 线多；密度低、组织薄的部分吸收少。因此，穿过人体后到达荧光屏或胶片上的 X 线的量出现差异，从而形成明暗或黑白对比不同的影像（表 8-1）。

表 8-1　人体组织密度差异和 X 线影像的关系

组织	密度	吸收的 X 线量	透过的 X 线量	X 线影像	
				透视	摄片
骨骼	高	多	少	黑	白
软组织、液体	稍低	稍少	稍多	较暗	灰白
脂肪	更低	更少	更多	较亮	灰黑
气体	最低	最少	最多	最亮	黑

3. X 线的检查方法及临床应用

（1）普通检查　包括透视和摄片。透视的主要优点是设备简单、方便、费用经济、可迅速出结果，并能对器官进行功能检查；但影像对比度较差，受器官密度和厚度的影响，且缺乏永久记录，不便于随访观察。摄片的对比度、清晰度较好，随摄片条件的调整一般不受组织密度和厚度的影响，可作为客观记录留存，便于随访；对于功能方面的观察不如透视方便和直观。

（2）特殊检查　是指利用特殊装置进行 X 线检查。主要有体层摄影、高千伏摄影、荧光摄影、放大摄影、钼靶软射线摄影等。目前临床上逐渐被 CT 所取代，只有乳腺钼靶软射线摄影还在应用。

（3）造影检查　是将造影剂引入器官内或其周围，使之产生人工对比以显示组织器官形态和功能的方法。主要用于胃肠道、肾脏、心血管等缺乏自然对比的组织和器官。临床常用的高密度对比剂有碘剂和钡剂。

4. X 线检查的防护　X 线穿透人体将产生一定的生物效应，如果接受过多 X 线照射，将对人体造成不同程度的损害。日常工作中注意防护十分重要。

（1）常规防护方法　①屏蔽防护：常用铅或含铅的物质作为屏障以吸收不必要的 X 线；②距离防护：通过增加 X 线源与人体间距以减少曝射量。

（2）患者的防护　应选择恰当的 X 线检查方法，控制照射次数和范围，设计正确的检查程序。早孕妇女不宜做 X 线检查。

（3）工作人员防护　放射工作者应遵照国家有关放射防护卫生标准的规定，制定必要的防护措施，正确进行 X 线检查操作，认真执行保健条例，工作中应做到加强自我保护，并尽量运用距离防护。

（二）CT 检查

1. CT 的基本原理　CT 是用 X 线束对人体某部位一定厚度的层面进行多方向扫描，由对侧的探测器接收透过该层面组织的 X 线，将其转变为可见光后，由光电转换器转变为电信号，再经模拟 / 数字转换器转为数字，输入计算机处理。计算机将输入的原始数据加以校正处理，经数字 / 模拟转换器转为不同灰阶的光点，形成重建图像。

2. CT 图像的特点　CT 图像是断面图像，常用的是横断面，是由一定数目自黑到白不同灰度的像素按矩阵排列所构成的灰阶图像。密度高的组织为白影，密度低的组织为黑影。CT 的密度分辨力高，人体软组织之间的密度差别虽小，也能形成对比，在良好的解剖图像上显示出病变的图像。CT 图像为某一部位多个连续的横断面图像，通过图像重建技术，还可重建成冠状面图像和矢状面图像。

3. CT 的检查方法及应用　CT 在临床上的应用范围越来越广泛，在中枢神经系统疾病的诊断中，CT 已是首选的检查方法，适用于脑血管疾病、外伤血肿、颅脑损伤、寄生虫及大部分先天性畸形的定位、定性与诊断。尤其脑血管疾病诊断较为可靠，对脑出血的诊断率可达 100%。

考点 CT 的应用

二、放射检查前的准备与处理

（一）X 线常规检查前的准备

检查前向患者说明检查的目的、注意事项和需要配合的姿势，胸部摄 X 线片时需屏气，嘱患者除去照射部位的厚层衣服及干扰 X 线穿透的物品，如金属饰物、发夹、膏药、敷料等。除急腹症外，腹部检查应先清理肠道，以免气体或摄片影响检查质量。

（二）X 线特殊检查前的准备

X 线特殊检查主要是钼靶 X 线摄影。检查前告知患者穿柔软的开襟衣服，以方便检查；钼靶 X 线摄影需要拍摄双侧轴位、双侧斜位或侧位片，患者要有耐心；检查过程中因机器压迫板的压迫而使乳房产生不适，请患者有心理准备。

（三）造影检查前的准备

1. 患者准备　查询患者有无严重心、肾疾病及碘过敏等造影禁忌证。造影检查前尽量做好患者的解释工作，使患者的身心处于良好状态，争取患者的合作，使检查顺利进行。

2. 技术准备　因造影检查部位、应用对比剂种类及造影方法不同，所需要的准备及注意事项也有差别，护理人员应协助患者做好各项准备，并及时处理检查中出现的问题。

（1）碘剂过敏试验　凡需用碘对比剂进行造影时，应提前 1 ～ 2 天做碘过敏试验，常用的方法有以下几种。①口服试验：检查前 2 天服用一定量碘对比剂，并观察受试者反应，如出现结膜红肿、恶心、呕吐、手脚麻木及皮疹等，视为阳性；②皮内试验：皮内注射碘剂 0.1ml，观察 20 分钟，若皮肤局部出现红肿、硬结，直径达 1cm 以上者，视为阳性；③结膜试验：用 35% 碘剂滴入眼结膜，15 分钟后观察，有充血反应，视为阳性；④静脉注射试验：检查前 1 天用同剂型碘对比剂 1ml 进行静脉注射，观察 15 分钟，若出现胸闷、心慌、气急、咳嗽、恶心、呕吐、头晕、头痛、荨麻疹等，视为阳性。

（2）碘剂过敏反应处理　①轻度反应：如全身灼热感、头晕、面部潮红、胸闷、气急、恶心、呕吐、皮疹等，经吸氧或短时休息可好转，也可给予肾上腺素 1mg 皮下注射；②重度反应：如出现喉头水肿、支气管痉挛、呼吸困难、心律失常，甚至心搏骤停等，应立即停止检查，给予吸氧、抗过敏和对症治疗等抢救措施，对心搏骤停者立即进行心肺复苏。

3. 常用部位造影检查前的准备

（1）胃肠钡餐检查前准备　①检查前 3 天禁用 X 线不能穿透的药物（如铋剂、铁剂、钙剂等）及影响胃肠蠕动的药物（如甲氧氯普胺、阿托品等）；②检查前 1 天无渣半流食；③检查前 12 小时禁食、禁饮；④有幽门梗阻者检查前应先抽出胃内滞留物。

（2）结肠钡剂灌肠检查前准备　①检查前 1 天摄少渣半流质饮食；②检查前 1 天下午至晚间饮水 1000ml 左右；③检查当日禁早餐；④检查前 2 小时做彻底清洁灌肠。

（3）心血管造影检查前准备　①造影前检测出、凝血时间；②造影前 1 天做碘和普鲁卡因过敏试验；③穿刺部位备皮；④造影前禁食 6 小时，造影前肌内注射苯巴比妥 0.1g，连接好心电监护仪，必要时可先吸入适量氧气。

考点 造影检查前的准备

（四）CT 检查前的准备

1. 检查前向患者解释检查的目的、方法，以消除患者的紧张情绪和恐惧心理。帮助患者去除检查部位的金属物品和饰品。

2. 病情危重的急诊患者须在急诊护理人员监护下进行检查；不能配合检查的婴幼儿，可采用镇静措施后再检查。

3. 检查前 4 小时禁食。腹部扫描者，检查前 1 周内不可作钡剂造影。

4. 增强检查须经患者本人或家属签字后行碘过敏实验，呈阴性者方可进行。

5. 检查时保持体位不动，配合检查进行平静呼吸、屏气等。

6. 妊娠妇女、情绪不稳定或急性持续痉挛者不宜做本项检查。

三、常见疾病的放射学表现

（一）支气管扩张

支气管扩张大多由慢性感染引起支气管管壁的破坏。临床上患者多出现慢性咳嗽、大量脓痰和反复咯血等症状。常规 X 线可表现正常，有时可见肺纹理增多、环状透亮影。高分辨力 CT（HRCT）是目前诊断支气管扩张最常用的影像检查方法（图 8-1）。柱状扩张主要表现为“轨道征”；当支气管和 CT 层面

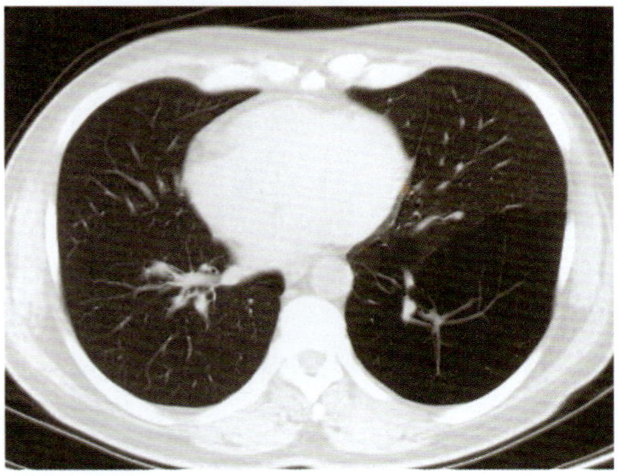

图 8-1　支气管扩张 CT

呈垂直走行时可表现为有壁的圆形透亮影，与伴行的肺动脉共同形成“戒指征”；囊状支气管扩张形成葡萄串状阴影，合并感染时囊内可出现液平；曲张型扩张表现为支气管管壁呈粗细不均匀的增宽，壁不规则，可呈念珠状。

（二）大叶性肺炎

大叶性肺炎由肺炎链球菌引起。好发于冬季，多见于青壮年。临床起病急，以突然高热、恶寒、胸痛、咳嗽、咳铁锈色痰为主要症状。X 线早期可无阳性发现，或仅表现为病变区肺纹理增多。实变期表现为密度均匀的致密影，病变累及肺段表现为片状或三角形致密影，边缘清楚或可模糊（图 8-2）。消散期表现为高密度致密影中出现散在、大小不等、分布不规则的密度减低区。由于 CT 密度分辨力高，在充血期即可发现病变区呈磨玻璃样阴影，边缘模糊。病变区血管仍隐约可见。实变期时可见呈大叶或肺段分布的致密阴影。

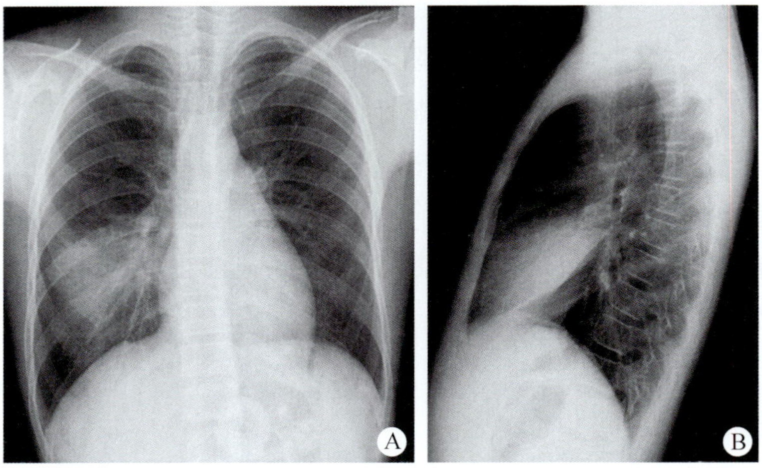

图 8-2 右中叶大叶性肺炎

A. 正位片；B. 侧位片

（三）肺气肿

肺气肿是指终末细支气管远端的含气腔隙（肺泡管、肺泡囊、肺泡）过度充气、异常扩大，可伴有不可逆性肺泡壁的破坏。X 线表现为两肺透亮度增加，肺纹理稀疏、变细；双侧膈低平、肋间隙增宽；心影狭长呈垂位心型（图 8-3）。常见于老年人，多继发于慢性支气管炎、支气管哮喘。

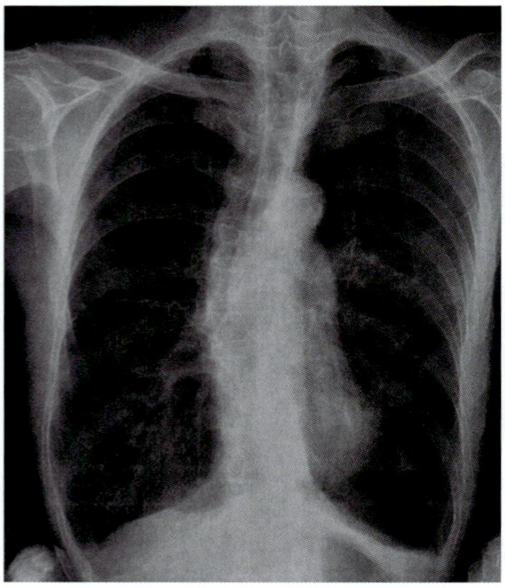

图 8-3 肺气肿

（四）二尖瓣型心

二尖瓣型心（梨形心）常见于二尖瓣狭窄、肺源性心脏病及某些先天性心脏病等。右心室增大的方向是向上、向前及向两侧突出。X 线表现为后前位：心腰平直或隆凸，肺动脉段凸出，构成二尖瓣型心脏（图 8-4）。

（五）主动脉型心

主动脉型心（靴形心）多由高血压病、二尖瓣关闭不全、扩张型心肌病和动脉导管未闭等引起。左心室增大的方向是向左、向下和向后隆凸。X 线表现为：左心室段延长，心尖向左下延伸，可伸入膈下或见于胃泡阴影之内，肺动脉段相对地凹陷，称“主动脉瓣型”心脏（图 8-5）。

（六）脑出血

CT 示血肿急性期呈边界清楚的类圆形、肾形或不规则形均匀高密度影，周围可见脑组织受压所形成的低密度水肿带，宽窄不一，邻近脑室受压变形移位，破入脑室则可见脑室内高密度影（图 8-6）。

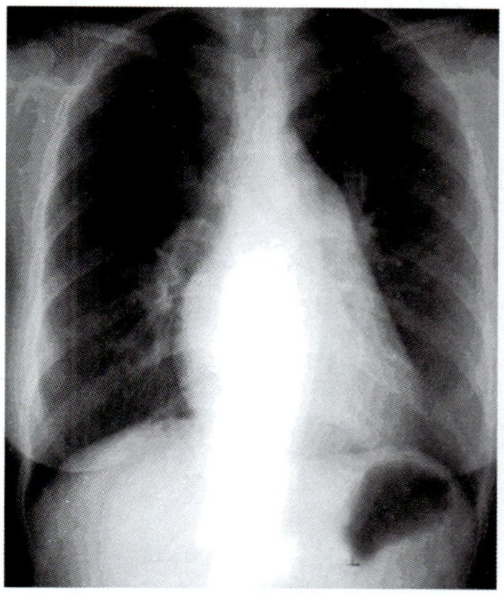

图 8-4　“二尖瓣”型心脏

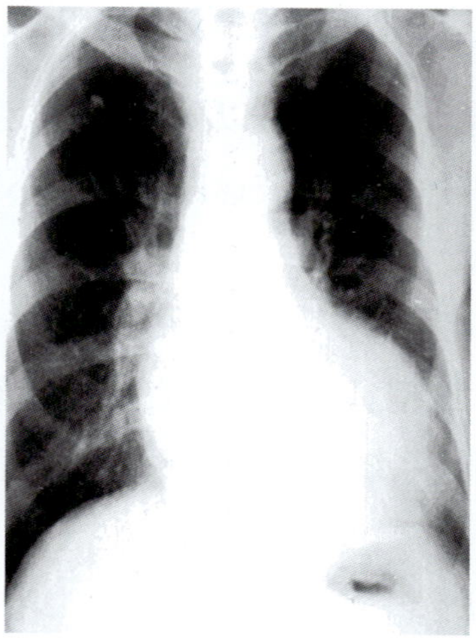

图 8-5　“主动脉瓣型”心脏

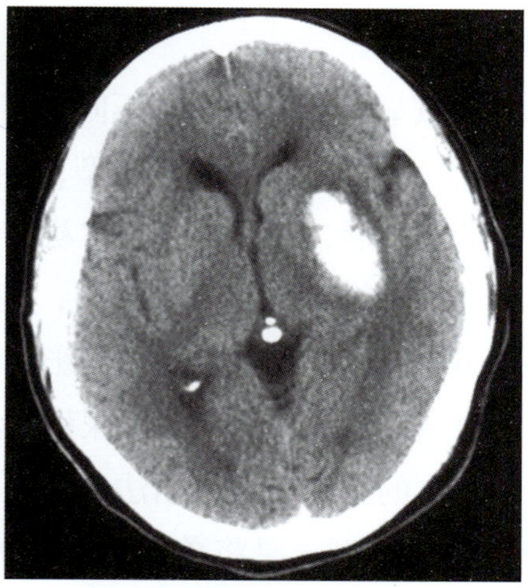

图 8-6　CT 示右侧基底核高密度影

第 2 节　超声检查

超声检查是利用超声波的物理特性和人体器官组织声学特性相互作用后产生的信息，接收、放大和处理后形成图形、曲线或其他数据，借此进行疾病诊断的检查方法。具有操作简便、无创伤、无痛苦、快捷、可反复进行、无特殊禁忌证及无放射性损伤等优点。

案例 8-2

张某，女，27 岁。确诊风湿热 10 余年，近半年来常于劳累后出现呼吸困难，查体：心尖部可触及舒张期震颤，闻及舒张期隆隆样杂音，医生考虑该患者有风湿性瓣膜病。

问题：该患者应首选哪种影像学检查？检查前，应如何做好患者的健康教育及准备工作？

一、超声检查基本知识

（一）超声波的定义

超声波是指超过人耳听阈上限的声波（人耳能感知的声波频率范围是 20 ～ 20 000Hz）。一般临床诊断用的超声波频率范围在 1 ～ 20MHz。

（二）超声波检查的工作原理

医学超声波检查是将超声波发射到人体内，当它在体内遇到界面时会发生反射及折射，并且在人体组织中可能被吸收而衰减。因为人体各种组织的形态与结构是不相同的，因此其反射与折射以及吸收超声波的程度也就不同。此外再结合解剖学知识、正常与病理的改变，便可诊断所检查的器官是否有病变。

（三）超声成像的图像特征

由于人体各组织的密度与声速不同，存在着声阻差，超声波在其传播过程中会产生强弱不等的反射。根据图像中不同灰阶将回声信号分为强回声、高回声、等回声、低回声和无回声。如液体为无回声，结石、气体或钙化为强回声等。

二、超声检查的方法

按显示回声的方式不同超声检查的方法可以分为以下几类。

1. A 型　即振幅调制型，是一种超声示波诊断法，按不同的反射波判断疾病。随着超声诊断的发展，此方法已基本被淘汰。

2. B 型　即辉度调制型，是一种超声显像诊断法，直接显示二维空间图像，故又称二维超声，能直接观察到器官的影像。该型具有实时、直观、形象、重复性强及操作方便等优点，已普遍应用于妇产科、泌尿科、消化系统和心血管系统等疾病的诊断，是目前临床上最常用、最基本的一种超声诊断法。

3. M 型　是将单声束超声波所经过的人体各层解剖结构的回声以运动曲线的形式显示的一种超声诊断法。主要用于检查心脏，可将运动的心壁、血管壁或瓣膜的活动情况记录下来，又称 M 型超声心动图。

4. D 型　利用多普勒效应对心脏血管内的血流方向、速度、状态以频谱的形式或以一定声调的信号显示，称为多普勒超声，也称 D 型超声。临床上可分为频谱多普勒和彩色多普勒血流成像（color Doppler flow imaging，CDFI）。CDFI 不仅能清楚地显示心脏大血管的形态结构，而且能直观形象地显示血流的方向、速度、性质、分布范围等，在心血管疾病检查中具有重要的临床价值。

三、超声检查前准备

1. 常规准备　超声检查前应就检查的必要性、安全性和检查步骤对受检者进行必要的解释和说明，以缓解其紧张心理，配合检查。

2. 常规肝脏、胆囊、胆道及胰腺检查　一般空腹进行，必要时饮水 400 ～ 500ml，使胃充盈作为透声窗，以使胃后方的胰腺及腹部血管等结构充分显示。

3. 子宫及附件、膀胱及前列腺的常规检查　患者于检查前 2 小时饮水 400 ～ 500ml 以适当充盈膀胱。

4. 经阴道超声检查　须为已婚患者，检查前排空膀胱。

5. 婴幼儿检查不合作者　可予水合氯醛灌肠，待安静入睡后再进行检查。

四、超声检查临床应用

超声检查作为一种经济、方便、无创的检查方法，不仅能观察脏器的解剖结构和形态，而且能检测其功能和血流状态，因此超声诊断已经广泛应用于内科、外科、妇产科和儿科等临床科室，成为许多脏器、软组织器官病变首选的影像学检查方法。

自 测 题

A1 型题

1. X 线在体内各部穿透力，由大到小排列是
   A. 气体、液体和软组织、脂肪、骨骼
   B. 骨骼、脂肪、液体和软组织、气体
   C. 气体、脂肪、液体和软组织、骨骼
   D. 脂肪、气体、液体和软组织、骨骼
   E. 骨骼、液体和软组织、脂肪、气体
2. X 线摄片显示人体组织中密度最高的是
   A. 气体　B. 脂肪
   C. 骨骼　D. 软组织
   E. 血管
3. 造影检查的目的是
   A. 增加器官组织密度
   B. 降低器官组织密度
   C. 增加器官组织的自然对比
   D. 增加器官组织的人工对比
   E. 使片子更加清晰
4. X 线平片显示心脏阴影为“靴形心”，引起的主要原因是
   A. 左心室增大
   B. 右心室增大
   C. 左心房增大
   D. 右心房增大
   E. 主动脉段突出
5. 下列防护物质中，最理想的防护物是
   A. 铁　B. 铅
   C. 铜　D. 铝
   E. 锌
6. X 线摄影检查前的准备不正确的是
   A. 充分暴露照摄部位
   B. 摄片时要屏气
   C. 急腹症摄片前清理肠道
   D. 创伤患者摄片时尽量少搬动
   E. 危重患者摄片必须有临床医护人员监护
7. 早期妊娠宜选用哪种影像学检查方法用于诊断
   A. 透视　B. 摄片
   C. CT　D. B 超
   E. MRI

A2 型题

8. 患者，男，25 岁。淋雨后受凉，高热、寒战，咳嗽、咳铁锈色痰。X 线表现为片状或云絮状密度增高阴影，边缘模糊。提示
   A. 肺炎　B. 肺癌
   C. 肺脓肿　D. 胸腔积液
   E. 肺结核
9. 患者，男，40 岁。体检发现右肺中野有一 2cm 大小的阴影，轮廓呈分叶状，边缘有短毛刺，诊断为
   A. 早期周围型肺癌
   B. 结核球
   C. 钙化
   D. 炎性假瘤
   E. 错构瘤
10. 患者，男，23 岁。低热，右胸痛，活动后气促。胸片示右肺下野大片致密阴影，上缘呈反抛物线状，该侧肋膈角变钝，应诊断为
    A. 右下叶大叶肺炎
    B. 右下肺不张
    C. 右下渗出性胸膜
    D. 右下肺脓肿

E. 右下胸腔积液

A3/A4 型题

（11、12 题共用题干）

患者，男，65 岁。有高血压及糖尿病病史，曾有过短暂性脑缺血发作史。主因右侧肢体活动不便 4 小时入院。查体：患者神志清楚，右侧肢体肌力为 2 级。

11. 对确诊最有价值的辅助检查是

A. 头颅 CT 或 MRI　　B. 肌电图

C. 腰椎穿刺　　D. 脑血管造影

E. 颈部血管超声

12. 如该患者行 CT 检查无高密度显影，可诊断为

A. 脑出血　　B. 脑梗死

C. 蛛网膜下腔出血　　D. 颅内肿瘤

E. 硬膜下血肿

（刘楠楠）

实训指导

实训1　健康史的采集

【实训目的】

1.在教师指导下,学习健康史采集的方法,熟悉健康史的内容,理解医学模式转变的内涵。

2.通过和患者及其家属的接触，提高沟通的能力。

3.在临床护理实践中提高健康史采集的能力，把健康史采集的理论知识转换为临床实践能力。培养尊重患者、关爱患者的高尚医德。

【实训学时】

1学时。

【实训准备】

医院的病例书写表格。

【实训内容】

1.一般项目　姓名、性别、年龄、民族、职业、婚姻、文化程度、入院日期、入院方式、入院诊断、入院介绍、病史供述人、收集资料时间等。

2.简要病史　主诉、简要现病史、重要既往史、家族史、过敏史。

3.生活状况及自理程度评估　饮食、睡眠、排泄、嗜好、兴趣、性格、活动、感觉、生活自理程度、月经与婚育史。

4.心理与社会评估　外表、行为、语言、思维、认知、情绪、对健康问题与疾病的理解、应激水平与应对能力、人格类型、价值观与信仰、工作、学习、家庭、经济、生活方式。

【实训方法】

1.每4～5人分成1个实习小组。

2.在教师的指导下，每组接触1位患者，进行健康史采集，采集病史前应先阅读患者的有关病情资料，做到心中有数，以便询问时能有的放矢，收到较好的学习效果。

3.采集健康史时，每组派1名代表向患者询问有关身心方面的健康状况，其他同学做详细记录，进行必要的补充提问。询问结束，简要对患者复述，询问患者有无遗漏或错误，有无需要补充的资料。

4.健康史采集结束后，应向患者及其家属致谢、道别，充分体现护患双方之间的友好协作关系。

5.各小组集体整理患者健康史资料，讨论收获及存在问题。每组填写一份该患者的病史资料。

6. 全班同学集中交流，由各组代表做简要汇报。教师对每组的病史资料进行小结、评价和矫正。

7. 返校后，每位学生撰写1份患者的健康史，交教师批改。

【注意事项】

1. 服装、鞋帽整洁，仪表大方，举止端庄，微笑服务，语言柔和恰当，态度和蔼可亲。

2. 结合患者的年龄、知识层次等，熟练应用沟通技巧，语言通俗易懂，取得患者的配合。

3. 健康史采集内容完整、正确、条理清晰。时间持续15～20分钟。

（金　娜）

实训2　一般状态及头颈部评估

【实训目的】

1. 熟练掌握一般状态评估的内容、方法及异常的临床意义。

2. 熟练掌握头颈部评估的内容、方法及异常的临床意义。

【实训学时】

1. 一般状态评估　1学时。

2. 头颈部评估　1学时。

【实训准备】

体温计、血压计、听诊器、软尺、压舌板、手电筒。

【实训内容】

1. 一般状态

1）测量体温、脉搏、血压和呼吸。

2）意识状态评估。

3）营养状态的评估方法：观察颜面、口唇色泽，检查皮下脂肪厚度及弹性，观察头发光泽及有无脱发，观察指甲色泽、表面光滑或粗糙，观察锁骨上窝和肋间隙的深度，触诊四肢肌肉是否结实有力。

4）发育与体型的评估：测量身高、体重、胸围等。

2. 头面部器官

（1）眼睛　眼睑有无水肿，眼球有无突出和凹陷，睑结膜有无苍白、充血、出血点，巩膜有无黄染，瞳孔大小、形状、对光反射。

（2）耳　耳郭有无红肿及牵拉痛，有无溢脓、溢液。

（3）鼻　外鼻皮肤及周围组织颜色，有无畸形、鼻翼扇动，呼吸是否通畅，鼻黏膜有无充血、肿胀，鼻腔有无分泌物。

（4）口

1）口唇颜色：有无疱疹、皲裂、口角糜烂或口角歪斜。

2）口腔评估内容：口腔黏膜有无出血点、血疱、溃疡，牙龈有无红肿、出血、溢脓，有无龋齿、义齿、残根，观察软腭、腭垂、扁桃体及咽后壁，描述扁桃体肿大分度标准。

3. 颈部评估　颈静脉评估方法，甲状腺评估方法及内容、描述甲状腺肿大分度的标准，气管位置评估方法。

【实训方法】

1. 学生观看一般状态、头颈部评估过程的视频或微课，教师指出重点内容的评估要点。

2. 由教师做一般状态、头颈部评估的示教，指出一般状态、头颈部评估的要点和操作技巧。

3. 教师示教后学生分组练习，每2名学生为一小组，按要求进行相互检查，教师巡回查看，随时纠正学生在检查过程中出现的各种错误。

4. 教师抽查1组学生进行一般状态、头颈部评估，边检查边报告结果，其他学生评议该组学生检查顺序及方法是否正确、内容有无遗漏。

5. 教师针对学生训练过程中存在的问题进行总结，必要时再次示教。

6. 书写实践报告。

【注意事项】

1. 环境舒适，光线适宜。

2. 护士扮演者应穿戴整洁，态度和蔼，动作轻柔，评估前应洗手。

3. 尽量避免各种影响评估的因素。

（解志宏）

实训3　肺和胸膜评估

【实训目的】

熟练掌握肺和胸膜评估的内容、方法及异常的临床意义。

【实训学时】

1. 肺和胸膜评估　1.5学时。

2. 心肺听诊模拟人听诊　0.5学时。

【实训准备】

听诊器、软尺、笔、电脑和心肺听诊模拟人。

【实训内容】

1. 胸部评估

（1）指出胸部骨性标志　胸骨角、肩胛下角、第7颈椎棘突并计数相应肋骨。

（2）指出人工划线与分区　前正中线、锁骨中线、腋前线、腋中线、腋后线、后正中线、肩胛下角线、肩胛上区、肩胛间区和肩胛下区。

（3）指出自然凹陷　胸骨上窝、锁骨上窝。

2. 肺部评估（先前胸、侧胸，后背部）

（1）视诊　呼吸运动的类型，呼吸频率、节律和深度，双侧胸廓呼吸运动是否对称。

（2）触诊　触诊双侧呼吸运动是否对称，语音震颤检查。

（3）叩诊　分辨胸部清音、浊音、实音和鼓音 4 种叩诊音及其分布。

（4）听诊

1）分辨 3 种正常呼吸音的特点与分布。

2）语音共振的检查方法。

3）用心肺听诊模拟人听诊啰音，包括干啰音和湿啰音。

4）用心肺听诊模拟人听诊胸膜摩擦音。

【实训方法】

1. 学生观看肺和胸膜评估过程的视频或微课，教师指出重点内容的评估要点。

2. 由教师做肺和胸膜评估的示教，指出肺和胸膜评估的要点和操作技巧。

3. 教师示教后学生分组练习，每 2 名学生为一小组，按要求进行相互检查，教师巡回查看，随时纠正学生在检查过程中出现的各种错误。

4. 教师抽查 1 组学生进行肺和胸膜评估，边检查边报告结果，其他学生评议该组学生检查顺序及方法是否正确、内容有无遗漏。

5. 教师针对学生训练过程中存在的问题进行总结，必要时再次示教。

6. 教师在电脑上点出所要检查的内容或体征，并指出在模拟人身上的位置。

7. 学生每组一具心肺听诊模拟人进行听诊。教师巡回指导，发现问题及时纠正。

8. 书写实践报告。

【注意事项】

1. 环境舒适，光线适宜。

2. 护士扮演者应穿戴整洁，态度和蔼，动作轻柔，手要温暖。

3. 尽量避免各种影响评估的因素。

（解志宏）

实训 4　心脏和血管评估

【实训目的】

熟练掌握心脏和血管评估的内容、方法及异常的临床意义。

【实训学时】

1. 心脏和血管评估　1 学时。

2. 心肺听诊模拟人听诊　1 学时。

【实训准备】

听诊器、软尺、笔、电脑和心肺听诊模拟人。

【实训内容】

1. 视诊　心前区有无隆起，心尖搏动位置、范围和强弱。

2. 触诊　触诊心尖搏动位置、范围，有无震颤及心包摩擦感。

3. 叩诊　心脏相对浊音界。

4. 听诊

（1）熟悉心脏5个瓣膜听诊区的位置、听诊顺序，比较各瓣膜区第一与第二心音有何不同。

（2）听诊心率、心律和心音及有无杂音。

（3）用心肺听诊模拟人听诊心律不齐（房颤）。

（4）用心肺听诊模拟人听诊异常心音：强度异常；胎心律；舒张期奔马律。

（5）用心肺听诊模拟人听诊心脏杂音：各瓣膜区收缩期与舒张期杂音。

5. 血管评估　脉搏、血压及周围血管征。

【实训方法】

1. 学生观看心脏和血管评估操作过程的视频或微课，教师指出重点内容的评估要点。

2. 由教师做心脏和血管评估的示教，指出心脏和血管评估的要点和操作技巧。

3. 教师示教后学生分组练习，每2名学生为一小组，按要求进行相互检查，教师巡回查看，随时纠正学生在检查过程中出现的各种错误。

4. 教师抽查1组学生进行心脏和血管评估，边检查边报告结果，其他学生评议该组学生检查顺序及方法是否正确、内容有无遗漏。

5. 教师针对学生训练过程中存在的问题进行总结，必要时再次示教。

6. 教师在电脑上点出所要检查的内容或体征，并指出在模拟人身上的位置。

7. 学生每组一具心肺听诊模拟人进行听诊。教师巡回指导，发现问题及时纠正。

8. 书写实践报告。

【注意事项】

1. 环境舒适，光线适宜。

2. 护士扮演者应穿戴整洁，态度和蔼，动作轻柔，手要温暖。

3. 尽量避免各种影响评估的因素。

（解志宏）

实训5　腹部及神经系统评估

【实训目的】

通过实训教学使学生能够：

1. 在腹部指出常用体表标志并分区。

2. 说出腹部和神经系统评估的内容，列举异常体征的临床意义。

3. 按正确的顺序和方法进行腹部和神经系统评估。

4. 评估过程中体现尊重、关心、体贴患者的态度，动作轻巧、准确。

【实训学时】

2学时。

【实训准备】

多媒体示教室、听诊器、诊查床、卷尺、叩诊锤、棉签等。

【实训内容】

1. 腹部评估内容

（1）腹部常用体表标志及分区。

（2）视诊：腹部外形、呼吸运动、腹壁静脉、胃肠型及蠕动波。

（3）听诊：肠鸣音、振水音、血管杂音。

（4）叩诊：腹部叩诊音、肝脏叩诊、移动性浊音叩诊、膀胱叩诊、肋脊角叩诊。

（5）触诊：腹壁紧张度，压痛及反跳痛，肝脏、脾脏、胆囊、肾脏、膀胱触诊。

2. 神经系统实训内容

（1）浅反射评估：角膜反射、咽反射、腹壁反射、跖反射。

（2）深反射评估：肱二头肌反射、肱三头肌反射、桡骨膜反射、膝腱反射、跟腱反射、阵挛、霍夫曼征。

（3）病理反射评估：巴宾斯基征、查多克征、奥本海姆征、戈登征。

（4）脑膜刺激征评估：颈强直、克尼格征、布鲁津斯基征。

【实训方法】

1. 教师分段示教，强调评估要点及注意事项。

2. 学生两人一组分别扮演评估者和受检者，按教师所示进行模拟练习，教师巡回指导。

3. 观看腹部评估、神经系统评估视频，同学之间对照录像进行互评，教师进行点评、纠错、总结。

4. 学生书写实训报告。

【注意事项】

1. 护士扮演者应仪表端庄，态度和蔼，关心、体贴患者。

2. 护士扮演者手要温暖，动作要轻柔，操作规范、熟练。

3. 实训报告书写及时、完整、规范。

（俸善美）

实训6 微量血糖测定

【实训目的】

1. 掌握血糖正常参考值及异常结果的临床意义。

2. 熟练使用血糖仪对患者进行血糖测定。

【实训学时】

1学时。

【实训准备】

1. 护士准备　衣帽整洁，着装得体，举止端庄，戴好口罩。

2. 用品准备　血糖仪1台，检查血糖仪功能是否正常，电池电量是否充足。血糖试纸若干张，检查试纸是否过期，是否与血糖仪相匹配，测量前根据试纸的编码调整仪器。配套采血笔1支，提前消毒。一次性采血针1枚，密封棉签1包，75%乙醇1瓶。

3. 患者准备　提前告知患者微量血糖测量时间、就餐时间间隔、测量步骤，提醒患者保持穿刺手部位清洁，可事先用肥皂水洗手；告知患者穿刺结束后，按压穿刺点，防止继续出血，预防感染。

【实训内容】

1. 做好微量血糖测定准备。

2. 规范微量血糖测定流程。

3. 评估微量血糖测定结果的影响因素。

4. 针对微量血糖测定结果，对患者进行科学护理，提出有效血糖调整方案。

【实训方法】

1. 查对患者病房号、床号、姓名，向患者介绍操作流程，取得患者配合。

2. 详细询问患者进食时间、进食量及药物使用情况，评估对血糖结果的影响因素。

3. 安装一次性采血针，调好采血针进针深度，一般进针深2～3mm。

4. 选好采血部位，在10个手指指尖交替轮换，选左手环指指尖两侧指甲角皮肤薄处采血为佳，以手指侧面较好。如果使用具有换位采血测试功能（AST）的血糖仪，也可在前臂或手掌等部位采血。用75%乙醇消毒采血处，待干充分。

5. 打开血糖仪开关，吸血的血糖仪把试纸插入机内，滴血的血糖仪把试纸拿在手上，手指不可触及试纸测试区，取出试纸后将试纸筒盖拧紧。

6. 采血笔紧贴采血点，按动弹簧开关，针刺指腹。采血之前不要按摩采血处，采血时不要过分挤压，以免组织液挤出与血标本相混而导致血糖测试值偏低。

7. 使用吸血的血糖仪把血吸到试纸专用区域后等待结果。使用滴血的血糖仪把一滴饱满的血滴滴到试纸测试区域后，将试纸插入机内等待结果。

8. 用棉签按压手指至不出血为止。

9. 血糖检查结果显示后，记录并告知患者，关血糖仪。

10. 检测完毕将采血针戴上帽后妥善处理。

【注意事项】

1. 血糖仪和试纸要匹配。

2. 试纸保存在原装的密封试纸筒内并存放于阴凉、干燥处。

3. 按时校准血糖仪，检查血糖仪和试纸是否运作正常。

4. 使用滴血的血糖仪，只能使用一滴血测定。

5. 血糖仪只能用软布蘸清水清洁，避免将清洁剂或水渗入血糖仪内，以免损坏。

（张立红）

实训 7　心电图描记与分析

【实训目的】

1. 掌握心电图导联的链接。

2. 了解心电图机的使用。

3. 学习正常心电图中各波的命名与波形，了解其生理意义。

【实训学时】

1. 心电图操作　1 学时。

2. 分析心电图　1 学时。

【实训准备】

心电图机、乙醇、棉球、镊子。

【实训内容】

利用心电图机描记心电图，分析心电图结果。

【实训方法】

1. 打开心电图机，确保机器接有地线，进行预热。

2. 受试者平卧，摘下眼镜、手表等金属物品，取出手机，全身放松。

3. 在安放电极夹的部位用蘸有乙醇的棉球擦去角质层，进行湿润。

4. 手部电极应在手臂内侧腕关节上方 3 ～ 5cm 处，足部在小腿内踝上方 3 ～ 5cm 处。红色电极连右手；黄色电极连左手；绿色电极连左足；黑色电极连右足。胸导联 V_1 在胸骨右缘第 4 肋间；V_2 在胸骨左缘第 4 肋间；V_4 在左锁骨中线第 5 肋间；V_3 在 V_2 与 V_4 连线的中点；V_5 在左腋前线与 V_4 同一水平；V_6 在腋中线与 V_4 同一水平；接好所有导联。

5. 检查标准电压 1.0mV，走纸速度 25mm/s，开始依次描记Ⅰ、Ⅱ、Ⅲ，加压单极肢体导联 aVR、aVL、aVF，胸导联 V_1、V_2、V_3、V_4、V_5、V_6 等 12 个导联（实验时胸导联一般只描记 V_1、V_3、V_5）。

6. 描记完后将电极取下，收拾整齐，关闭电源开关。将心电图纸贴到报告单上，填写受试者的姓名、性别、年龄、描记时间。

7. 分析心电图各波形时间与振幅，填写报告单。

【注意事项】

1. 受试者应该尽量保持安静，细小的动作也可能引起心电图的大波动。

2. 描记心电图时，受试者应尽量放松，电极要紧贴皮肤，防止记录过程中电极脱落。

3. 测量波形振幅时，注意向上波应测量基线上缘至波峰顶点距离；向下波为基线下缘至波底距离。

4. 记录完毕，将电极擦干净。

【实验报告】

姓名： 性别： 年龄： 日期：

心率：____________次 / 分 心律：____________

心电轴（不偏、左偏、右偏）

P 波 时间：____________ 电压：____________

方向 Ⅰ导联 P 波方向：____________ Ⅱ导联 P 波方向：____________

aVF 导联 P 波方向：____________ aVR 导联 P 波方向：____________

PR 间期：____________

QRS 波群 时间：____________ 电压：____________

波形 V_1：____________ V_5：____________

S 段（抬高或压低的数值）：____________

T 波（低平或倒置情况）：____________

诊断结果：心电图正常，大致正常，异常：____________

报告人： 时间：

（刘楠楠）

主要参考文献

陈垦，朱亮，2020. 健康评估 . 北京：科学出版社 .

高健群，2023. 健康评估 . 5 版 . 北京：科学出版社 .

刘成玉，2018. 健康评估 . 4 版 . 北京：人民卫生出版社 .

罗卫群，崔燕，2016. 健康评估 . 4 版 . 北京：科学出版社 .

孙玉梅，张立力，张彩虹，2021. 健康评估 . 5 版 . 北京：人民卫生出版社 .

万学红，卢雪峰，2019. 诊断学 . 9 版 . 北京：人民卫生出版社 .

王德杭，历申儿，2017. 医学影像学 . 北京：科学出版社 .

王峰，2023. 健康评估 . 3 版 . 北京：科学出版社 .

夏惠丽，朱建宁，2018. 诊断学基础 . 北京：人民卫生出版社 .

张淑爱，李学松，2015. 健康评估 . 2 版 . 北京：人民卫生出版社 .

张展，胡晓迎，2022. 健康评估 . 3 版 . 北京：人民卫生出版社 .

自测题参考答案

第 2 章

1. A　2. D　3. E　4. D　5. D　6. C　7. A
8. A　9. D

第 3 章

1. A　2. B　3. D　4. B　5. A　6. C　7. D
8. A　9. B　10. C　11. B　12. A　13. D
14. A　15. E　16. A　17. A　18. C　19. E
20. B　21. B　22. B　23. A

第 4 章

1. A　2. E　3. A　4. E　5. E　6. E　7. D
8. E　9. E　10. A　11. B　12. D　13. C
14. D　15. A　16. B　17. E　18. C　19. B
20. A　21. C　22. A　23. E　24. D　25. A
26. C　27. C　28. C　29. A　30. B　31. E
32. D　33. A　34. B　35. D　36. A　37. D
38. B　39. C　40. B　41. E　42. C　43. E
44. C　45. E　46. E　47. B　48. A　49. D
50. D　51. A　52. C　53. A　54. B　55. B
56. A　57. B　58. C　59. A　60. A　61. E
62. B

第 5 章

1. C　2. B　3. A　4. C　5. A　6. C　7. B
8. B　9. B　10. B　11. A　12. A　13. A
14. B　15. A

第 6 章

1. C　2. B　3. E　4. D　5. B　6. B　7. C
8. A　9. B　10. A　11. B　12. B　13. C
14. C　15. E　16. A　17. D　18. D　19. A
20. C　21. D　22. C　23. C　24. E　25. E
26. C

第 7 章

1. B　2. A　3. B　4. D　5. E　6. D　7. B
8. C　9. E　10. A　11. B　12. C　13. C

第 8 章

1. D　2. C　3. D　4. A　5. B　6. C　7. D
8. A　9. A　10. E　11. A　12. B